도시민속학

Urban Folkloristics

도시민속학
Urban Folkloristics

인 쇄 2006년 12월 11일
발 행 2006년 12월 22일
지은이 박환영
펴낸이 이대현
편 집 박소정
펴낸곳 도서출판 **역락**
　　　　서울 성동구 성수2가 3동 301-80
　　　　(주)지시코 별관 3층
　　　　전화 3409-2058, 3409-2060
　　　　FAX 3409-2059
　　　　홈페이지 http://www.youkrack.com
　　　　이메일 youkrack@hanmail.net
　　　　등록 1999년 4월 19일 제303-2002-000014호

ISBN 89-5556-524-0-93380
정 가 15,000원

*잘못된 책은 바꿔 드립니다.

도시민속학
Urban Folkloristics

박 환 영

도서출판 역락

| 저 | 자 | 소 | 개 |

박환영
(朴奐榮, Hwan-Young Park)

1965년 부산 출생.
중앙대학교 국어국문학과 졸업.
영국 리즈(Leeds) 대학교 몽골학 석사.
영국 케임브리지(Cambridge) 대학교 사회인류학 석사.
영국 케임브리지(Cambridge) 대학교 사회인류학 박사.
(현재) 중앙대학교 민속학과 교수, 한국문화유산연구소 소장, 중앙대학교 국제교류부장, 한국민속학회 이사, 비교민속학회 이사, 한국몽골학회 이사, 한국문화인류학회 연구위원.

저서 『부탄의 문화민속 엿보기』, 『몽골의 유목문화와 민속 읽기』, 『우리 민속학의 이해』(공저), 『한국 축제의 이론과 현장』(공저), 『민속문화의 자료와 현장』(공저), 『세계 무형문화 유산과 민속예술』(공저), 『아시아인의 축제와 삶』(공저), 『마을민속 비교 어떻게 할 것인가』(공저), 『언어와 사회』(공저), 『동아시아의 祖上』(공저), 『東アジアの民俗と環境』(공저), *The Greenwood Encyclopedia of World Folklore and Folklife*(공저) 외 다수.

논문 「도시와 민속의 현장」, 「도시생활 속의 세시풍속」, 「민속학과 민속의 현장」, 「경기지역의 축제」, 「속담과 수수께끼에 나타난 한국인의 환경관」, 「속담과 수수께끼 속에 보이는 가족과 친족의 민속학적 연구」, 「한국과 몽골의 민속학적 동질성」, 「한국과 몽골의 색깔상징 연구」, 「민속조사와 인터뷰」, 「"왕꽃선녀님"의 드라마 소재와 구성의 학문적 적확성 고찰」, 「통일민속학 : 한민족 문화공동체」, 「영국의 도시민속학 경향에 대한 연구」, 「1980년대 영국민속학의 동향에 관한 연구」, 'Comparative Study between Korean and Japanese Burial Customs' 외 다수.

서 문

　민속학에 대한 관심이 고조되고 있는 요즘 민속학의 영역과 연구대상이 확대되고 있다. 대형 서점에서 민속학이 차지하는 비중도 이전에 비하면 많이 늘어난 것도 사실이다. 민속학을 대학교에서 강의하는 입장에서 보면 이러한 변화가 한편으로는 반가운 것이 사실이지만 다른 한편으로는 그렇게 만족스럽지는 못하다. 특히 민속학을 대하는 층이 다양해지고 있기 때문에 좀 더 다양한 입장에서 그리고 체계적인 이론적인 틀 속에서 민속학을 논의할 필요성이 생기게 된다. 하루가 다르게 변해가는 현대인들에게 민속학은 우리가 어떻게 살아왔고 앞으로 어떻게 살아갈 것인가에 대한 귀중한 해답을 제공해 준다. 따라서 민속학은 현재의 학으로서 과거와 미래를 연결해 주는 중요한 학문으로 지금 부상하고 있다고 해도 과언이 아닐 것이다.

　그럼에도 불구하고 물질만능을 추구하는 현대인들에게 민속학은 하나의 거추장스러운 장식에 불과한 듯 민속학이 가지고 있는 진정한 가치를 외면한 채 고리타분하고 진부한 영역으로 치부해버리기도 한다. 단지 일시적인 편의를 위하여 순간직인 편리함을 위하여 오랜 시간동안 전승되어 온 전통문화가 점차로 사라져가거나 약화되어 가고 있는 것은 참으로 안타까운 현상이다. 더욱이 산업화가 진행되고 도시화가 급속하게 진행되고 있는 요즘 과연 민속현상을 찾을 수 있을까? 라는 질문을 하다보면 민속은 한 때의 지나간 전통문화일까? 하는 의문이 들기도 한다. 물론 도시 속에서도 민속은 존재하며 우리가 살아가는 일상적인 생활 속에서도 민속은 항상 우리 주변에 존재한다. 그러나 이러한 사실을 어떻게 보여줄 수 있을까? 정말로 민속은 도시라는 공간 속에서도 존재하는 것일까?

21세기를 살아가는 현대인에게 이러한 질문은 있을 법하다. 아마도 이러한 질문에 완벽한 답은 아니지만 나름대로 답변을 하고자 한다. 엄격하게 말하면 답변이라기보다는 하나의 제안이며 또한 가능성을 보여주려는 것이다. 역시 도시라는 공간 속에도 민속은 존재할 수 있으며 우리는 여전히 그러한 환경 속에서 살아왔고, 현재 살고 있으며 앞으로도 살아갈 것이다. 도시민속학에 대한 가능성은 도시라는 공간 속에서 생겨나고 만들어지는 새로운 형태의 민속문화만을 의미하지는 않는다. 오히려 기존에 행하여졌던 하나의 전통문화가 도시라는 새로운 공간 속에서 변화되고 전승된 형태를 의미하기도 한다. 또한 겉으로 보기에는 과거와는 전혀 연계가 없이 현재에 생겨난 새로운 형태인 듯하지만 그 속에 담겨있는 핵심적인 내용은 이전에 행하여졌던 전통적인 생활문화의 연장선상에서 살펴볼 문제이기도 하다.

도시민속학이라는 용어는 영미권에서나 일본 민속학계에서는 자주 사용되는 용어이며 국내에서도 최근에 많은 관심을 보이고 있는 영역이기도 하다.

그럼에도 불구하고 아직까지도 이러한 분야에 대한 단행본이 출판된 적이 없는 것은 아쉬운 일이다. 도시민속학에 대한 필자의 관심분야도 부분적이어서 하나의 단행본으로 묶는다는 것이 무리가 있었지만 앞으로 진행될 좀 더 체계적이고 이론적인 도시민속학의 관심을 촉진시키기 위하여 용기를 내게 되었다. 이미 학문적으로 상당한 위치에 올라와 있는 민속학의 입장에서 보면 너무나도 부족하고 초라한 내용임을 부인할 수가 없다. 보잘것 없는 조잡한 작업임에도 하나의 민속문화로서 애착을 가지고 흔쾌히 출판을 허락해주신 이대현 도서출판 역락의 사장님과 서툰 원고를 다듬어서 조약돌로 만들어 주신 박소정 선생님을 비롯한 역락의 여러 선생님들께 진심으로 감사드린다.

흑석동 서재에서

박 환 영

목 차

도시민속학이란?

　　도시민속학은 "도시"라는 정해진 공간 속에서 만들어지는 민중들에 의해서 전승되는 생활문화를 다룬다고 할 수 있다. 그렇다면 도시민속학은 곧 현대민속학을 의미하는 것일까? 물론 이전 민속학에서 주로 다루었던 전통적인 사회인 "마을(里)"과 대비되는 개념으로 "도시"를 이야기 할 것인가? 아니면 현대라는 시대적인 변화의 부산물로 "도시"를 다룰 것인가? 아니면 하나의 독립된 새로운 개념으로 "도시"를 생각할 수 있을 것인가? 혹은 도시라는 공간 속에서 전통적인 문화의 영역을 연구대상으로 하는 것이 과연 가능할까? 도시민속학에서 "도시"라는 개념을 어떻게 설정하던지 도시를 배경으로 하는 민중들의 일상적인 생활문화는 존재하기 마련이다.

▼ 기지시줄다리기에 앞서 당제(堂祭)를 지내기 위하여 국수당(國守堂)으로 가는 제의행렬.

　도시는 현대사회의 부산물만은 아니다. 과거에도 도시는 존재했고 그 속에서 형성된 민중들의 생활문화도 여전히 민속학의 대상이 될 수 있는 것이다. 문제는 현대사회와 더불어서 "도시"라는 공간이 강조되고 있다는 점이다. 특히 현대사회에서 흔히 보여지는 산업화와 도시화의 문제는 오랜 시간 동안 전승되고 계승된 민중들의 생활문화에 많은 변화를 가져왔고, 도시 자체에서 생성된 전통적인 문화의 변화 혹은 변형된 문화뿐만 아니라 새로운 문화가 창출되고 있다는 점이 부각될 수 있다. 가령 현대인에게도 이전부터 믿어오던 금기어가 존재한다는 사실은 흥미롭다. 특히 현대사회의 샐러리맨이나 야구인들 사이에서도 금기어는 존재한다(허재영, 2000). 결국 현대라는 시간적인 공간과 도시라는 공간적인 영역 속에서 이전부터 존재하던 어떤 특정한 대상과 현상을 꺼리던 전통은 부분적으로 형식은 변할 수는 있지만 그 속에 담겨있는 내용은 그대로 유지된다고 할 수 있다. 다시 말해서 오랜 시간 동안 삶의 경험을 통해서 만들어진 이러한 민속문화는 시대가 바뀌고 공간이 바뀌어도 이에 큰 영향을 받지 않고 핵심적인 내용은 그대로 전승된다고 할 수 있다.

　도시민속을 city folklore이라고 부르기 보다는 urban folklore라고 부르는 경우가 많은 데 이것은 도시전설을 city legends라고 부르기 보다는 urban legends라고 부르는 것과 같은 맥락에서 이해할 수 있다. 도시라는 공간을 나타내는 용어가 city보다는 urban이 더 적절한 것은 도시와 시골을 분명히 구분하기보다는 도시를 비롯해서 도시화가 진행되고 있는 지역 즉 시골과 도시 사이에 걸쳐있는 도시와 시골의 두 성격을 지니고 있는 공간도 포함될 수 있기 때문이다. 따라서 urban folklore이라는 용어가 좀 더 포괄적인 용어로 도시를 비롯한 도시 주변에서 생성되고 전승되는 다양한 도시민속을 아우르는 용어로 사용될 수 있는 것이다.

　도시민속학에 대한 논의는 미국 민속학계의 경우 이미 1960년대부터 본격적으로 논의된 바 있다. 미국의 대표적인 민속학자 도슨(Dorson)은 1973년 제9차 국제인류학 및 민속학회에서 『현대 세계에서의 민속학, Folklore in the Modern World』이란 논문을 발표하면서 미국민속학계에서 당시 진행 중이던 도시민속학에 대한 연구동향을 소개한 바 있다. 도슨이 소개했던 도시민속학에 대한 당시 미국민속학계에서의 경향은 대체적으로 네 가지로 요약할 수 있다.[1] 첫째는 "도시에 있어서의 민속학(Folklore in the City)"으로 도시라는 공간을 소재로 다루어지는 민속학을 말할 수 있다. 이러한 연구의 특징은 도시로 이민 혹은 이주한 공동체 집단이 가지는 민속 외에도 도시생활 속에서 보여지는 일상적인 민속문화에 대한 논의도 포함되어 있다.

그리고 둘째로는 "산업화와 기술과 민속학(Industrialization and Technology and Folklore)"이다. 셋째로는 "민속학과 대중매체(Folklore and the mass Media)"이며 넷째로는 "민속학과 국가주의, 정치와 이념(Folklore and Nationalism, Politics, Ideology)이다.

미국의 도시민속학에서 다루어지는 주요한 네 가지 영역 중에서 "도시에 있어서의 민속학"으로 간주될 수 있는 것은 아브라함(Abrahams, 1970)과 돌(Dore, 1958)의 연구가 대표적이다. 미국의 도시민속학과 관련해서 "민속학과 대중매체"의 연구영역으로 넣을 수 있는 것은 벤 아모스와 골드스타인(Ben-Amos and Goldstein, 1975)의 연구가 있다. 또한 미국의 도시민속학과 유사하게 영국과 러시아의 민속학에서도 "산업화와 민속학"이라든지 "민속학과 국가주의, 정치와 이념" 등의 문제가 연구영역으로 다루어진다. 예를 들어서 피쉬(Fish, 1975) 와 멜로스(Mellors, 1967)의 연구는 전자에 해당하며 밀러(Miller, 1990)의 연구는 후자에 해당한다.

---

1) 이두현(1986 : 40-41) 참조.

한편 현대 독일민속학의 최근 연구경향 중에서도 도시를 소재로 하는 도시민속학에 대한 논의도 중요한 연구영역을 담당하고 있다. 예를 들어서 우선 눈에 띄는 학문적 경향으로는 문화변동 및 현재학으로의 민속학에 관심을 가지고 있는 왈터 헤베르니크(Walter Hävernick)와 함부르크 대학교의 민속학 연구자들을 들 수 있다. 또한 헤르만 바우징거(Hermann Bausinger)를 대표해서 진행 중인 현대사회에서 복합적인 문화들 간의 문화변동에 대한 문화의 패턴에 대한 연구를 들 수 있다. 독일 내 많은 대학에서 이러한 연구 경향이 두드러지는데 특히 튀빙겐(Tübingen) 대학교가 대표적이다.[2]

도시라는 공간은 겉으로 보기에는 인위적이고 무미건조한 공간일 수도 있다. 그러나 도시의 공간 속에도 여전히 전통문화인 민속이 살아서 생동하고 있다. 물론 쉽게 느낄 수는 없으며 또한 쉽게 드러나 보이지도 않는 경우가 많다. 즉 도시라는 공간 속에서 정기적으로 행하여지는 도시축제가 여기에 속하는데 가령 일본의 도시축제는 전통적인 도시축제와 현대적인 축제로 구분되어서 다루어질 수 있다. 이 중에서 특히 전통적인 축제는 일본 고유의 종교, 신사, 사원을 중심으로 행하여질 뿐만 아니라 축제를 통하여 과거로부터 전승되어 온 제사(祭祀), 신사(神事), 신행(神幸) 등의 민속문화를 반영해주고 있다(김양주, 1997).

따라서 도시 속의 민속문화는 마치 도시 속 깊숙하게 인간의 내면 속에서 심층적인 인간의 본질을 이야기 하듯이 도시인의 생활 깊숙이 내재되어 있는 것이다. 따라서 보통 도시민속학이라는 이름으로 민속학을 도시라는 영역 속에서 다룬다고는 하지만 구체적인 영역에 대해서는 잘 받아들여지고 있지는 않다. 앞에서 기술한 바와 같이 미국 민속학에서는 이미

---

2) 좀 더 자세한 내용은 이정재(1998) 참조.

1960년대부터 본격적으로 연구가 진행된 도시민속은 이전부터 있어왔던 민속학의 유형을 간직한 채 도시민의 일상적인 생활을 소재로 다루어지기도 한다.

　도시민속학에서 최근에 많이 다루어지는 이러한 영역으로는 도시전설이 대표적인데 이 속에는 대학교에서 수집되는 다양한 이야기도 포함된다. 미국의 대학교에서 1996년에서 1997년 사이에 유행한 이야기 중에는 마이크로 소프트웨어의 회장인 빌게이츠(Bill Gates)와 관련된 이야기도 있다. 여러 가지 버전이 있겠지만 필자가 수집한 한 유형은 다음과 같다.[3]

　　빌케이츠가 죽어서 하늘나라로 갔다. 하늘나라에 올라가 보니 지상에서 행하였던 선과 악에 따라서 천당과 지옥 행을 결정하는 관리가 앉아서 빌게이츠를 기다리고 있었다. 빌게이츠가 도착하자 그 관리가 묻기를 "당신은 천당과 지옥 중에서 어디를 가고 싶습니까?" 빌게이츠는 천당에 가고 싶다고 이야기 하고 싶었지만 빌게이츠 특유의 호기심 때문에 선뜻 대답하기에 앞서서 한 가지 제안을 한다. 즉 빌게이츠는 그 관리에게 가능하다면 먼저 천당과 지옥을 직접 가 본 후에 결정하면 안되겠느냐고 묻게 된다. 하늘나라의 관리는 빌게이츠의 제안을 받아들여서 그러면 어디를 먼저 가 보겠느냐고 묻는다. 빌게이츠는 지옥을 먼저 가 보겠다고 이야기 했고 따라서 지옥을 먼저 가게 된다. 빌게이츠가 지옥에 도착하자 마치 하와이의 와이키키 해변과 같은 해변가에 파아란 하늘아래 팔등신 미녀들이 즐겁게 공 놀이를 하고 있으며 아름다운 바다 위로 갈매기가 날고 있었다. 빌게이츠는 무척 흐뭇해 하면서 다시 하늘나라에 돌아온다. 이번에는 천당을 가게 되는네 천당에 도착해 보니 천사들이 모여서 조용하고 평화로운 음악을 연주하고 있었다. 다시 하늘나라로 돌아온 빌게이츠는 무척 고민하다가 결

3) 아래의 이야기는 하버드 대학교 출신인 필자의 친구가 1997년 하버드 대학교를 방문했다가 당시 하버드 대학교를 중심으로 미국의 대학가에서 유행하던 이야기를 필자에게 들려준 것을 간략하게 정리한 것이다.

국에는 평화로운 천당보다는 박진감 넘치고 재미있어 보이는 지옥을 가겠다고 대답한다. 그래서 빌게이츠는 지옥으로 보내진다. 빌게이츠가 지옥에 도착하자마자 전에 보았던 와이키키 해변은 사라지고 해변가에서 즐겁게 공놀이를 하던 팔등신 미인들도 없어지고 사방에서 절규하는 비명 소리가 나고 서로 먹을려고 다투고 싸우는 암울한 모습이 드러나 있었다. 빌게이츠는 하늘나라의 관리에게 제발 한번만 기회를 달라고 애원한다. 이것을 불쌍히 여긴 하늘나라의 관리는 다시 빌게이츠를 하늘나라로 불러들인다. 빌게이츠는 감격의 눈물을 흘리면서 하늘나라 관리에게 감사의 인사를 올린다. 그리고는 결국 천당으로 가게 되는데 빌게이츠가 천당으로 가기 전에 하늘나라의 관리에게 한 가지를 더 부탁한다. 조금 전에 지옥에 갔을 때는 그렇게도 활기차고 아름다웠던 광경이 다시 갔을 때는 왜 그렇게 혼란스럽고 소란스럽고 불행한 광경이 되었는지 도저히 영문을 모르겠다는 질문이었다. 하늘나라의 관리는 그것은 스크린 세이버(screen saver)였다고 말했다.

사실 스크린 세이버는 빌게이츠가 회장으로 있는 마이크로소프트 회사에서 만든 것이다. 자신이 만들어 놓고 자신이 만들어 놓은 물질문명에 속아버린 것을 빗대어서 서술하는 도시전설인 것이다. 모든 사람들이 컴퓨터를 사용하고 따라서 컴퓨터는 이제 없어서는 안 되는 중요한 도구가 되었다. 그럼에도 불구하고 인간이 만들어 낸 물질문명은 우리가 필요할 때 필요한 부분을 사용하지만 그것이 가지고 있는 구조라든지 기능에 대해서는 무관심한 것도 사실이다. 다시 말해서 물질문명이 처음에 만들어졌을 때는 그것이 가지고 있는 기본적인 운영 체계에 관심을 보이지만 차츰 생활화 되면서 생활의 일부분이 되어 버리고 결국은 도시 생활 속에서 인간의 편의를 도와주는 도구로 전락해 버리기도 한다. 인간이 만들어 내고는 그것의 원리도 모른 채 현대 생활의 평범한 그리고 일반적인 부분으로 생각해 버리면서 그것의 내용도 모르면서 살아가는 것이 아마도 도시의 일반대중인 것이다.

현대 도시를 배경으로 전승되는 도시설화는 "세계도시설화학회"가 만들어지면서 이전에 비하여 활발한 연구성과를 가져오고 있다(박환영, 2005a). 도시라는 공간은 삭막하고 무미건조해서 인간미가 담겨져 있는 일상적인 삶의 지혜와 철학을 들려주지 못할 것 같다. 그러나 의외로 도시라는 공간은 그 나름대로 민중들이 살아가는 다양한 삶의 과정을 생생하게 반영해 주기도 한다. 즉 도시라는 공간 속에서 새롭게 만들어진 도시인의 삶과 이전부터 전해져 오는 삶의 과정이 도시라는 공간 속에서 부분적으로 변용되거나 내용은 그대로 전승되지만 형태만 조끔 바뀐 것에 이르기 까지 정말로 다양한 이야기 거리를 제공해 주고 있다. 특히 문명의 이기로 인하여 일상적인 생활의 대부분이 신문, 컴퓨터, 핸드폰, 텔레비전 등과 같은 대중매체와 매스미디어에 의하여 크게 좌우되게 되었다. 이러한 문명의 이기로 인하여 도시에서 만들어지는 다양한 이야기는 빠른 속도로 민중들 사이로 퍼지게 되었다. 따라서 전통적인 방식으로 입에서 입으로 전달되던 전승방식이 이제는 다양한 접속 라인을 타고 순식간에 옮겨지게 되었다. 다만 빠르게 전파는 되지만 정보의 홍수 속에 오랜 시간 동안 지속되지 못할 가능성도 지니고 있다. 여하튼 도시라는 공간은 새로운 이야기의 소재와 전승집단을 제공해 주고 있으며, 여기에 덧붙여서 과학기술의 눈부신 발전으로 도시설화와 같은 대중적인 이야기도 여러 계층의 도시민에게 쉽게 그리고 빠른 속도로 전달될 수 있는 것이다.

현대와 도시라는 공간에서 흔히 느낄 수 있는 눈부신 과학문명과 정교한 테크놀로지(technology)는 도시전설을 약화시키기 보다는 오히려 더욱더 발전시키기도 한다. 즉 현대의 도시인들이 너무나 완벽한 해결책을 추구하다보니 또한 수많은 의문과 의구심이 생길 수가 있는 것이다. 특히 하딩(Harding, 2005)은 2001년 9월 11일에 발생한 뉴욕 쌍둥이 빌딩에 대한 테러

공격은 수많은 종류의 도시전설이 생겨나고 이러한 도시전설이 많은 사람들에게 만연하게 하는 소재를 제공했다고 언급한 바 있다. 하딩(Harding : 2005 : 13)은 이러한 도시전설의 대표적인 유형으로 "은혜를 잊지 않은 낯선 사람(Thankful Stranger)"이라는 이야기를 보여주고 있다.

중동 아시아 사람으로 보이는 한 남자가 대형마트에서 계산을 하고 지갑을 놓고 간다. 바로 그 뒤에서 계산을 하던 인정 많은 한 사람이 그 지갑을 중동인 남자에게 돌려준다. 그러자 그 중동남자는 정확한 날짜와 시간을 이야기 하면서 특정한 지하철역을 피하라고 일러 준다. 나중에 알고 보니 그 중동 남자가 이야기 한 것이 모두 사실로 드러나게 된다.4)

이러한 도시를 배경으로 하는 최근의 이야기는 도시민을 상대로 계획될 수 있는 테러에 대한 잠재적인 공포와 불안감을 잘 반영해 주고 있다. 다시 말해서 뉴욕과 같은 거대한 도시에 거주하는 현대의 도시민들은 2001년 9월 11일의 참사를 통하여 엄청난 충격뿐만 아니라 잠정적인 테러의 공포에 시달리게 되었다. 이러한 도시민의 심리를 적절하게 표현하는 것 중의 하나가 바로 도시전설이다. 무미건조한 도시의 생활 속에서도 도시민들은 나름대로의 공동체 의식을 가지고 생활하고 있으며 외부적으로 혹은 내부적으로 경험하는 다양한 정치, 경제 그리고 사회적인 위험과 압력에 공동으로 느끼는 연대의식을 공유하고 있는 셈이다. 어떻게 보면 개인의 속 깊숙하게 숨어있을듯한 이러한 도시민의 내재된 감정은 도시전설

---

4) 이러한 종류의 도시전설은 내용의 주된 줄거리는 동일하지만 조금씩 차이도 있다. 하딩 (Harding, 20005)은 중동 사람으로 보이는 한 남자가 그냥 지갑을 잃어버렸다가 그것을 돌려준 마음씨 착한 사람에게 은혜를 보답한 것으로 기술하면서 어디서 지갑을 잃어버렸는지 정확하게 기술하지는 않지만 필자가 유럽에서 수집했던 유사한 이야기로는 주로 대형마트에서 잃어버리는 것으로 기술되기도 한다.

을 통하여 자연스럽게 공감대를 형성하고 있는 것이다.

　도시전설에 못지않게 현대의 도시 공간 속에서 많이 반영되는 민속문화는 풍수이다. 대형 아파트단지가 조성되면 대중매체나 신문 등에 광고를 하기도 하는데 즉 명당자리 라든지 흔히 사용하는 상투적인 표현을 들어서 배산임수의 자리에 위치했다고 표현하기도 한다. 최첨단의 과학기술이 세계와 우주를 지배하고 있지만 여전히 한국인들의 마음 속 깊은 곳에는 인간의 힘으로 해결할 수 없는 또 하나의 영역으로 풍수를 설정하고 있는 것이다. 풍수는 현대의 도시공간 속에서 단지 살아 있는 사람들의 공간 뿐만 아니라 죽은 사람들을 위한 공간으로 여전히 중요하게 취급되기도 한다. 조상을 위한 묘지를 조성할 때에도 풍수에 맞는 땅이 높은 가치를 가지는 것은 예나 지금이나 당연한 일이며, 최근에는 가족이나 문중들을 위한 납골묘의 자리를 정하는데 혹은 현대에 조성되고 있는 납골을 전문으로 하는 공원묘지도 풍수에 맞는 곳이 더욱더 인기를 차지하기도 한다.

　필자는 경기도 고양시를 민속조사 하면서 다양한 분들을 만날 수 있었다. 재미있는 것은 경기도 고양시의 경우 외형적으로 보면 도시화가 이미 진행되었거나 진행되고 있기 때문에 민속문화가 거의 사라진 듯 보이지만 많은 구성원들은 여전히 민속문화를 전승하고 있는 경우가 많다는 사실이다. 외형적으로 보기에는 전혀 민속문화가 남아 있을 가능성이 없어 보이지만 실제로 마을 조사를 해 보면 상당 부분은 그대로 이전의 민속문화를 고스란히 간직하고 있는 경우가 많다. 도시화가 진행되었지만 민속문화는 그 속에 여전히 남아서 전승되는 대표적인 사례가 경기도 고양시의 경우이다.[5] 따라서 경기도 고양시는 도시화의 과정 속에서 전통문화가 어떻게

---

5) 도시화가 진행되었지만 여전히 전승되고 있는 경기도 고양시의 민속문화는 2002년 고
　양시에서 펴낸 『고양시 민속대관』 참조.

전승되고 있는지 혹은 이전의 민속문화가 도시화 과정 속에서 어떻게 대응하고 있는지를 잘 보여주는 사례라 하겠다.

현대의 도시공간 속에도 풍수지리에 대한 믿음은 여전히 강한 편이다. 가령 서울의 중심부를 가로지르는 한강도 전통문화의 입장에서 이야기되기도 한다. 예를 들어서 한강이 굽이쳐 흐르면서 퇴적되어서 토양이 계속적으로 모이는 곳이 있는가 하면 강의 흐름에 따라서 토양이 계속적으로 침식되어 나가는 곳이 생기기 마련이다. 한강 변에 이렇게 물이 모여지는 곳 중의 한 곳이 흑석동이라서 특히 어(魚) 씨 성(姓)을 가진 사람들이 좋아하는 동네라는 믿음이 현대에도 나타난다고 볼 수 있다. 즉 물고기(魚)를 상징하는 어(魚)씨는 토양이 모이는 강변에 있으면 복이 들어온다는 생각이 짙게 깔려 있는 것이다. 필자가 경기도 고양에서 현지조사를 하면서 만났던 어르신 중에 어(魚) 씨 성을 가진 분이 계셨는데 이러한 말씀을 몇 번씩이나 강조해서 해주신 적이 있었다.

풍수지리에 못지않게 도시공간 속에 숨어있는 다양한 민속상징도 눈여겨 볼만하다. 이러한 민속상징 중에는 현대 도시의 공간 즉 학교가 가지는 일종의 상징을 내포하는 사례를 발견할 수 있다. 대표적인 사례의 하나는 일종의 수수께끼와 같은 형태로 대학가에서는 한 때 sky[6]라고 해서 특정한 대학을 비유하는 예를 찾을 수 있는데, 최근에는 이와 유사하게 chess[7]라고 하여 서울 소재의 전통적인 사립대학이 서로 공조하는 연합체

---

[6] sky는 서울대, 고려대, 연세대의 영문 initial을 조합해서 만든 단어인데 마치 하늘(sky)처럼 높다는 의미를 내포한다고 볼 수 있다.

[7] 2006년 5월 8일자 동아일보에는 "서강, 성균관, 한양, 중앙, 이화여대 논술 유형 공동개발"이라는 제목의 기사가 실린 바 있다. 필자는 이러한 서울의 주요한 사립대의 연합을 민속언어전승론 시간에 수수께끼가 가질 수 있는 은유와 상징성을 이야기 하면서 민속학과 학생들과 함께 이러한 대학교 사이의 연합체를 서양장기에 비유해서 chess로 표현해 본적이 있었다. 즉 chess는 sky와 비교해서 중앙대 (Chungang University), 한양대 (Hanyang University), 이화여대(Ehwa Women's University), 서강대(Sogang University), 성균관대

를 묘사하기도 한다.

도시의 식당에 복조리가 걸려있는 것은 이상할 것이 없다. 더욱이 일부 도시의 식당에는 마른 명태를 실타래에 묶어서 걸어두기도 한다. 도시라는 공간은 이전의 전통문화를 많이 약화시킨 것이 사실이지만 그 속에서 생활하고 있는 많은 구성원들 특히 일반 대중들은 여전히 이전의 전통문화를 지속하고 있는 경우가

▲ 도시공간의 한 음식점에 붙어 있는 부적

많다. 단지 전통적인 농촌마을에서 볼 수 있는 전통문화는 좀 더 겉으로 드러나 보일 수가 있는 반면에 도시 공간 속에서 보여 지는 전통문화는 집의 한 구석 내지 모퉁이에 숨겨져 있는 경우가 많다. 아마도 도시라는 공간이 가지고 있는 다양한 문화요소 때문에 이전의 전통문화는 그 만큼 밖으로 드러나지 않은 채 숨겨져 있는 듯 비치어질 수도 있는 것이다.

(Sungkyunkwan University)의 영문 initial을 조합해서 만든 단어로, 서양의 장기를 연상하듯이 서로 라이벌 관계에 있지만 또한 함께 연합해서 공조하는 대학을 상징한다고 말할 수 있다. 앞으로 대학 사이의 공조와 연합이 더욱더 활성화 된다면 또 다른 형태의 상징이 생겨날 것이다. 아마도 이러한 상징을 분석하고 해석하는 것도 일종의 도시민속학의 범주로 간주될 수도 있을 것이다.

▲ 갑사(甲寺)의 삼성각(三聖閣). 삼성각에는 칠성(七星), 산신(山神), 독성신(獨聖神)이 함께 모셔져 있다.

이상에서 살펴 본 바와 같이 도시 공간은 민속의 새로운 보고(寶庫)가 되고 있다. 특히 도시전설은 도시민속의 대표적인 한 유형에 속한다고 말할 수 있다. 도시민속과 관련해서 다양한 시각에서 접근을 할 수 있지만 필자는 그 중에서 몇 가지 점에 초점을 두고 도시속의 민속문화를 고찰하고자 한다. 우선 전통적인 사회공동체의 하나인 마을이 도시화 되어 가는 과정 속에서 나타나는 민속문화의 변화양상을 살펴보고자 한다. 그리고는 도시 공간 속에서 정기적이고 반복적으로 드러나면서 일상적인 생활 속에 녹아 있는 세시풍속과 축제 등을 중심으로 도시라는 공간이 전통적인 시간과 공간의 설정 속에서 도시의 구성원들에게 어떠한 기능과 의미를 부여하는지 살펴볼 것이다. 또한 현대화와 도시화가 빠르게 진행되면서 땅의 공간보다는 건물 그리고 컴퓨터와 같은 문명의 이기들이 중요하게 여겨지면서 대중매체와 매스미디어에 등장하는 다양한 민속문화도 도시 공간 속의 민속으로 중요하게 다루어 질 수 있음을 보여주고자 한다. 마지막으로 도시의 공간이 한반도를 벗어나서 중국 조선족의 도시 공간으로 확대될 수 있으며 더 나아가서는 영국에서 보여지는 도시 민속학의 경향까지도 고찰해 본다. 이러한 몇 가지 관점에서 도시 민속학의 과거, 현재를 살펴보고 향후 도시민속학이 어떠한 방향으로 나갈 수 있을지를 조심스럽게 진단하고자 한다.

▲ 강릉시 심곡마을의 심곡항. 곳곳에 횟집이 생겨나면서 전통적인 마을의 민속도 조금씩 변하고 있다.

▼ 연변 중국조선족 민속문화 관광절의 한 행사로 치루어진 전통 혼례

제2장

현대화 및 도시화 속의 마을조사와 마을민속

1 들어가기

현대화, 산업화 그리고 도시화가 빠르게 진행되면서 민속문화는 차츰 사라져가고 있는 듯 보인다. 그러나 일상적인 생활의 내면을 들여다보면 민속문화는 여전히 우리 주변에서 전승되고 계승발전 되고 있다. 어떤 영역에서는 오히려 민속문화가 더욱더 강조되기도 한다. 가령 예를 들어서 각 지역에서 흔히 볼 수 있는 지방의 다양한 축제에서도 민속적인 요소가 중요한 역할을 담당하기도 한다.[8]

▼경북 안동의 하회마을에 붙어 있는 입춘축(立春祝).

현대사회에서도 여전히 민속문화를 많이 간직하고 있는 곳은 생업의 터전을 함께하고 같은 운명공동체 집단이 거주하는 공간인 마을이다. 총체적인 민중들의 삶을 보여주는 마을의 민속은 마을조사를 통해서 얻어질 수 있다. 즉 마을은 가족, 친족(특히 집성촌의 경우) 그리고 이웃 등이 모여서 이루어진 공동체이다. 이러한 공동체 속에서 전승되고 계승되는 민속을 찾아내기 위하여 마을조사는 필요한 것이다. 따라서 민속학은 마을조사로 이어지고 마을조사는 곧 마을민속으로 이어진다. 고유한 전통문화를 전승하고 있는 마을이 없다면 마을조사도 불필요할 것이며, 그 결과 마을민속도 찾아낼 수 없는 것이다.

▼ 안동 하회마을의 삼신당. 삼신당은 마을의 신(神)이 깃들어 있는 공간이다.

이 글에서는 도시민속학에서 주로 다루어질 수 있는 "도시"라는 공간을 이해하기 위하여 민속학의 주된 연구대상인 "마을"이라는 공간을 어떻게 접근할 것인가를 살펴보고자 한다. 민속문화가 전승되거나 계승되고 또한 새롭게 만들어질 수도 있는 "마을"이라는 공간을 어떻게 조사하고 다른 마을에서 보여지는 다양한 민속현상과 어떻게 비교할 수 있는지 고찰해 봄으로써 같은 방식으로 도시민속학에서 다루어지는 "도시"라는 공간을 효율적으로 분석할 수 있는 것이다.

이러한 입장에서 우선 민속학에서 자주 논의되는 마을조사와 마을민속을 민속학의 핵심적인 방법론인 현지조사방법론(fieldwork methodology)이라는 입장에서 먼저 살펴보고, 다음으로는 마을조사와 마을민속의 실제적인 사례를 통하여 이론적인 논의를 좀 더 다양한 입장에서 접근하려고 한다. 아울러서 오늘날 하루가 다르게 빠르게 진행되고 있는 도시화와 산업화라는 틀 속에서 마을조사와 마을민속을 어떻게 다루어야할 것인가에 대하여 살펴보고자 한다. 이러한 세 가지 측면은 민속학에서 두루 적용되는 다양한 마을조사와 마을민속 속에 내재되어 있는 각 지역의 자연환경, 자료제공자, 민속조사자, 기존의 연구 성과, 역사문헌자료, 택지개발로 인한 마을의 이전 및 소멸, 해외동포들의 마을9) 등의 문제를 좀 더 구체적으로 서로 비교해서 논의할 수 있는 기회를 제공해 준다. 즉 민속학에서 마을조사와 마을민속이 어떻게 비교 고찰될 수 있으며, 또한 이러한 비교를 통하여 궁극적으로 무엇을 찾아낼 수 있는가에 대한 관점에서 마을조사와 마을민속을 접근해보고자 한다.

---

9) 중국 길림성(吉林省)에 위치한 경기도 마을은 일제시대인 1940년에 만주지역으로 강제적으로 이주했던 경기도 사람들이 중국에 모여서 경기도 마을이라는 공동체를 이루고 지속적으로 그네들의 전통적인 문화를 전승하고 있는 좋은 예이다. 중국의 경기도 마을은 한국의 마을과 해외 동포의 마을을 민속학적으로 비교해 볼 수도 있으며, 이를 통하여 경기도 지역의 민속이 어떻게 변화하고 지속되었는지를 살펴볼 수 있다. 중국 경기도 마을의 민속은 김선풍(외) (2002a) 참조.

2 현지조사방법론(fieldwork methodology)의 입장에서 마을조사와 마을민속

민속학자는 자주 정기적으로 현지조사(fieldwork)를 하는데 따라서 안락의 자(armchair)에 앉아서 연구하는 다른 인문·사회학자나 혹은 밀폐된 실험실에서 연구하는 자연과학자들과는 다르다. 즉 민속학자는 현지에서 만나게 되는 다양한 자료제공자(informant)와 그들이 전승하고 있는 여러 가지 민속현상에 대하여 마음을 터놓고 이야기를 나눌 수 있는 기회를 가지게 된다. 민속학이 민중들의 일상적인 생활 속에 살아 숨 쉬고 있는 한 민족의 *끈끈한* 삶과 생활철학을 발견하고 이것을 계승 유지시키는데 기여할 수 있는 것은 현지조사를 통하여 가능하다. 그런데 민속학의 현지조사는 주로 마을조사를 의미하는 경우가 많다. 민속의 현장은 민속문화가 전승되고 있는 마을 외에도 축제의 현장, 민속놀이, 민속공예 등과 같이 꼭 마을이 아닌 경우도 있다[10]. 그러나 일반적으로 민속학에서 민속의 현장은 전통문화를 전승하고 있는 마을이 그 대표적인 예가 될 수 있다.

특히 민속의 현장이 마을이어서 마을조사를 할 경우에 문제가 될 수 있는 것은 민속조사자의 조사지 선정방법이다. 즉 누가 누구를 선택하는가? 또는 민속학자는 어떻게 현지주민들에게 받아들여지는가? 혹은 민속학자는 왜 특정한 지역(특히 마을)을 현지조사지로 선택하는가? 등의 문제가 생긴다. 따라서 민속학에서 당연하게 여겨지는 마을조사는 그 이면에 조사지의 선정, 자료제공자와의 관계, 민속문화의 전승여부 등과 같은 다양한 요소가 내재되어 있는 셈이다.

먼저 민속조사자가 어떻게 조사지(특히 마을)를 선정해야하는가에 대하

---

10) 박환영 (2003a).

여 살펴보고자 한다. 민속조사자가 마을조사를 할 경우 조사할 대상인 마을은 연구주제와 관심분야에 따라서 광범위하다. 예를 들어서 경기도 혹은 강원도 지역의 마을과 같이 마을의 지역적인 구분에 의하여 나누어질 수 있으며, 농촌, 어촌, 산촌, 광산촌 등과 같은 생업활동적인 측면에 의해서도 마을이 구분되기도 한다. 특히 집성촌11)은 친족조직과 연관해서 상호부조 및 공통되는 조상의 제의(祭儀)를 전승하고 있는 경우가 대부분이기 때문에 마을조사에서 중요하게 다루어 질 수 있다. 즉 연구의 주제에 따라서 조사지역도 조금은 달라지기 마련이다. 다시 말해서 연구주제에 가장 부합되는 지역을 선정하는 것이 우선 중요하다. 그러나 민속조사자가 일정기간 동안 머물면서 조사를 해야 하기 때문에 조사자 자신과 조사지역 간의 상관관계에 대하여도 생각해 볼 수 있다.

현지조사방법론이라는 입장에서 마을조사는 버나드(Bernard, 2002)가 제시한 현지조사의 이상적인 네 가지 과정 속에서 자세하게 다루어지고 있다. 버나드(Bernard)가 주장하는 현지조사의 이상적인 네 가지 과정은 다음과 같다.

   (1) 먼저 이론적인 문제를 구축한다
     (First, a theoretical problem is formulated)
   (2) 다음으로는 적절한 장소와 방법을 선택 한다
     (Next, an appropriate site and method are selected)
   (3) 그리고는 자료를 수집하고 분석한다
     (Then, data are collected and analysed)

---

11) 경기도 안성시 일죽면 월정리의 신동마을은 안동 권씨의 집성촌이고, 양주시 남면 한산 2리는 진천 송씨와 전의 이씨의 집성촌이며, 고양시 일산구 문봉동의 15통은 안촌 즉 "안 마을"로 불리는데 순흥 안씨의 집성촌이다. 또한 경기도 수원시 영통구 이의동의 안골은 안동 김씨, 쇠죽골은 죽산 안씨, 산의실은 청송 심씨의 집성촌이며, 충남 당진군 송악면 가교리는 능산 구씨의 집성촌이며 신암사라는 능산 구씨의 시제(時祭)를 주관하는 사찰이 있기도 하다.

(4) 마지막으로 현지조사와 함께 제기되었던 이론적인 주장이 기존
의 이론에 도전적인 것인가 혹은 지지하는 것인가를 확인한다
(And, finally, the theoretical proposition with which the research was
launched is either challenged or supported)

첫 번째 과정은 일종의 문제제기로 이론적인 문제를 구축하는 것이며,
두 번째 과정은 문제제기에 부합하는 현지조사의 장소와 방법을 결정하는
것이다. 세 번째 과정은 실질적으로 현지조사를 실행하는 것과 얻어진 자
료를 체계적으로 정리하는 과정이다. 네 번째 과정은 현지조사를 통하여
이미 나와 있는 연구결과에 어떠한 기여를 했는지를 확인하는 과정이다.

버나드(Bernard, 2002)가 주장하고 있는 현지조사의 과정을 통하여 한국민
속학에서 마을조사와 마을민속을 어떻게 다룰 수 있는가 하는 하나의 측
면을 볼 수 있다. 즉 버나드의 두 번째 과정에 언급된 적절한 혹은 적당한
장소(appropriate site)가 마을조사를 위한 적합한 마을의 선정과 연관해서 고
찰할 수 있다. 그리고 세 번째 과정은 민속학의 마을조사와 같이 마을이
선정되면 마을조사를 행하는 것과 같은 맥락으로 볼 수 있다. 또한 세 번
째 과정은 마을민속과도 연관된다. 즉 마을조사를 통하여 수집되고(collected)
분석된(analysed) 것이 바로 마을민속인 셈이다.

무엇보다도 버나드(Bernard)의 이상적인 현지조사의 과정은 첫 번째와 네
번째 과정이 중요한 것 같다. 결국 현지조사를 통하여 마을조사와 마을민
속을 다루는 것은 이론적인 틀에서 다루어져야 하며 특히 마을조사를 통
하여 얻어진 마을민속은 민속학이라는 이론적인 테두리 내에서 기존의 이
론에 도전하거나(challenged) 이제까지의 이론을 보충하고 지지하는(supported)
것이어야 한다. 다시 말해서 민속학은 현지조사를 통하여 새로운 이론을
창출하기도 하며, 민속학의 가장 핵심적인 현지조사의 중심에는 마을조사

가 있으며, 마을조사의 결과는 마을민속으로 가치를 발휘하게 된다.

민속조사자가 현지조사를 실시할 마을을 선정했다고 하더라도 마을조사는 현지 주민들의 협조가 없이는 불가능하다. 민속 조사자가 버나드(Bernard, 2002)가 제시한 이상적인 형태에 의해서 자신의 연구주제에 맞는 마을을 선택할 수는 있지만 그렇다고 해서 항상 현지 주민들의 도움을 보장받을 것이라고는 장담할 수는 없다. 현지조사에서 마을의 선정은 민속조사자가 할 수 있지만 마을을 구성하는 현지의 주민들에게 받아들여지는 것이 더 중요하다. 따라서 마을의 선정과 마을의 구성원들에게 받아들여지는 것은 상호보완적인 관계에 있는 것이다. 다시 말해서 마을조사가 곧 마을민속의 수집으로 이어지지는 않는다. 즉 마을조사가 버나드(Bernard, 2002)가 제시한 과정에 어느 정도 부합해서 진행되어야만 비로소 민속학적으로 가치 있는 마을민속을 얻을 수 있는 것이다.

좀 더 구체적으로 말한다면 민속학자가 현지조사로 지방의 한 마을에 간다고 했을 때 현지의 주민들이 항상 환영할 것이라고 기대해서는 안된다. 민속조사자와 마을의 자료제공자(informant) 사이에는 보이지 않는 벽이 가로놓여져 있는 경우가 많다. 마을의 주민들이 외지에서 온 이방인들을 민속조사자라고 해서 항상 반기지는 않는다.[12] 민속조사자가 마을에 와서 민속조사를 하는 것이 어떻게 보면 일상적인 그네들의 생활에 조금의 불편함을 줄 수도 있는 것이다. 따라서 민속조사자는 성공적인 현지조사를 위하여 마을 주민들에게 먼저 받아들여져야만 하는 것이다. 민속조사자가

---

12) 전국에 있는 대부분의 마을은 마을회관, 노인회관, 경로당 등이 있어서 지역의 전통문화를 간직하고 있는 자료제공자를 만날 수 있는 장소를 제공해 준다. 그러나 민속조사자라고 해서 지역주민들의 협조를 항상 받을 수는 없다. 필자가 개인적으로 행했던 경기도 고양시의 민속조사에서도 때로는 약장사나 잡상인으로 오해를 받은 적이 있었다. 마을에 따라서 지방문화원의 협조를 받는 것도 중요하겠지만 각 마을의 이장이나 노인회장, 부녀회장, 청년회장, 마을의 새마을지도자 등의 도움이 더 중요한 것 같다.

마을의 주민들과 흔히 라포(rapport) 형성으로 알려진 친밀한 신뢰관계를 가져야만 마을조사를 통하여 마을 속에 숨겨져 있는 민속을 찾아낼 수 있는 것이다. 마을에 따라서 차이는 있겠지만 가신신앙을 조사하게 되면 자료제공자와의 라포형성이 무엇보다도 중요한 것 같다.[13]

가령 예를 들어서 필자가 최근에 행하였던 경기도 양주시 남면 한산1리와 한산 2리의 경우 가신신앙을 조사하는데 라포의 형성이 중요한 것을 절실하게 경험할 수 있었다. 좀 더 구체적으로 가신신앙 조사와 관련된 사례를 들어보면 필자가 경기도 양주시 남면 한산리에서 마을조사를 하면서 집에서 모시는 신(神)이나 전통적인 믿음이 있는지를 물어보았지만 대부분 할머니들은 없다라고 대답했다. 그런데 시간이 조금 지나고 자료제공자와 어느 정도 마음을 놓고 이야기 할 수 있는 분위기가 조성되면서 우연하게 마을에서 행하여지는 세시풍속에 대하여 대화를 나누는데 같은 마을의 한 할머니 집에 대대로 모셔두는 진둥항아리가 있다는 말이 불쑥 나오게 되었다.

▼경기도 양주시 남면의 한가정에 모셔진 진둥항아리

결국 필자는 자료제공자의 도움으로 한 할머니의 집에서 대대로 모셔지고 있는 진둥항아리에 대하여 자세한 민속조사를 할 수 있었다.

특히 조사지로 선정한 마을의 주민들과 친근한 신뢰관계(라포 ; rapport)를 형성하는 것은

13) 경기도 양주시 남면 한산리의 경우 가신신앙은 주로 여성들에 의하여 믿어지며, 집에 따라서 조금씩 다른 전통을 가지기 마련인데, 주로 시어머니에게서 며느리로 전통이 계승되는 편이다. 일부 가정에서는 자신들이 믿고 있는 가신신앙에 대하여 처음에는 쉽게 이야기를 하지 않았지만 차츰 신뢰관계가 형성되면서 집에 모셔져 있는 가신신앙에 대하여 많은 내용을 이야기해 주는 경우가 많았다.

본격적인 조사를 위하여 무엇보다도 중요하다. 더욱이 민속학자는 단지 현지의 민속현상만을 관찰만 하는 것이 아니라 삶의 현장에서 직접 보고, 듣고, 경험하며 그리고 느껴야 하기 때문에 현지 주민들과의 라포 형성은 매우 중요한 것이다. 민속학자가 현지에서 만나는 사람에 따라서 라포 형성이 용이하기도 하고 또한 어렵기도 한 것이 사실이다. 그러나 다양한 현지의 주민들과 쉽게 라포를 형성할 수 있는 것이 바로 민속학자가 겸비해야할 기술이다. 어떻게 보면 민속학자는 민속의 주체인 민중들을 만나고 그들을 통하여 삶의 목소리를 들을 수 있고, 일상적인 생활 속에 내재해 있는 삶의 방식과 철학을 배울 수 있다. 그러므로 민속학자가 마을의 주민들과 공감대를 형성하고, 라포를 형성하는 것은 체계적인 마을조사를 위한 지름길이다.

어떠한 마을 구성원들은 라포형성이 쉬울 수 있는 반면에 어떠한 마을의 주민들은 라포형성이 어려울 수도 있다. 또한 같은 마을이라도 농한기에 마을조사를 하느냐, 농번기에 마을조사를 하느냐에 따라서 라포형성에 차이를 가질 수도 있다. 더욱이 같은 마을이라도 누구를 자료제공자로 선정하는가에 따라서 라포형성에 차이가 생길 수도 있다. 결국 마을조사의 경우 민속조사가가 만나는 자료제공자에 따라서 마을조사의 성패가 결정난다고 해도 과언이 아니다. 마을조사와 같은 현지조사에서 민속조사자와 자료제공자 사이에서 친밀한 신뢰관계를 형성하는데 몇 가지 요인이 작용하기도 한다. 박환영(2000a)은 이러한 요인으로 성(性 ; gender), 나이, 지역방언 등 세 가지를 제시한다. 민속학자는 각 지역의 마을조사를 통하여 각양각색의 마을민속을 수집할 수 있는 것 말고도 민속조사자와 자료제공자가 가지는 상관관계에 대한 다양한 정보를 수집할 수 있다. 이러한 자료를 체계적으로 분석하게 되면 다양한 여건 속에서 라포형성을 용이하게 만들어 주는 사례를 쉽게 찾아낼 수 있는 것이다.

마을조사에서 마을주민들과 친밀한 신뢰관계인 라포를 형성하게 되면 좀 더 효과적으로 마을의 민속을 수집할 수 있다. 버나드(Bernard, 2002)는 현지조사에 참여할 경우 세 가지 입장에 처할 수 있다고 주장하는데 세 가지 입장이란 다음과 같다.

(1) 완전한 참여 (complete participation)
(2) 참여관찰자(participant observer)
(3) 완전한 관찰자 (complete observer)

완전한 참여란 한 집단의 구성원이 되지만 너무나도 일방적인 동참을 하게 되는 경우이고, 참여관찰자는 대부분의 민속지적 현지조사에서 보여지는 입장으로 적절한 거리를 유지하면서 현지의 문화 속으로 들어가는 것이다. 한편 완전한 관찰자의 입장은 현지의 주민들과 상호작용이 거의 없이 "직접적인 관찰"에 의존하는 경우이다. 특히 마을조사의 경우는 참여관찰자의 입장이 더욱더 중요하게 다루어질 수 있는데 이것은 마을이라는 공동체 집단 속에서 마을의 구성원들과 함께 호흡하면서 민속조사를 행하여야 하여할 뿐만 아니라 마을 사람들이 너무나도 익숙하여 미처 인식하지 못하는 측면까지도 객관적인 입장에서 살펴보아야 하기 때문이다.

필자는 마을민속을 "조사"하는 것과 마을 민속을 "연구"하는 것을 구별해서 논의를 진행하고자 한다. 즉 현지조사의 장소로 마을로 정했을 때 이것은 마을조사가 되는데 여기에는 마을개관, 자료제공자 선정, 라포형성 등과 같은 준비과정이 포함되어 있다. 이렇게 마을조사를 통하여 대략적인 마을의 민속문화를 파악한 후에 비로소 본격적으로 행하는 마을조사가 마을민속 조사인 셈이다. 마을조사를 통하여 마을민속을 수집하게 되는데 이러한 내용을 민속학적인 틀에 맞게 정리하게 되면 마을의 민속조사보고서가 될 수 있다. 현지조사를 통하여 마을의 민속이 수집되고 마을의 민속조사보고서가 나오게 되면 이미 나와 있는 다른 마을의 민속조사보고서나 앞으로 현지조사를 진행할 다른 마을의 민속과 비교해 가면서 좀 더 체계적으로 민속학적인 이론을 통하여 접근하게 되는데, 이것이 궁극적인 마을민속의 연구로 볼 수 있다.

▲ 마을 사람들이 모이는 장소. 충남 태안반도의 한 농촌마을.

마을조사를 통하여 마을민속을 조사하려면 마을에 대한 전체적인 윤곽을 파악해야 한다. 마을에 대한 대략적인 윤곽이 조사되면 마을의 이장, 노인회장, 청년회장, 부녀회장, 새마을 지도자, 상조회장 등 마을을 이루고 있는 사회조직을 또한 파악해야 한다. 이러한 마을의 사회조직은 마을을 움직이는 메카니즘을 이해할 수 있기 때문에 자료제공자를 선정하는데도 유용하게 활용할 수 있다.

　마을조사와 관련해서 민속조사자는 하나의 주제나 이론적인 문제의식을 가지고 특정한 마을을 선정하여 정기적으로 현지조사를 수행한다. 민속조사자가 실시하는 이러한 마을조사를 토대로 민속보고서(reporter)가 나오게 되고, 이러한 민속보고서가 모이면 하나의 민속지(ethnography)가 만들어지게 되는 것이다. 민속의 현상은 눈에 보이지 않고 우리의 일상적인 생활에 숨어 있는 경우가 많다. 민속의 현장인 현지에 가서 마을 주민들과 함께 생활해야만 느낄 수 있는 것이 현지에서 전승되고 있는 민속현상의 참 모습인 것이다. 그러므로 민속조사자는 민속학에서 다루어지는 다양한 영역과 현지에서 보여 지는 민속현상 외에도 민속현상이 전승되고 있는 지역의 역사, 지리, 환경, 교통, 교육, 개발현황 등을 아울러서 조사해야 한다. 특히 민속현상을 계승하고 있는 행위의 주체인 현지 주민들의 삶의 현장은 마을조사와 같은 현지조사를 통하여 심도 있게 이해할 수 있는 것이다.

▼충남 태안군 마금리 어촌계 회원들이 공동작업장으로 가는 모습.

마을조사는 하나의 주제를 가지고 접근할 수도 있지만 대체로는 마을에서 전승되는 민속학의 모든 영역을 두루 살펴볼 수 있나는 점에서 마을 단위로 그 속에서 전승되는 민속문화의 전반적인 형태와 전승주체에 대한 체계적인 접근이 가능하다. 또한 마을은 주어진 공간에서 이루어지는 생업, 민간신앙, 세시풍속, 민속놀이 등이 대대로 이어져서 전승될 수 있는 가능성이 더욱더 강하게 남아 있는 곳이다. 농촌마을이던 어촌마을이던 아니면 산촌마을이던 주어진 공간 속에서 만들어지고 전승 및 계승되는 독특한 지역의 민속은 마을이라는 공동체에 의하여 더욱더 그 전승력이 강하게 유지되는 것이다. 아마도 한국민속학이 가지는 특징 중의 하나가 마을과 같은 공동체 사회의 민속이 아직까지도 많이 남아 있다는 점일 것이다. 따라서 여전히 시골의 전통적인 마을은 과거로부터 내려오는 민속의 보물창고이며, 마을민속은 각 지역의 전통문화가 현재에도 계속해서 전승

▼충남 태안군의 자염.

될 수 있는 원동력을 제공해 준다. 특히 수많은 변화와 역경 속에서도 꿋꿋하게 계승되어 온 각 지역의 마을민속은 무분별한 외래문화와 여과되지 않으면서 만연되고 있는 대중문화 속에서 도덕적 가치관의 혼란을 경험하면서 방황하고 있는 젊은이들에게 시대를 초월해서 올바르게 가야할 방향을 제시해주는 어둠 속의 횃불이 되기도 한다.

▲충남 태안군 마금리 어촌계 작업장.   ▲충남 태안군 마금리의 마을회관과 노인회관.

3 마을조사와 마을민속의 실제적인 사례 비교

민속학의 보고인 마을을 민속학적으로 조사하는 것은 그 마을 속에 녹아있는 다양한 민속문화를 찾아내는 것이다. 그런데 마을에서 발견되는 민속(특히 가신신앙) 혹은 마을 단위로 전승되는 민속(특히 동제)을 찾아낸다고 해서 그것이 완전하다고는 할 수 없다. 마을조사의 기간이나 자료제공자의 선정 등 여러 가지 요인에 의하여 마을조사를 통하여 얻어지는 마을민속의 내용이 다소 차이가 날 수도 있는 것이다. 특히 지역적으로 그리고 마을이 형성되어 있는 역사적, 지리적, 환경적 그리고 생업적인 여건이 다르기 때문에 각 마을조사는 또한 다양한 마을민속을 제공해줄 가능성을 충분히 가지고 있는 셈이다.

▲ 강릉시 심곡마을의 성황당에 모셔진 여신.

▼ 충남 당진군 기지시리에 있는 국수당(國守堂)의 신목(神木).

덧붙여서 동제(洞祭)와 같은 마을에서 행하여지는 전통적인 제의를 조사하기 위해서 같은 마을을 지속적으로 조사를 하는 경우에 통시적인 입장에서 마을민속을 살펴볼 수 있다. 따라서 마을조사와 그것을 통하여 얻을 수 있는 마을민속은 동일한 주제를 가지고 동일한 장소에서 현지조사가 행하여지더라도 시간적으로 서로 비교의 대상이 된다. 즉 다시 말해서 동일한 지역에서 마을조사를 지속적으로 행하다보면 처음에는 잘 보이지 않았던 마을민속을 체계적으로 수집하고 분석할 수 있는 기회를 얻을 수 있을 뿐만 아니라 통시적인 관점에서 마을민속이 어떻게 지속, 변모 혹은 약화되고 있는지를 파악할 수 있다. 결국 마을의 민속문화는 단순한 과거의 잔재도 아니며, 과거와 완전하게 동 떨어진 현재 만의 현상도 아니다. 그러므로 민속학은 과거를 통해서 현재를 볼 수 있으며, 또한 현재를 통하여 과거와 연계할 수 있는 학문이며, 나아가서는 미래의 방향을 제시할 수 있는 학문이기도 하다. 이러한 관점에서 동일한 마을을 지속적으로 조사하여 마을민속을 확립하는 일련의 과정은 통시적인 관점에서 마을민속을 비교 탐구하는 결과로 얻어 낼 수 있다. 또한 서로 다른 마을을 지속적으로 조사하여 마을민속을 하나씩 체계화 시키는 과정은 다양한 각 지역의 마을을 꾸준하게 조사하여 마을의 사례를 통하여 서로 비교 분석함으로 해서 전체적인 민속학의 영역을 더욱더 살찌우는 결과를 가지고 오는 셈이다. 즉 민속학에서 마을조사와 마을민속에 대한 연구는 지속적으로 행하여지고 있으며 앞으로도 계속해서 꾸준하게 행하여져야 하는 것이다.

또한 마을조사를 통하여 민속학의 제반 영역을 탐구하게 된다. 가령 세시풍속의 경우 월별로 행하여지는 세시적인 민속을 발견할 수 있는데, 지역별로 조금씩 차이가 나는 것은 당연한 것이며, 마을마다 역시 내용의 차이가 생기기 마련이다. 그러므로 한국의 세시풍속을 이해하기 위해서 다양한 지역의 여러 마을에서 행하여지는 세시풍속을 비교하면서 꼼꼼하게 조사해야 하는 것이다.

  필자가 경험한 마을조사의 경우 다음과 같은 몇 가지 상황을 생각할 수 있다. 가령 마을조사를 실시할 경우 마을회관에서 숙식을 하는 경우, 마을의 이장 집이나 다른 마을 주민의 집에서 숙식을 하는 경우, 마을 주변의 여관이나 민박집을 빌어서 숙박을 하는 경우, 혹은 차를 이용하여 통근하면서 마을조사를 하는 경우가 있을 수 있다. 우선 마을회관에서 숙식을 하는 경우는 마을의 이장, 노인회장, 부녀회장의 동의를 사전에 얻어야 하기 때문에 마을조사를 실시하기 이전부터 예비조사와 같은 치밀한 준비과정을 필요로 한다. 따라서 일단 마을회관에 받아들여지는 것은 곧 마을 주민들에게 받아들여지는 것으로 볼 수 있다. 필자가 경험한 마을조사의 경우 마을회관에서 숙식을 했을 때는 마을주민들의 적극적인 도움을 받아서 마을민속도 역시 많이 수집할 수 있었다. 또한 마을 주민들과의 친밀한 신뢰관계도 대체적으로 쉽게 형성할 수 있었다. 마을 주민들의 입장에서는 일단 마을회관에 숙식을 하기 때문에 어느 정도 검증을 받은 부류에 속하게 되는 것이다. 특히 마을회관은 대부분 모든 마을의 대소사(大小事)가 계획되고, 준비되고 행하여지는 곳이기 때문에 마을 주민들과 직접적으로 의견을 나눌 수 있는 최적의 장소이기도 하다.

  마을조사를 행하는 기간에 마을회관이 마을의 대소사(大小事) 문제나 기타 여건으로 인하여 숙식을 허용하지 않는 경우에는 마을의 이장 집이나 노인회장 집 혹은 부녀회장 집 또는 다른 마을주민의 집에 숙식을 하면서 마을조사를 하기도 한다. 어떤 경우에는 마을회관이 오전이나 오후에 마을 주민들의 모임 장소로는 적합하지만 저녁에 숙식을 제공하기에는 너무 시설이 열악한 경우도 있을 수 있다. 또한 해외의 민속조사이기는 하지만 중국 길림성 유하현의 경기도 마을의 경우는 마을회관이 아예 없어서 마을 주민들의 집에서 숙식을 하면서 마을조사를 한 적도 있다. 여하튼 이러한 경우에는 마을회관에서 숙식을 하는 경우에 비하여 제한된 마을 사람들을 만나기도 하지만 다른 한편으로는 함께 생활하면서 마을의 한 구성원을 집중적으로 현지조사 할 수 있다는 장점도 가지고 있다. 특히 가신신앙과 같은 개별적으로 마을의 구성원들이 가지고 있는 민속문화를 연구하는데 적합한 경우로 볼 수 있다.

▼기지시줄다리기는 연령의 구분이 없이 온 마을의 축제이다.

한편 마을 주변의 여관에서 숙식을 하면서 마을조사를 하는 경우도 생
각할 수 있다. 여관이나 민박집이 마을 안에 있는 경우도 있고, 마을 밖에
있는 경우도 있다. 전통적인 시골의 농촌마을이나 산촌마을의 경우 여관
이나 민박집이 마을 안에 있기보다는 면사무소가 있는 면의 중심부에 있
는 경우가 많지만, 포구와 횟집이 들어서 있는 어촌마을의 경우는 마을
안에 여관이나 민박집이 종종 있기도 하다. 마을회관이나 마을 주민들의
집에서 숙식을 못하기 때문에 마을 주민들과 친밀한 신뢰관계를 형성하는
데 조금의 어려움이 따를 수도 있다. 특히 마을의 밖에서 숙식을 하게 되
면 마을 주민들과의 교류가 그 만큼 제한을 받을 수 있는 것이다. 마을조
사를 하다 보면 마을 주민들의 집을 방문해서 면담이 이루어지는 경우도
많지만 마을 주민들이 민속 연구자가 숙식을 하고 있는 장소를 방문하는
경우도 많다. 따라서 여관이나 민박집에서 숙식을 하더라도 마을 안에 있
는 곳이어야 마을민속을 좀 더 많이 수집할 가능성이 높아진다. 특히 마을
안에 있는 여관이나 민박집은 마을 주민들이 주로 운영하며 마을 사람들
이 모두 위치를 잘 알고 있기 때문에 면담의 장소로 쉽게 활용될 수 있다.

▲충남 당진군의 기지시 청년회

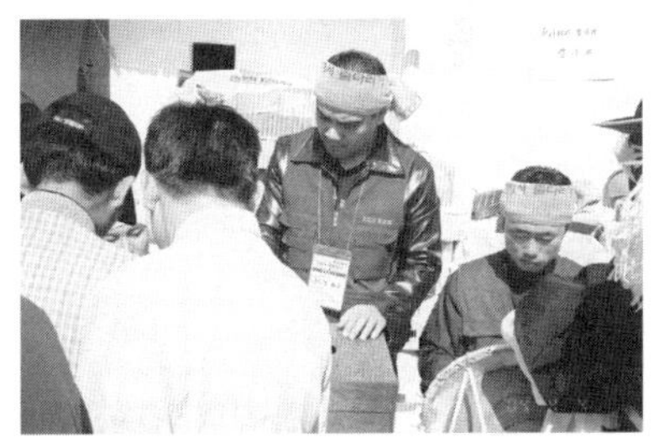

▲기지시 청년회는 마을의 큰행사에 큰역할을 담당
한다. 기지시줄다리기행사에서도 기지시 청년회
는 많은 기여를 하고 있다.

마지막으로 차를 이용하여 통근하면서 마을조사를 하는 경우인데 이러
한 경우 참여관찰의 기회는 더욱더 줄어들고 따라서 마을 주민들과의 친

밀한 관계를 형성하는 것도 어렵게 된다. 부분적으로 적합한 자료제공자를 만나서 면담을 통하여 마을민속을 부분적으로 조사할 수는 있지만 체계적인 민속을 수집하고 분석할 수는 없다. 이러한 종류의 마을조사는 이미 실시한 마을조사에서 미진한 부분을 보충할 경우나 기존에 나와 있는 마을민속에 대한 보고서의 내용을 비교하면서 민속학의 전반에 대한 내용보다는 특정한 항목이나 주제에 대한 좀 더 보충적이고 세부적인 내용을 조사하기 위하여 일시적으로 진행할 수 있는 마을조사에 적합하다고 할 수 있다. 또한 위에서 언급한 다른 종류의 마을조사에 비하여 마을조사의 목적이나 민속조사자의 신분과 주소 및 연락처 등을 매번 처음 만나는 마을 주민들에게 이야기해야할 가능성이 많기 때문에 실제적인 마을민속을 제대로 수집하는데 많은 어려움이 있을 수도 있다. 보통 차를 타고 통근하면서 마을조사를 하는 경우는 마을에 따라서 조금의 차이는 있겠지만 도시의 근교에 위치해 있어서 도시화가 진행될 가능성이 농후한 마을이거나 도시화가 현재 진행되고 있거나 또는 도시화가 이미 진행되어서 이전의 마을의 모습은 찾아볼 수 없고 거의 도시로 바뀌어 버린 마을의 경우에 해당된다. 특히 이미 도시로 변모해 버린 마을은 외부인들이 많이 유입되면서 기존의 전통적인 마을이 가지고 있는 상호부조를 강조하는 마을 구성원들의 사회조직, 생업적인 시간의 구분과 절기의 민속인 세시풍속, 민간신앙, 민속놀이와 축제 등이 눈에 띄게 약화된 경우가 많다. 따라서 비록 참여관찰이나 마을 주민들과의 친밀한 신뢰관계 형성은 기대할 수 없지만 마을민속의 변화양상에 대하여는 많은 정보를 제공해줄 수 있다.

다음에 살펴볼 산업화와 도시화 속에서 마을조사와 마을민속을 통하여 기존의 전통적인 마을조사와 마을민속에서 다루어지는 것과 비교해서 좀 더 현대화와 도시개발과 같은 현실적인 입장에서 논의를 진행하고자 한다.

4 도시화 및 산업화 속의 마을조사와 마을민속

　마을은 시골에서는 리(里)라는 개념으로, 도시에서는 동(洞)이라는 개념으로 인식되고 있다. 이제까지 민속학자가 마을(里)을 조사한다면 대부분은 시골의 리(里)이지 도시의 동(洞)이 아니었다. 그러나 최근에 진행되고 있는 도시화와 산업화의 영향으로 시골의 전통적인 마을이 도시의 동(洞)으로 바뀌고 있는 실정이다. 그런데 도시화가 진행 중인 시골의 일부 마을에서는 행정구역상으로는 동(洞)과 통으로 분류되지만 이전부터 사용해온 마을의 이름은 여전히 남아 있는 경우가 많다. 특히 지역의 주민들에게는 오히려 이전의 마을 이름이 더욱더 많이 사용되고 있기도 하다. 대표적인 예로 경기도 고양시 일산구 문봉동의 경우 6통은 상촌, 8통은 막골, 15통은 안촌으로, 16통은 빙석촌 등으로 여전히 불리고 있다. 또한 수원시 영통구 이의동의 경우도 산의실, 동역마을, 여수내, 안골, 성죽골, 쇠죽골 등 이전의 마을 이름이 그대로 사용되고 있다. 또한 도시화가 이미 진행된 마을에서도 길이나 골목의 이름에 옛 마을의 이름을 넣기도 하며, 이전부터 사용되던 마을의 지명이 도시화로 인하여 새롭게 만들어진 학교나 교회의 이름으로 사용되기도 한다.

경기도 고양시의 현대식 가옥
뒤편에 모셔진 터주가리.　▶

　도시화가 진행되고 있는 마을을 조사할 경우 순수한 토박이보다도 외지에서 이주해 온 사람들이 많아서 자료제공자를 선별하는데 어려움이 있을 수도 있다. 따라서 전통적인 시골의 마을과 유사하게 마을의 노인회, 부녀회, 청년회 등을 통해서 마을의 현황을 파악하게 된다. 보통 마을에 있는 구멍가게가 마을 사람들의 인적 사항 특히 어떤 분들이 마을에 몇 대째 살고 있는지를 알 수 있는 좋은 장소가 된다. 대형 슈퍼마켓이나 슈퍼체인에 비하여 마을에 한 두 개 있는 조그만 재래식 구멍가게는 보통 마을의 토박이들이 경영하는 경우가 대부분이다. 또한 구멍가게 이름도 옛 지명이나 마을의 이름을 주로 사용하기 때문에 외지 사람들에 의하여 영업을 하는 상점과 구별되는 경우가 많으며, 단골 손님의 대부분이 마을의 토박이들이다. 이러한 경우에 해당되는 마을이 경기도 고양시 일산구 문봉동과 수원시 영통구 이의동이다.

　도시화가 진행 중인 마을에 현지조사를 하게 되면 겉으로 보기에는 그저 평범한 도시와 인접해 있는 도시화가 빠르게 진행되고 있는 시골의 외각지대로 보일 수도 있다. 그래서 농촌의 모습과 도시의 모습이 혼재하며 특히 외지에서 온 사람들에 의하여 운영되는 음식점이 많이 들어서 있기도 하다. 다라서 외관상으로 보기에는 어떻게 이러한 곳에 민속문화가 전승되고 있을까 하는 의문이 생길 수도 있다. 그러나 마을의 내면을 들여다보면 겉은 변화를 했지만 속은 여전히 이전의 전통문화를 고수하고 있는 경우가 많다. 결국 이렇게 도시화가 진행 중인 마을에서도 마을의 민속을 찾아낼 수 있는 것은 참여관찰을 기본으로 하는 체계적이고도 꾸준한 마을조사가 민속학자에 의하여 진행되고 있기 때문이다. 마을민속을 비교연구 하게 되면 도시화 과정에 있는 마을과 그렇지 않은 마을도 비교할 수 있기 때문에 문화변동론적인 입장에서도 지속적으로 행하여지는 마을조사는 큰 의의를 지닌다고 할 수 있다.

경기도 고양시 한 가정에
모셔진 성주신의 신체(神體) ▶

특히 마을조사는 도시화가 진행 중인 마을에 우선적으로 실시해야 하는 이유가 몇 가지 있다. 즉 도시화가 진행되면서 농촌의 마을이 지방자치단체의 택지개발 정책에 따라서 없어지는 경우가 있다. 이러한 경우 마을조사는 고고학에서의 지표조사와 마찬가지로 문화유적지표조사가 될 수 있으며, 아울러서 사라져가는 민속을 수집하고 전승시켜주는 기능을 담당할 수도 있다. 도시화가 가속화 되면서 전통적인 마을이 순식간에 없어져 버리게 되면 마을을 중심으로 이루어져 오던 전통적인 상호부조의 사회조직, 세시풍속, 동제(洞祭)를 비롯한 민간신앙, 생업 등이 사라지기 마련이다. 민속문화는 눈에 보이지는 않지만 땅속의 지하수와 같이 내면적으로 지속되는 특징을 가지고 있다. 그러나 민속문화가 생성되고 전승되는 마을이라는 공간이 없어지고, 마을 구성원들이 여기저기로 흩어지게 되면 전통적인 민속문화는 한순간에 흔적도 없이 사라져버리기도 한다. 주어진 지리적인 자연환경과 다양한 구성원들에 의하여 오랜 시간 동안 만들어지고 다듬어진 독특한 마을민속이 모여서 한국의 문화와 민속이 이루어지기 때문에 도시화와 산업화가 가속화 되면 될수록 마을조사를 통하여 마을민속을 체계적으로 수집하고 분석하는 일이 우선적으로 요구된다고 하겠다.

도시화와 산업화의 영향으로 마을을 중심으로 이어져 오던 마을공동체 집단의 민속전승이 약화되거나 전승의 주체가 불분명하게 되어서 마을의 민속이 점차로 사라지기도 한다. 가령 마을의 젊은이들이 도시로 나가면서 시골 마을은 노인들만 남아 있는 경우가 많으며 따라서 전통문화를 전승하고 계승할 사람들이 줄어들어서 이전부터 지속되어 오던 마을민속은 조금씩 사라지고 있기도 하다. 전국의 마을에서 지내던 다양한 동제(洞祭)도 젊은이들보다는 노인들이 주로 참가하기 때문에 앞으로의 전승과 계승에 많은 문제점을 가지고 있다.

한편 전통적으로 마을을 중심으로 이루어지던 세시풍속도 도시화와 산업화의 소용돌이 속에서 과거의 영광을 잃어버린지 오래이다. 특히 농촌공동체의 약화로 마을구성원들의 축제인 정월대보름의 의미가 이전에 비하여 많이 약화되면서(임재해, 2003) 태음력에 의한 대보름날의 달맞이 보다는 서양식으로 태양력에 의한 새해의 해맞이[14]가 더 큰 의미를 가지게 되었다(박환영, 2004a). 마을이라는 사회공동체를 형성하여 대보름날 밤에 전국적으로 행하여지던 달맞이 풍속이 개인과 가족을 중심으로 서구식의 새해 아침을 맞이하는 해맞이로 바뀌어 가면서 마을이 전통적으로 가지고 있던 다양한 세시풍속도 사라지고 있는 셈이다. 따라서 도시화와 산업화가 빠르게 진행되고 있는 오늘날 마을조사와 마을민속의 전승문제가 더 시급하고도 중요하게 다루어져야 하는 것이다.

한편 도시화와 산업화와 같은 맥락에서 살펴볼 수 있는 것이 요즘 새롭게 등장하고 있는 "정보화마을"이다. 즉 최근에 행정자치부에서는 전국의 마을에 초고속 인터넷 환경을 조성하고 전자상거래 등의 정보와 지역문화

---

14) 이전에도 달맞이에 못지않게 해맞이의 풍속도 있었다. 그런데 전통적인 해맞이의 경우도 음력으로 정월 1일었는데 오늘날에는 서구식으로 양력으로 1월 1일이 해맞이의 날로 여겨지고 있다(김홍우, 2002).

의 콘텐츠를 구축하는 사업의 하나로 "정보화마을"을 선정하여 지원해 주는 사업을 진행하여 이미 전국적으로 191개의 마을을 선정한 바 있다. 전국의 각 지역에 분포하고 있는 정보화마을은 마을이 위치해 있는 지역의 자연환경, 생업, 특산물, 전통축제, 역사 및 문화유적 등을 잘 보여준다. 특히 정보화마을의 경우 대부분의 마을 주민들이 인터넷을 사용할 수 있기 때문에 마을조사를 행할 경우 많은 이점을 가질 수도 있다. 예를 들어서 마을조사를 실시한 후에 보충적인 내용이 필요하면 언제든지 신속한 인터넷을 이용하여 현지 마을의 자료제공자들로부터 도움을 받을 수 있는 것이다. 아마도 정보화마을이 더 활성화 된다면 향후 민속학자들이 행하는 마을조사의 경우도 정보화마을인가 그렇지 않은가에 따라서 마을민속을 체계적으로 수집하고 분석하는데 많은 영향을 줄 수도 있을 것 같다.

5 나오기

지금까지 국내의 마을조사와 마을민속 만을 고려하여 살펴보았다. 즉 중국 조선족 사회의 마을은 극히 부분적으로 다루었고, 다른 아시아 지역의 마을에 대한 고찰은 하지 않았다. 아마도 앞으로 국내 마을의 비교연구결과를 기초로 하여 다른 아시아 지역의 마을조사와 마을민속에 대한 비교연구도 가능할 것 같다.

이제까지의 논의를 통하여 필자는 "민속학에서 마을조사와 마을민속이 민속학의 다른 현장에서의 현지조사와 그것으로부터 얻어지는 민속과 어떻게 구별될 수 있을까?" 하는 문제와 "민속학에서 마을조사와 마을민속이 어떠한 특징을 가지고 있는 것일까?" 하는 문제를 부분적으로 제기하였다. 민속학이 가지는 특성 중의 하나는 민속조사자에 따라서 같은 마을을 민속조사 하더라도 조금은 다른 결과가 나올 수도 있다는 사실이다. 민속조사자가 마을의 구성원들에게 어떻게 받아들여지고 그러므로 어떤 자료제공자를 만나느냐에 따라서 마을민속은 양적으로나 질적으로 차이를 보일 수도 있는 것이다. 아마도 이러한 다양성과 차이점이 많이 모여져야만 좋은 마을의 민속지가 만들어지는 것이다. 이러한 의미에서 마을조사와 마을민속의 비교는 민속학이 추구하는 마을의 민속지를 위하여 지속적으로 이루어져야 할 작업인 것이다. 아울러서 최근에는 도시화가 진행되고 있는 마을에 대한 민족조사의 필요성이 점차로 생겨나면서 마을조사와 마을민속에 대한 좀 더 다양한 영역과 접근방법에 대한 논의가 본격적으로 진행될 수 있는 것이다.

한편 기존의 민속 관련 문헌자료와 민속조사보고서는 본격적인 현지조사의 방향을 제시해 주기에 충분하다고 말할 수 있다. 즉 기존에 나와 있는 자료를 통해서 어떠한 지역(마을)을 선택할 것인가를 알 수 있으며, 또한 그 지역에서 어떠한 민속문화를 조사할 수 있는지를 미리 알 수 있는 것이다. 민속현상은 전승되면서 일부분이 또한 변화하기도 하지만 계속해서 지속되는 것이다. 따라서 민속 관련 문헌자료와 민속조사 보고서를 바탕으로 현지조사를 실시하게 되면 민속현상이 그 지역에서 어떻게 발전 계승되고 있는가를 파악할 수 있고 또한 앞으로 어떻게 변화할 것인가를 제시할 수도 있는 것이다. 다시 말해서 한 지역 혹은 특정한 마을조사와 마을민속을 기존의 문헌자료와 현지조사에서 얻어진 자료와 비교하고, 좀 더 나아가서는 다른 지역의 마을조사 자료와 비교하게 되면 체계적인 마을의 민속문화를 수집하고 전승시킬 수 있는 토대가 마련될 수 있는 것이다. 이런한 의미에서 마을조사와 마을민속은 도시민속학에서도 중요한 소재가 될 수 있는 것이다.

제3장

도시의 축제 속에도 민속문화는 있다

1 들어가기

21세기는 문화의 시대라고 한다. 이러한 추세에 맞추어 각 지역의 문화전통이 되살아나고 있다. 그 중에서 지역축제의 활성화가 가장 두드러지는 현상이다. 지역축제는 모든 지역 사람들이 참여할 수 있는 공감대를 형성하여 지역문화에 기여할 뿐만 아니라 다른 지역의 축제와도 연관성을 맺거나 지역문화의 교류를 통하여 한 민족의 문화발전에도 기여하고 있다.

각 지역의 문화 및 역사적 상황과 특징을 소재로 다양한 축제가 벌어지고 있다. 최근에 한국향토사 연구 전국협의회(1990)가 향토축제의 사례를 밝히면서 각 지역별로 향토축제를 소개하면서 여러 지역의 축제를 언급하였는데 도시화와 산업화의 중심지인 경기 지역이 여기에서 제외되기도 하였다(김지욱, 1996). 그럼에도 불구하고 경기지역은 다른 곳에 못지않은 독특한 지역축제가 행하여지고 있고, 이러한 축제 속에는 경기지역의 역사와 문화가 용해되어 있음은 두말할 나위도 없다. 특히 경기 지역은 삼국시대부터 한반도의 주요지역으로서 국가건설의 중심부였고, 조선시대에 오면서 경기도의 한양에 도읍을 정함으로써 오늘날까지 명실상부한 정치, 문화 경제의 중심지가 되어왔다(이인규, 1999). 따라서 경기 지역이 가지고 있는 역사 및 문화적 가치는 다른 어느 곳보다도 중요하다고 이야기 할 수 있다. 각 지역의 축제를 골고루 장려하고 발전시키는 것은 한국문화의 다양성과 특수성을 인식할 수 있는 지름길이다.

한편 축제는 도시민속의 꽃이며 도시민속에서 가장 두드러진 것의 하나의 영역이 또한 축제이다(임재해 : 1996 : 165와 172). 축제는 제의적인 요소와 놀이적인 요소가 혼재되어 있는 것이 일반적이지만 최근에는 특히 도시 공간을 중심으로 제의적인 요소가 생략되거나 약화된 이벤트성 축제도 많이 생겨나고 있다. 그런데 이러한 이벤트의 성격을 가진 축제에서도 민속장터, 풍물공연, 민속놀이 등이 내재되어 있는 경우가 많다. 전통적인 향토축제와 함께 현대의 도시 공간에서 보여지는 다양한 종류의 이벤트성 축제도 넓은 의미에서 도시민속학의 한 범주로 다루어질 수 있는 이유가 여기에 있다.

따라서 이 글에서는 도시화와 산업화가 혼재하는 경기지역의 축제를 개괄적으로 살펴보고 또한 그 속에 담겨있는 민속문화를 분석함으로써 도시민속의 중요한 소재가 될 수 있는 경기지역의 축제 속에 내재되어 있는 경기지역의 역사 및 문화적 특수성을 찾아보고 아울러 도시 속의 전통문화를 고양하기 위한 경기지역 축제의 활성화 방안에 대하여서도 논의 하고자 한다.

2 경기지역 축제의 개관

경기지역에서 행하여지는 여러 가지 종류의 문화행사 중에서 축제라는 이름을 붙일 수 있는 것에는 대략적으로 82가지 종류의 문화행사가 있다. 여기에는 전통축제, 예술축제, 관광축제, 산업축제, 마을축제 뿐만 아니라 문화제, 지역주민의 날, 지역잔치 등이 모두 포함되어 있다(이송미, 1999).

경기지역 축제는 주로 시(市) 혹은 군(郡) 단위로 행하여지는 것이 그 특징이며 경기도에서 주관하고 도(道) 단위로 행하여지는 지역축제는 거의 없다. 다만 경기 종합예술제와 경기도 민속예술경연대회가 있을 따름이다. 한편 김지욱(1996)이 제시한 경기지역 축제의 현황을 살펴보면 이송미(1999)가 제시하고 있는 82가지 종류 속에서 포함되지 않은 15가지를 더 발견할 수 있어서 경기지역의 축제는 모두 97가지 종류나 된다. 시민의 날 및 군민의 날과 같은 공적인 문화행사 12가지를 제외하면 85가지 종류의 축제가 매년 경기지역에서 개최되고 있다.

▲ 서울시 강남구 논현골 축제에서. 시대와 공간은 바뀌어도 전통적인 제의는 전승된다.

　　경기 지역 축제의 명칭은 대부분 ○○문화제, ○○예술제 그리고 ○○시/군민의 날 등으로 되어 있다(김지욱, 1996). 그러나 필자가 97가지 종류의 경기 지역 축제를 분석해 본 결과 모두 22개의 문화행사는 그 명칭이 조금씩 다름을 알 수 있다. 예를 들어 보면 고양시의 행주대첩제, 정월대보름놀이, 광명시의 정월대보름축제, 구리시의 토요전통놀이 마당, 군포시의 정월대보름민속놀이, 남양주시의 천마산 산신제, 부천시의 부천국제 판타스틱 영화제, 수원시의 효의 성곽순례 및 봉수거화, 정월대보름 민속놀이마당, 수원화성 국제연극제, 수원 국제음악제, 화성백중제, 안산시의 대부 포도축제, 잿머리 성황제, 안성시의 안성예총 문화예술축제, 안양시의 수촌 마을제, 쌍산신제, 느티나무제, 의왕시의 의왕가구대축제, 이천시의 이천도자기 축제, 파주시의 파주명품장단콩축제, 파주 버섯큰잔치, 평택시의 소사벌 한마당축제, 평택농업축제, 광주군의 광주왕실도자기축제, 양주군의 양주별산대놀이, 양주소놀이굿, 양평군의 은행나무제, 산귀래들꽃축제, 여주군의 여주도자기박람회, 세종문화큰잔치, 천서리 막국수 축제, 세종대왕숭모제전, 조기울 낙화놀이, 정월대보름한마당, 연천군의 정월대보름맞이 민속놀이, 전곡구석기 문화축제, 포천군의 산정호수 명정산 억새꽃축제 등이다.

이상의 22가지 서로 다른 경기 지역의 축제를 살펴보면 부천 국제 판타스틱 영화제, 의왕 가구대축제, 파주 명품장단콩축제, 평택농업축제, 양주소놀이굿, 이천도자기축제, 광주왕실도자기축제 등과 같이 각 지역의 이름을 덧붙이는 경우가 많으며 지역의 특수한 자연환경이나 전통 특산품의 이름이 붙은 예가 많은 편이다. 또한 한국의 고유 명절 중에서 정월대보름을 배경으로 한 축제가 여러 경기 지역에서 공통적으로 나타나는 것이 재미있는 현상이다. 최남선이 정월대보름을 추석과 함께 우리농촌본위의 2대 명절이라고 했듯이(임기중 : 1993 : 229) 정월대보름날에 민속놀이를 곁들인 축제를 행하는 것은 당연한 일이다.

정월대보름놀이는 우리고유의 민속놀이를 오늘날 다시 재현해 보아서 전통문화를 계승 발전하기 위하여 여러 경기 지역에서 매년 개최하고 있다. 지역에 따라서 조금씩 행사의 내용은 다르지만 정월 대보름놀이 행사

민속연을 통한 전통문화의 현대적 계승

로는 달집 만들기, 달집 태우기, 달님 보기, 쥐불놀이, 달점치기 외에도 새끼꼬기 등의 민속놀이가 열리며, 널뛰기, 그네뛰기, 줄다리기, 연날리기, 투호, 궁도대회, 윷놀이, 재기차기, 한복맵시자랑등 다양한 전통놀이를 즐길 수 있다.

경기 지역의 축제가 행하여지는 시기를 분석해 보면 봄, 여름, 가을, 겨울 등 계절에 관계없이 다양한 시기에 진행되고 있다. 그 중에서도 경기 지역 축제는 10월에 많이 행하여지고 있다. 경기 지역 전체 축제의 30%이상이 10월에 집중되어 있다[15] 이러한 축제는 시/군민의 날 행사나 문화 및 예술제의 성격을 띤 축제가 대부분이다. 경기 지역의 많은 축제를 10월에 개최하게 된 배경에는 옛날부터 이 지역에서 10월이 가장 중요한 축제의 시기로 내려왔음을 짐작할 수 있게 한다. 한국의 세시풍속 중에서 농경사회의 공동체 행사를 떠올리는 것은 정월대보름, 추석 그리고 10월 상달이다. 정월대보름이 월력에 의하여 농사의 시작을 축원하는 시기라고 한다면 추석은 햇곡식을 조상신에게 천신(薦新)하는 농공감사절의 성격과 다소 시기는 이르지만 부분적으로 추수감사제의 성격을 띤다면, 10월 상달은 본격적인 추수감사제의 시기인

---

15) 경기지역 축제뿐만 아니라 국내 대부분의 지역축제는 10월에 집중적으로 개최되어서 전국 지역축제의 약 46.3%가 여기에 해당되고, 5월에 개최되는 경우는 전체 축제의 약 14.5%를 차지한다. 또한 4월과 9월에 개최되는 지역축제는 전체의 약 11.3%와 7.6%이다. 따라서 4-5월과 9-10월에 개최되는 지역축제는 전국 지역축제의 약 80%를 차지한다(유영대 외, 1996). 한편 신찬균(1994)은 그가 조사한 134개의 향토축제 중에서 약 95개(70.8%)가 매년 9월과 10월에 개최된다고 보고하였고, 정종수(1998)는 10월에 지역축제가 집중되어 있는 주요 원인은 10월이 정부에서 지정한 "문화의 달"이기 때문이라고 설명하였다.

것이다. 벼농사를 주요 업으로 삼았던 경기 지역 사람들에게 아마도 10월은 농사를 끝내고 추수를 하게 되어 가장 풍족한 시기였을 것이고, 이 때에 행하여지는 여러 종류의 지역축제는 한 해의 농사를 마무리하고 보다 나은 새 해를 기약하는 의미에서 지역주민을 묶어주는 역할을 했을 것이다. 오늘날에도 10월에 경기 지역의 축제가 많은 것은 이러한 경기 지역의 자연환경과 농경문화를 잘 반영해 주고 있다.

3 경기지역 축제의 역사 및 문화적 특수성

경기도는 예로부터 한반도의 가운데 위치하여 자체의 독특한 문화를 계승하여 왔을 뿐만 아니라 주변지역의 문화를 수용하고 발전시키는데 크게 기여하여 왔다. 조선시대 이중환이 지은 『택리지』의 팔도총론에 보면 경기도는 위로는 강원도와 함경도에 붙어 있고 아래로는 충청도와 맞대어 있다고 나와 있다. 이렇게 경기지역은 인근의 여러 다른 지역과 지리적으로 인접해 있어서 서로 다른 문화와 전통을 주고받기가 용이하였고, 그 결과 그 나름대로의 독자적이면서도 복합적인 전통문화를 유지 계승하여 올 수 있었다. 경기 지역이 가지는 이러한 지리적 특성은 경기 지역이 간직하고 있는 특유의 역사적인 경험들에 의하여 더욱더 가치를 발하고 있다.

경기지역의 축제 중에서 역사적인 배경을 간직하고 있는 축제가 많은 편인데, 매년 문화행사를 개최함으로써 지역주민들의 화합뿐만 아니라 역사적인 경험과 교훈을 되새길 수 있는 교육의 장으로써 중요한 의미를 가지고 있다. 이러한 성격을 가지고 있는 경기 지역의 일부 축제를 살펴보면 다음과 같다.

3.1. 행주대첩제

행주대첩제는 경기도 고양시 고양문화원에서 주관하는 문화행사로 매년 3월 14일을 전후해서 열린다. 이 행사는 행주산성 일대에서 펼쳐지며 1593년 임진왜란 당시 왜군 3만여명을 물리쳐 나라를 구한 권율 장군의 호국정신을 기리고, 행주대첩의 실질적인 주역인 민, 관, 군, 의병, 승병 그리고 지역 여성들의 얼을 이어받아서 민족애와 향토애를 고취하기 위한 축제이다. 행주대첩은 이순신 장군의 한산대첩, 김시민 장군의 진주대첩과 함께 임진왜란 3대첩의 하나로 위기 속의 국가를 지킨 자랑스러운 조상의 구국정신을 배우는 계기를 마련하고 있다.

행주대첩을 이끌어 낸 권율 장군은 1537년 강화도에서 출생하여 1582년 식년문과(式年文科)에 병과(丙科)로 급제하여 1587년에는 전라도 도사(道事)로 임명된다. 그 후 의주목사(義州牧使), 광주목사(光州牧使)를 거쳐 1592년에는 전라도 순찰사(全羅道巡察使)가 되었고, 1593년 행주산성에서 왜군 3만여명을 격파하여 도원수가 된다. 1599년 노환으로 사직한 후 별세하였고, 시호는 충장공(忠莊公)이다.

권율 장군이 서거한지 400년이 되는 1999년은 행주대첩 406주년이 되는 해이기도 하였다. 그래서 다른 해에 비하여 행사의 내용이나 규모 면에서 보다 다양한 문화행사를 가졌다. 1999년 3월 13일부터 15일까지 계속 된 행주대첩제의 주요 행사 내용을 살펴보겠다.

행사의 주최와 주관은 여느 때와 같이 고양시와 고양문화원에서 맡았고, 후원기관으로는 문화관광부, 국방부, 경기도, 고양시 유관기관 및 단체 등이 협찬하였다. 고양시 행주산성 일대에서 진행된 1999년 행주대첩제는 3월 13일 전국궁도대회를 행주산성 충훈정에서 3일 동안 열어서 수 천년 간 한민족과 함께 해온 민속무예로써 그리고 행주대첩에서 절대적인 역할을 했던 활의 우수성을 되새기는 시간을 마련하였다. 또한 행주산성 토성 입구에서는 3월 13일 덕양산 산신제를 올렸는데, 이 의식은 오래 전부터 이곳에 내려오는 민속신앙의 한 형태로 1593년에 있었던 행주산성 전투에서 전사한 많은 영령들의 넋을 기리기 위해서 제를 올리는 것이다. 아울러 산신제에 참석한 지역주민들은 지역의 안녕과 평화 그리고 풍년을 기원하기도 한다.

이렇게 3월 13일의 주요 행사를 마치고 3월 14일에는 행주대첩 제전행사가 행주산성 충장사에서 열렸다. 이 행사는 충장공 권율 장군의 공덕과 그 얼을 기리는 제전 행사로 우리나라 고유의 제례행사를 볼 수 있어서 민속학적으로 중요한 의식행사의 하나이다. 제전의식은 초헌관, 아헌관, 종헌관의 순으로 권율 장군에게 제를 올리고 끝으로 망요예를 올린다. 제전의식이 진행되는 동안에는 엄숙한 분위기가 압도하지만 제를 마친 후에는 행주산성에서의 승전을 축하하는 축제의 분위기로 전환된다.

지역 주민들이 함께 하는 지역의 문화축제에서 흥이 빠지지 않는다. 김선풍(1998)은 한국 축제의 구조를 설명하면서 한국의 축제에는 신바람, 멋이 배여 있으며 또한 그속에서 한(恨)을 찾아볼 수 있다고 하였다. 이중에서 신바람은 한국의 축제장에서 흔히 느껴지는 흥으로 볼 수 있다. 보통 민속놀이 공연이 축제장의 흥을 돋구는 역할을 한다. 행주대첩제에서도 예외가 없이 민속놀이 공연을 만끽할 수 있다. 즉 3월 14일 행주산성 대첩문 광장에서는 민속놀이 공연이 펼쳐졌는데 행주대첩의 승전을 축하하기 위한 놀이마당이었다. 고양시의 무형문화제인 송포 호미걸이를 비롯하여 성석 진밭두레패, 행주농악, 고양여종고 농악, 일산신일정보고 농악패 등이 참가하여 행주대첩의 의미를 되새기고, 모든 지역 주민이 하나가 되는 잔치마당을 펼쳤다.

마지막으로 3월 14일에는 행주대첩을 재현하는 무기발사가 있었고 또한 행주산성의 역사기행도 마련되었다. 행주대첩제 기간에는 행주산성 전투에서 조선군이 사용하였던 무기류를 실제로 재현하여 발사하는 행사를 갖는데 이러한 무기류는 비격진천뢰, 신기전기, 총통, 쇠뇌, 활 등이다. 한편 행주산성 일대에서 벌이는 행주산성 역사기행은 주로 지역에 있는 초등학생들이 참가한다. 보통 권율 장군 동상을 참배하는 것을 시작으로 행주대첩 기념관, 진강정, 덕양전, 행주대첩비, 덕양산 정상, 토성 등의 순으로 진행된다. 행주대첩제는 여기서 끝나지 않고 6월의 행주문화제 그리고 8월의 권율 장군 추모제로 이어져 행주산성과 권율 장군의 역사적인 의의를 지역 주민들에게 일깨워 주고 있다.

3.2. 광주왕실도자기축제

광주군에서 개최하는 광주왕실도자기축제는 매년 4월 말이나 5월 초에 남한산성 일원에서 개최되어 왔는데, 2000년에는 세계도자기 프레엑스포의 일환으로 10월 10일부터 10월 22일까지 진행되었다. 광주왕실도자기축제 추진위원회에서 주최하는 이 축제는 이천도자기축제와 여주도자기박람회와 함께 경기 지역의 대표적인 도자기 축제이다. 조선시대 『속대전』에 의하면 광주군은 조선 왕실의 어기를 제작하도록 지정 받은 곳으로 광주왕실도자기축제는 전통문화의 뿌리를 오늘날에 다시 한번 밝혀보고, 그 맥을 계승하기 위한 축제이다(이송미 : 1999 : 116).

광주군은 옛날부터 왕실자기 뿐만 아니라 조선백자의 본 고장으로 이름이 나 있는 곳으로 특히 조선왕실의 관요 사옹원의 분원이 500년 가까이 위치하던 곳이다. 이러한 역사 및 문화적 배경을 지닌 광주왕실도자기축제는 2000년에 3회 째를 맞이하였던 신흥축제의 하나이다.

광주왕실도자기축제의 주요 행사 내용을 살펴보면 국보도자기재현전,

도자기진상식 그리고 다기전 등 도자기 관련 문화행사 외에도 민요공연, 풀피리 공연, 한국전통다례법, 궁중음식 등에 관한 문화행사도 함께 펼쳐 진다. 특히 행사 참가자들의 공감대를 형성하기 위하여 내가 만든 도자기 코너라는 행사를 마련하여 참가자가 직접 물레를 돌리고 흙을 만지며 도 자기를 만들어 볼 수 있는 기회를 제공하기도 한다. 또한 다례 시연회라 는 행사를 준비하여 참석자들이 직접 우리전통 차(茶)를 음미하고 차 예법 을 배울 수 있는 기회도 제공한다.

3.3. 이천도자기축제

▲ 이천도자기 축제에서 보여지는 도자서낭당.

이천도자기축제는 이천 설봉산 및 도예촌에서 매년 9월이나 10월에 개 최된다. 2000년에 제14회 째를 맞이하였던 이천도자기축제는 2000년 10월 10일부터 10월 22일까지 세계도자기 프레엑스포의 한 행사로 성황리에 개최되었다. 이천도자기축제 추진위원회에서 주최하는 이천도자기축제는 품질이 우수한 이천도자기를 국내외에 알리는 좋은 계기를 마련한다. 조선 말기에 관요의 폐쇄로 그 전통과 맥이 끊어졌던 우리의 전통자기가 1950년대 전통도예를 부활시키려는 이천 지방 도공들의 피나는 노력과 이천 지역의 풍부한 원료와 맑은 물을 바탕으로 재현하게 되었고, 다시 현대생활자기와의 접목을 통하여 전통문화의 현대화를 가능하게 하였다. 그러므로 이천도자기축제는 우리의 고유문화를 저변에 더욱 확대하고 일반생활 속에 심어주는 역할을 충실히 수행하고 있다.

이천도자기축제의 주요행사 내용을 살펴보면 국제도예전, 전통가마불지피기, 아름다운 우리식탁전, 한국도자기유물특별전, 옹기전, 대학생 도예공모전, 도예교실, 내가만든 도자기 코너, 도자기 경매 등 도자기 관련 문화행사 뿐만 아니라 화훼전, 분재전, 국내외민속예술단초청공연, 이천문화예술단체특별공연, 레고조립대회 등 다채로운 문화행사가 열린다.

이천도자기축제의 주요행사 중에서 눈길을 끄는 것은 도예교실과 내가만든 도자기 코너이다. 먼저 도예교실은 초벌구이 된 항아리에 참가자 자신이 직접 마음에 드는 그림, 글씨, 가훈 등을 써넣고 재벌구이 과정을 거쳐서 나중에 도자기가 완성되면 주소지로 우송해 주는 행사이다. 참여하는 방법은 도예교실에 비치된 신청서에 기입하여 접수하면 되고 참가비는 작품이나 도자기의 크기에 따라서 조금씩 다른데 최하가 20,000원부터이다. 또한 내가 만든 도자기 코너에서는 참여자가 원하는 여러 가지 모양의 도자기를 참여자가 직접 만들어 볼 수 있는 기회를 제공할 뿐만 아니라, 축제장을 방문한 기념으로 흙판에 손이나 발바닥 등 신체의 일부를 찍은 후 재벌구이를 하고 이것을 액자에 끼워서 주소지로 우송해 주기도 한다. 이러한 행사의 참가비는 흙 값으로 1,000원이 들고 재벌구이와 우송비는 20,000원 정도이다.

현재 이천에는 약 300여 개의 도예관련 업체와 40여 개의 전통장작가마가 있어서 우리의 독특한 전통자기의 재현에 힘을 쏟고 있어서 이천도자기축제가 더욱더 가치를 발하는 것 같다. 이천도자기의 우수성을 세계에 널리 알릴 수 있도록 지역문화행사로서 이천도자기축제가 더욱더 활성화되었으면 한다.

3.4. 여주도자기축제

여주를 대표하는 쌀, 고구마와 함께 도자기는 오랜 시간 동안 지역경제의 중심이 되어왔다. 특히 여주의 싸리산에서 나오는 점토는 토질의 배합이 잘되고 빛깔이 좋아서 고려시대부터 자기의 원료를 생산하는 곳으로 이름이 알려졌고, 조선시대에는 백자의 근원지로서 그 명성을 가지게 되었다. 맑은 물, 질 좋은 고령토 그리고 풍부한 소나무 등의 자연환경을 가지고 있는 여주는 도자기 문화를 선도할만한 충분한 입지조건을 가지고 있는 셈이다.

현재는 약 600여 개의 도자기 생산업체가 이곳에 위치해 있어서 청자, 백자, 분청 등의 예술작품 뿐만 아니라 화분, 식기, 접시, 찻잔 등 다양한 종류의 일상용품을 생산하고 있다. 우리나라 생활도자기의 대부분을 생산하는 여주는 국내외에서 많은 관광객들을 끌어들이기에 손색이 없는 전통미와 예술미를 잘 조화시킨 질 좋은 도자기를 구워내고 있다. 매년 4월 말이나 5월 초에 열리는 도자기 축제는 전국단위의 축제로 "흙과 혼 그리고 불의 조화"라는 슬로건을 가지고 있으며 여주도자기조합에서 행사를 주관한다.

제10회 째인 1999년에는 여주도자기박람회로 행사가 진행되었는데 여주의 신륵사 광장과 도자기촌 일원에서 개최되었다. 주요 행사의 내용을 살펴보면 고신제, 도공제향, 도자기제조 시범, 전통가마불지피기, 세종도

예공모전, 도자기제작체험, 도자기아가씨 선발대회 등의 도자기 관련 문화행사 외에도 풍물패 공연, 푸른음악회, 도립예술단공연, 수석전, 화석전, 남한강수상스키쇼 등의 다채로운 문화행사가 선보였다. 전통제례의식의 하나인 고신제와 도공제향은 도자기축제의 시작을 알리고 행사의 성공을 기원하는데 그 목적이 있다. 전국의 도예인들이 참가하는 세종도예공모전은 한국 도예문화의 수준을 점검하고 도예문화의 미래를 살펴볼 수 있는 장이 되고 있다. 특히 행사장에 가족과 함께 참가하여 흙을 만지고 물레를 돌리고 가마에 불을 지피는 등 도자기를 제작하는 과정을 직접 체험할 수 있는 도자기제작체험은 관람객들로부터 많은 호응을 얻고 있어서 도자기 문화를 대중화하는데 크게 기여하고 있다.

3.5. 다산문화제

다산문화제는 조선시대 실학자인 다산 정약용 선생의 검소하고 부패를 용납하지 않는 깨끗한 선비 정신을 본 받고 또한 선생이 생전에 이룩한 사상과 학문을 기리고 계승하기 위한 문화 행사이다. 다산문화제는 남양주시에서 매년 9월 말이나 10월 초에 열리는데 이것은 남양주시에 다산 선생의 혼이 남아 있는 선생의 생가인 여유당과 다산 선생의 묘가 남아 있기 때문이다. 또한 최근에는 다산 선생의 생애와 학문적인 업적을 현대적인 시각에서 살펴보고자 다산기념관과 다산문화원이 건립되어서 다산문화제를 더욱 빛나게 하고 있다.

남양주문화원이 주최하는 다산문화제는 1999년에 제13회 째를 맞이하였는데, 남양주 시내 일원과 조안면에 있는 다산유적지에서 개최되었다. 1999년 10월 6일부터 8일까지 계속된 다산문화제의 주요 문화행사를 살펴보면 다음과 같다.

　행사의 첫째날인 10월 6일에는 검무공연, 다산 퀴즈왕 선발대회, 다산 백일장 및 휘호대회, 다산사상강연회, 시민가요제, 다산미술대회, 옥중체험, 금석문 전시회 등이 열렸다. 특히 옥중체험은 정의를 위하여 불의에 굴하지 않았던 다산 선생의 고귀한 선비정신을 체험할 수 있는 기회를 제공하였다.

　행사의 둘째날인 10월 7일에는 다산 선생을 추모하고 그의 꼿꼿한 정신을 계승하기 위한 다산 그때 그 시절 그리고 오늘이라는 문화행사로 전통놀이 경연대회와 게임 경진대회를 벌였다. 경기도 도립 국악악단을 초청하여 국악공연을 펼치고, 참석자들이 한데 어울리는 거중기 만들기 행사도 가졌다. 거중기 만들기 행사는 다산 선생의 과학적인 사고와 미래를 보는 시대정신을 배우고 체험하는 장을 마련하기 위하여 수원성곽 축조에 사용되었던 거중기의 모형을 직접 만들어 보는 행사였다.

　행사의 마지막 날인 10월 8일에는 퇴계원 산대놀이 공연, 다산미술대회, 역사인물발표대회 등의 문화행사가 진행되었다. 그 중에서도 퇴계원 산대놀이는 조선시대 남양주 지방의 탈놀이로 주로 외국에서 온 사신들을 영접하고 향연을 베풀 때 행하여졌던 경기도 지역의 대표적인 민속놀이이다.

　오늘날 다산문화제는 남양주 시민의 날 행사와 겸해서 다채롭게 진행되고 있다. 특히 청소년들을 위한 강변축제를 펼치기도 하고, 찻잔 예쁘게 만들기, 먹골배잔치한마당, 환경사진전, 야외조각전, 사화전, 다산과 차의 만남, 대형연날리기대회 등 여러 가지 종류의 문화행사가 준비되어 있어서 경기 지역의 주요한 문화행사의 하나로 자리 매김하고 있다.

4 경기지역 축제의 활성화 방안

전국 지역 축제를 총괄해서 살펴보면 1996년에 모두 412개의 축제가 조사되었는데 지역 축제의 분포는 경상남도가 12.6%인 52개로 가장 높게 나타났고, 다음으로 전라남도가 12.4%인 51개의 지역축제를 개최하고 있으며, 경기도는 세 번째로 많은 전체의 11.9%인 49개의 지역축제를 개최하고 있다. 이 중에서 1950년 이전부터 개최된 지역축제는 단지 7개인데 경기지역에서는 고양시의 행주대첩제가 여기에 속한다[16](유영대 외 : 1996 : 98 그리고 100). 한편 한국문화예술진흥원이 1990년에 선정한 8대 우수 지역축제 속에 수원시의 화성문화제가 선정되었고,[17] 같은 해 문화체육부에서 지정한 10대 문화관광 축제에 이천시의 이천도자기축제가 선정된 바 있다[18](정종수 : 1998 : 233 그리고 234).

지역축제의 이러한 경향을 살펴볼 때 경기지역의 축제는 양적이나 질적으로 국내 지역축제의 선도적인 역할을 해 왔음을 알 수 있다. 1960년대 이후 산업화 및 도시화의 영향으로 경기지역의 전통문화가 이전에 비하여 많이 약화된 것도 사실이다. 그러나 1988년 서울올림픽과 1994년 한국방문의 해 등의 행사를 경험하면서 한국의 고유문화를 세계문화 속에

---

16) 이러한 7가지의 지역축제는 경기도 고양의 행주대첩제 외에도 대구의 약령시, 강릉의 단오제, 당진의 기지시 줄다리기, 태안의 황도붕기 풍어제, 남원의 춘향제, 진주의 개천예술제 등이다.
17) 한국문화예술진흥원이 1997년에 선정한 8대 우수 지역축제에는 화성문화제(수원) 말고도 약령시개장행사(대구), 광주김치대축제(광주), 모양성제(고창), 부산바다축제(부산), 왕인문화축제(영암), 만세보령축제(보령), '97강원감자큰잔치(평창) 등이 있다.
18) 문화체육부가 1997년에 선정한 10대 문화관광축제에는 이천도자기축제(이천) 외에도 안동국제탈춤페스티발(안동), 강진청자문화축제(강진), 금산인삼축제(금산), 부산자갈치문화관광축제(부산), 춘향제(남원), 강릉단오제(강릉), 진도영등제(진도), 백제문화제(공주), 남도음식대축제(순천) 등이 속한다.

심어주기 위한 노력들이 나타나기 시작하였고, 이러한 노력의 일환으로 경기 지역을 비롯한 각 지방의 지역축제가 활성화되고 있다. 사라졌거나 약화된 지역문화를 부활하거나 복원하기 위해서는 우선 지역주민들이 함께 지역문화를 공유할 수 있는 지역축제의 활성화가 필요하다.

그러나 독특한 지역문화를 정립시키기 위한 지역축제가 활성화되면서 생겨난 문제점도 많다. 각 지역이 가지고 있는 역사성이 결여되어 있어서 꼭 그 지역에서 축제를 열어야 할 당위성을 가지지 못한 채 단순한 지역 홍보나 전시 효과를 노린 지역축제가 있는가 하면 이웃 지역의 축제를 모방한 축제도 있다(장정룡 : 1996 : 124 그리고 125). 또한 행사내용의 구성형식상으로 전국의 지역축제를 분류해 보면 종합축제형식이 일반적으로 가장 많은 분포를 보인다. 예를 들어서 모두 49개의 경기 지역축제 중에서 종합축제형식이 27개이며 예술축제는 8개, 전통문화축제는 6개 그리고 기타 축제가 8개이다(유영대 외 : 1996 : 109). 경기 지역의 전통문화축제 6가지는 고양시의 행주대첩제, 파주시의 율곡문화제, 양주군의 양주소놀이굿, 양주 별산대놀이, 양주문화제, 그리고 연천군의 정월대보름 맞이 민속놀이 등이다. 경기 지역의 역사 및 문화적 전통성을 드러낼 수 있는 독창적인 전통문화축제가 상대적으로 적고, 시민이나 군민의 날 행사 그리고 체육대회와 함께 민속행사가 어울린 종합적 성격을 지닌 지역축제가 많은 것은 현대축제의 일반적인 현상이지만 지역문화의 발전을 위해서는 바람직하지 못한 것 같다. 단시간에 많은 지역 주민들의 공감대를 형성하기 위해서 종합축제형식이 필요하겠지만 이러한 방향 일변도로 지역축제가 나아간다면 각 지역의 특수성을 무시한 채 백화점식의 무분별한 지역축제를 양성하는 결과를 가지고 올 것은 자명한 사실이다.

그렇다면 경기 지역의 축제를 더욱 활성화하기 위한 방안은 무엇일까? 먼저 경기 지역이 다른 지역과 구별되고, 그 나름대로 가지고 있는 고유한 역사, 지리 및 문화적 전통을 되찾고 계승 발전시키는 일이다. 경기 지역에 뿔뿔이 흩어져 있는 독창적인 지역문화를 한데 모아서 지역 주민들이 함께 할 수 있는 문화행사로 자리잡게 되면 경기 지역의 지역축제는 더욱 윤택해 질 것이다. 한가지 문제는 현실적으로 오늘날 지역축제에 불고 있는 현대화의 바람을 무시할 수 없다는 사실이다. 즉 현대축제의 중요한 요소인 이벤트와 비즈니스를 간과한 채 각 지역 특유의 전통문화만을 고집한다면 지역축제의 장기적인 발전에도 지장이 있을 수 있다(정종수 : 1998 : 237-238). 그러나 지역축제를 축제답게 하는 것은 역시 그 지역의 이름 뒤에 숨어 있는 지역의 역사, 지리 그리고 문화적 특수성이다. 기존의 틀에 박힌 관념에서 벗어나서 크게 성공을 거두고 있는 신흥축제가 여러 종류[19] 있기는 하지만 대부분 그 이면에는 각 지역이 가지고 있는 특수한 역사 및 지리적 상황이 내재되어 있다는 사실을 잊어서는 안된다. 바꾸어 말해서 지역축제의 묘미는 그 지역이 다른 지역과 구별되는 독창성을 가져야 한다. 그러므로 경기지역의 축제를 활성화하기 위해서 경기 지역이 가지는 여러 가지 특수한 여건과 상황을 충분히 반영해야 한다.

다음으로 필요한 것은 지역축제를 한국축제 더 나아가서는 아시아축제 그리고 세계축제 등으로 확대하여 축제간의 연계성을 조성해 가는 일이다. 두말할 필요도 없이 각 지역의 축제는 독자적으로 존립하기보다는 한국축제의 범주 안에서 더욱더 큰 가치를 발휘하기 마련이다. 각 지역의 축제가 한데 어울려 범 국가적인 축제의 장이 형성될 때 민족문화는 활짝 꽃을 피울 수 있다. 천편일률적이고 획일적인 지역축제의 조합보다는 다

---

19) 이러한 지역축제로 부산 국제영화제, 광주 비엔날레, 부천 판타스틱영화제, 춘천 국제
인형극제, 안동 국제탈춤페스티발, 이천 도자기축제, 진도 모세축전 등을 들 수 있다
(정종수 : 1998 : 238).

양하고 색깔 있는 지역축제의 조합이 더 아름다운 한국축제의 모자이크를 만들 수 있다. 아시아의 다른 민족과 비교해서 우리나라는 범 국가적인 축제를 가지고 있지 못하다. 각 지역의 고유한 문화가 모여서 한국문화를 형성하듯이 각 지역의 독창적인 축제가 한데 어울려야만 모든 한국인이 함께 동참할 수 있는 범 국가적인 축제의 장이 형성될 수 있는 것이다. 다른 지역에 비하여 무엇보다도 먼저 경기 지역의 축제가 활성화되어야 하는 필연성이 여기에 있다. 즉 경기 지역은 한반도의 중앙에 위치하고 여러 지역과 인접해 있어서 오랜 옛날부터 오늘날에 이르기까지 여러 지역 사람들이 함께 어울려 살아왔기 때문에 경기 지역의 독특한 전통문화 외에도 여러 지역의 문화가 복합되어 있는 곳이다. 따라서 경기 지역의 축제에 경기 지역 주민들뿐만 아니라 여러 인근 지역에서 동참할 수 있도록 경기 지역의 일부 축제를 다른 지역의 관련 축제와 연계시켜서 공동으로 개최하는 방안을 제시할 수 있다.

마지막으로 오늘날 지역축제는 더 이상 지역 안에서만 인식되지 않고 전국적으로 확대되는 경향이고 더욱이 일부 지역축제는 세계화되고 있기도 하다. 지역축제의 세계화라는 말속에는 단지 외국에서 일부 관람객들이 와서 참관한다는 의미보다는 함께 동참한다는 의미가 더욱 깊이 깔려있는 것 같다. 손에 손을 잡고 강강술래 놀이를 하거나 우리의 탈춤을 외국인이 함께 추면서 지역축제에 동참할 수도 있다. 그러나 좀더 멀리 내다 본 다면 지역축제의 행사 내용을 외국인들이 쉽게 이해할 수 있도록 설명하고 해설할 수 있는 전문 민속학도들의 양성이 시급한 문제이다. 이것은 비단 외국인들에 국한된 문제가 아니고 축제에 참석하는 모든 사람들에게 모두 해당되는 사항이다. 지역의 축제장에서 그 지역의 문화와 전통을 일반 대중들에게 쉽게 전달할 수만 있다면 이것은 한국문화의 발전에도 크게 기여할 수 있을 것이다. 지역축제가 단지 유흥위주가 아닌 우리가 이제까지 잘 몰랐던 전통문화를 하나하나씩 배울 수 있는 문화의 장으로 탈바꿈한다면 각 지방의 지역축제는 더욱더 가치를 발휘할 것이다. 특히 경기지역은 조선시대 이후 수도권을 형성함으로써 한반도의 정치, 경제, 문화의 중심지로서 중요한 위치를 차지해 오고 있다. 이러한 경기 지역이 오랜 세월동안 축적한 풍부한 전통문화를 지역축제를 통하여 경기 지역 주민들을 포함한 일반 대중들에게 쉽게 전달 할 수 있다면 경기 지역의 축제는 오늘날과 같은 도시화 공간 속에서 더욱 활성화 될 것이다. 문화행사의 프로그램이 아무리 다양해도 결국 전체를 대표하고 상징할 수 있는 깊이 있는 내용이 들어있어서 문화행사의 당위성을 인정받을 수 있는 지역축제만이 21세기 문화의 시대에 살아남을 수 있다.

5 나오기

현재 정기적으로 개최되고 있는 경기 지역의 축제는 대충 97가지나 되는데 명칭의 대부분은 지역의 이름이나 지역에 연관된 이름을 붙여서 ○○문화제, ○○예술제 그리고 ○○시/군민의 날 등으로 부르고 있다. 또한 경기 지역의 특산물인 포도, 도자기, 쌀, 콩, 버섯 등에 관련된 지역축제가 많은 편이며, 음력 정월대보름날에 경기도의 여러 지역에서 축제를 행하기도 한다. 특히 경기지역에서 정월대보름날을 맞이하여 개최되는 축제는 그 명칭이 지역마다 조금씩 다른데 예를 들어보면 정월대보름놀이(고양시), 정월대보름민속놀이(군포시), 정월대보름민속놀이마당(수원시), 정월대보름한마당(여주군) 그리고 정월대보름 맞이 민속놀이(연천군) 등이다. 또한 여러 경기지역에서 정월대보름날 행하는 문화행사의 내용도 조금씩 달라서 각 지역의 문화적 특색을 잘 보여준다. 한국의 민속놀이뿐만 아니라 축제는 종교적 행식(行式)이나 세시풍속에서 시작되는데(김선풍 : 1998 : 17) 경기지역의 축제 중에 우리 고유의 세시풍속인 정월대보름날에서 시작된 축제가 더러 나타나는 것은 바로 이러한 이유 때문이다.

경기지역에 숨쉬고 있는 역사 및 문화적 전통은 아주 풍부한 편이다. 경기지역에서이러한 배경을 가지고 매년 열리는 축제가 많아서 행사에 참가하는 모든 사람들에게 좋은 교육의 장이 되고 있다. 이러한 축제 중에는 권율 장군의 주도아래 자랑스런 행주대첩을 이끌어낸 역사적인 사건을 기념하는 행주대첩제(고양시), 실학자인 다산 정약용 선생의 선비정신과 학문적 업적을 계승하고자 개최되는 다산문화제(남양주시), 조선시대 오리(梧里) 이원익 선생의 청백리 정신을 기리는 오리문화제(광명시), 성호 이익 선생의 실학사상을 본 받기 위한 성호문화제(안산시) 그리고 조선시대 대학자이자 철학자인 이율곡 선생의 업적을 오늘날 재조명 해보는 율곡문화제(파주시) 등이 있다. 이러한 축제말고도 경기지역에서 정기적으로 개최되는 많은 지역축제는 각 지역의 역사 및 문화적 특수성을 잘 반영하고 있다.

최근 몇 년 사이에 전국적으로 새로 생겨나는 신흥축제가 늘어나고 있다. 또한 축제의 현대화라는 슬로건 아래 축제의 구성이나 문화행사의 내용도 보다 흥미위주로 가거나 상업성이 가미된 축제가 등장하고 있다. 지역문화를 활성화하기 위해서 지역축제는 정기적으로 개최되어야 하고 또한 영속적으로 맥을 이어가야 한다. 지역축제에 오락성과 상업성이 첨부되면서 보다 많은 사람들의 참가를 유도할 수 있다면 더할 나위도 없이 좋은 일이다. 그러나 역시 도시공간에서 가치를 가질 수 있는 지역축제는 지역의 전통과 문화를 그 이면에 내재하고 있을 때 비로소 의미가 있는 것이다. 더욱이 지역이 가지는 역사 및 문화적 가치를 소홀히 하지 않는 축제만이 오락성과 상업성에 관계없이 존속할 수 있으며, 또한 고유한 지역문화 더 나아가서는 독특한 한국문화를 계승 발전시킬 수 있는 것이다.

오늘날 문화의 시대라는 이름에 걸맞게 온갖 종류의 세계 문화가 국내에 홍수같이 밀려들어오고 있다. 인위적으로 울타리를 치고 전통문화를 고수한다고 야단법석을 떨어보았자 이미 외국의 문화는 이미 우리의 안방에 들어와 있는 시대인 것이다. 세계문화의 범람 속에 희석되지 않고 한국 문화의 색깔을 간직하기 위해서는 우선 각 지방의 고유한 지역문화를 보호하고 육성시켜야 한다. 지역의 전통문화는 지역주민들에 의하여 함께 공감할 수 있을 때 더욱더 발전할 수 있다. 이러한 맥락에서 살펴볼 때 지역축제는 지방문화를 지역 주민들이 한데 어울려 공유할 수 있는 장을 정기적으로 마련해 주기 때문에 지역문화 발전에 핵심적인 역할을 수행한다. 지역축제의 내용이야 어떻든 오늘날 경기지역을 비롯하여 전국적으로 지역축제의 중요성이 부각되고 있는 것은 고무적인 일이다. 그러나 보다 장기적인 안목에서 보았을 때 지역축제를 정기적으로 개최하는 역사 및 문화적 당위성을 대내외적으로 충분히 내세울 수 있어야 한다. 또한 축제에 참석하는 모든 사람들에게 이러한 지역축제가 가지는 역사 및 문화적 가치를 전달해 줄 수 있는 지역의 전통문화 관련 전문가들의 양성도 필수적이다. 오랜 시간동안 한반도의 중심지로 역할을 해온 경기지역에서 열리는 지역축제가 먼저 모범이 되어서 지역문화의 활성화를 위하여 선도적인 노력을 경주해야만 한다. 다른 지역의 성공적인 사례를 답습하고 모방하기보다는 경기지역이 가지고 있는 특수한 여건을 충분히 고려하여 자기 색깔을 가질 수 있는 지역축제를 육성하는 것이 고유한 지역문화를 발전시키는 길이며, 아울러 한국의 전통문화를 꽃 피우는 길인 것이다.

제4장

도시공간과 민속의 현장

1 들어가기

민속학에서 도시는 왠지 익숙하지 못한 공간으로 여겨지고 있다. 그래서 흔히 민속학자들이 현지조사를 간다면 주로 농촌지역과 같은 시골을 선호하기 마련이다. 더욱이 타학문 분야에서도 민속학을 취급할 때 시골의 마을에서 현지조사를 통하여 전승되는 지역의 전통문화를 연구하는 학문 정도로 생각하기도 한다. 그럼에도 불구하고 미국에서는 이미 1960년대부터 도시민속학의 필요성이 제기 되기 시작하였다(이두현, 1986). 한편 국내에서도 1980년대에 들어오면서 도시민속학에 대한 논의가 시작되면서(박계홍, 1983) 도시와 민속의 현장에 대한 관심을 가지게 된다. 더욱이 김태곤(1984)은 "문화민속학"이라는 가제를 사용하여 기존의 전통적인 민속학에다 사회적인 면과 도시주변과 같이 변모되어 가는 민속을 포함한 현대적인 의미의 민속학을 주장하면서 민속학에서 도시의 문제를 시사한 바 있다.

도시와 민속의 현장을 논의하는데 우선 다루어질 것은 축제인 것 같다. 농촌사회가 점차로 도시화되고 있지만 도시를 배경으로 여전히 축제는 그 명맥을 유지하게 되며, 사회의 구성원들은 축제를 통하여 자신들의 살아온 전통을 계속 유지 발전시키게 되는 것이다. 그러므로 축제는 도시라는 삭막한 공간에서도 면면히 흐르는 전통문화를 체험하고 경험할 수 있는 기회를 제공해 주는 것이다.

앞 장에서는 도시민속학과 축제의 연계성을 살펴보는 관점에서 경기지역의 축제에 대하여 포괄적인 개관을 해 보았다. 이러한 공간 속에서 특히 도시공간을 배경으로 진행되고 있는 비교적 최근에 생겨난 축제를 중심으로 도시속에서도 민속의 현장이 가능한가에 대하여 집중적으로 논의하고자 한다.

도시와 민속의 현장을 다루는데 경기지역의 축제를 살펴보게 된 것은 경기지역이 가지는 몇 가지 특수성 때문이다. 즉 경기지역은 서울의 외곽에 위치하면서 도시와 시골이 공존하는 지역으로 서울지역에 비하여 농촌지역뿐만 아니라 이미 도시화가 진행되었거나 도시화가 진행되고 있는 복합적인 공간을 제공해 주고 있으므로 지역이 가지는 독창적인 전통에 대한 애착을 많이 느낄 수 있는 곳이다. 또한 경기지역은 각 지역의 다양한 전통문화가 한데 어울려서 나름대로 명맥을 유지하고 있는 서로 다른 여러 지역을 포함하고 있어서 다양한 입장에서 어떻게 지역의 전통문화가 도시화 과정 속에서 유지되고, 전승되고 있는지를 잘 보여주고 있다고 할 수 있다.

이 글에서 다루고자 하는 것은 축제 중에서도 동제나 마을굿을 제외한 경기지역의 축제이다. 다시 말해서 오랜 시간동안 경기지역에서 전승되고 있는 전통적인 향토축제가 아닌 도시라는 새로운 공간 속에서 그러나 그 지역이 가지고 있는 전통문화를 부각시키면서 지역의 구성원들을 한데 모으고 새로운 정채성을 강조하고 있는 축제를 중심으로 도시와 민속의 현장을 살펴보고자 한다. 따라서 이 글에서 살펴볼 축제는 동제와 마을굿과 비교해서 또 다른 입장에서 민속의 현장을 이야기할 수 있다. 즉 동제와 마을굿에서와 같이 사회가 도시화되면서 지속되어오던 전통문화가 변화되고 변모해 가는 민속의 현장이기보다는 현대화되고 도시화된 지역에서 전통문화를 지역 주민에게 고취하고, 더 나아가서는 다른 지역 사람들에

게까지 확대하고자하는데 그 의의를 둔 축제를 말한다. 다시 말해서 도시
와 더불어서 공존하는 축제를 통한 민속의 현장을 살펴보고자 한다.

2 경기지역의 축제와 도시

경기지역의 축제를 살펴보면 축제의 종류도 다양하지만 축제를 부르는
이름도 가지각색임을 알 수 있다. 먼저 축제의 명칭을 몇 가지로 구분해
보면 ○○제(마을제, 산신제, 성황제 등), ○○문화제, ○○예술제, ○○축제,
○○놀이마당, ○○큰잔치, ○○놀이, ○○시민의 날, 정월대보름놀이(정
월대보름축제, 정월대보름민속놀이, 정월대보름한마당 등), ○○박람회 등이다.
축제가 열리는 공간도 작은 단위의 한 마을(里) 혹은 면(面)이기보다는 최
소한 군(郡)이나 시(市)가 되는 경우가 많은 편이다. 다시 말해서 경기지역
에서는 많은 지역의 축제가 도시 혹은 도시화가 진행되고 있는 곳에서 행
하여지고 있는 것이다.

경기지역은 이미 도시화가 상당부분 진행되었거나 도시화가 점차로 되
어가고 있는 지역 그리고 아직까지 농촌지역을 유지하고 있는 지역까지
다양한 형태의 지역이 공존하는 곳이다. 따라서 경기지역에서 해마다 열
리는 많은 축제는 다양한 지역주민의 화합과 동참을 유도하는 경우가 많
다. 특히 지역이 도시화되면서 외부로부터 유입된 인구가 늘어나면서 기
존에 형성되었던 지역 공동체의 개념이 좀더 포괄적인 개념으로 바뀌고
있다 또한 외부에서 새롭게 유입된 지역 주민들도 새로운 지역공동체 속
에서 기존의 지역 주민들과 조화를 이루어야하고, 더 나아가서는 새로운
지역환경에 애착과 소속감을 가지게 되는데, 지역의 전통에 대하여 관심

을 유발시키는 지역의 축제는 이러한 기능을 충분히 발휘하게 된다. 즉 이러한 사회공동체적인 분위기는 지역의 축제가 있어서 더욱더 그 가치를 발휘하게 되는 것이다.

경기지역의 축제를 살펴보면 크게 두 가지 부류의 축제로 나누어서 살펴볼 수 있다. 예를 들어서 첫 번째 종류는 이전부터 지속되어 오는 동제와 마을굿 형태의 축제이고, 두 번째 종류는 도시화가 진행되면서 다양한 지역 주민의 정체성을 재확립하고 결속과 조화를 강조하기 위하여 지역의 역사적 사건, 자연환경, 특산물, 유적지 등을 소재로 하는 축제이다. 도시와 민속의 현장을 다룰 때 이러한 두 가지 범주의 축제를 모두 다룰 수 있겠지만 앞에서도 조금 언급한 바와 같이 전자에 대한 논의는 다음으로 미루고, 본 논문에서는 후자의 경우에 국한하여서 살펴볼까 한다.

필자가 후자의 축제에 먼저 관심을 가지는 것은 다음과 같은 이유 때문이다. 첫째로 후자의 축제는 그 명칭에서부터 지역의 정체성을 회복하기 위하여 옛 지명이라든지, 지역의 대표적인 자연환경, 역사적인 사건 혹은 유적지, 역사적인 인물, 지역의 특산물, 생산물, 천연기념물 등을 내세우는 경우가 많다. 이러한 이미지를 통하여 도시화의 과정 속에 새롭게 유입된 다양한 지역 주민과 기존의 지역 주민들을 한데 어울리게 하고 도시와 더불어서 형성된 새로운 지역의 공동체를 강조하고 있는 것이다. 즉 이러한 축제 속에는 축제와 도시 그리고 민속의 현장이 함께 공존하고 있는 셈이다.

예를 들어서 지역과 관련된 역사적인 사건이나 유적지를 축제에 접목시켜서 지역 주민에게 지역에 대한 관심을 유발시키는 축제를 열거해 보면 다음과 같다. 고양시의 행주대첩제와 행주문화제는 임진왜란에서 전공을 세운 권율장군을 비롯하여 행주산성, 행주대첩 등을 소재로 민족애와 향토애를 고취하는 축제로 도시화가 진행되고 있는 고양시 주민들이 모두 함께 어울리는 축제이다. 또한 수원화성축제는 수원에 있는 사적 제206호인 융릉(隆陵)과 사적 제3호인 화성(華城)을 소재로 정조대왕 능행차와 융릉 제향을 재현함으로써 정조대왕의 부친(사도세자)에 대한 효(孝)를 통하여 지역 주민이 공통적으로 느낄 수 있는 효 사상을 강조하고 있다. 특히 수원의 화성(華城)은 1997년 유네스코 세계문화유산으로 등록되기도 하였기 때문에 지역 주민들이 자긍심을 가지고 지역의 전통문화에 관심을 가지게 만들어 준다. 안양시의 만안문화제는 안양에 있는 경기도 유형문화재 제38호인 만안교(萬安橋)를 소재로 정조대왕의 효(孝) 사상을 기리고, 이를 통하여 지역 주민의 애향심과 화합을 고취하는 축제이다.

지역에서 활동했던 특정한 인물을 소재로 지역의 문화적 독창성을 지역 주민 모두가 함께 느끼고 계승하고자 하는 축제도 있다. 이를 통하여 지역 주민은 새롭게 형성된 지역의 한 공동체 속으로 귀속되고, 끈끈한 향토애를 느낄 수 있는 것이다. 이러한 축제의 예를 들어보면, 광명시의 오리문화제의 경우는 이 지역 출신인 오리(梧里) 이원익(1547~1634) 선생의 청백리(清白吏)정신을 통하여 지역 주민의 자긍심을 고취하게 하는 축제이며, 남양주시의 다산문화제는 다산(茶山) 정약용(1762~1836) 선생의 생가와 묘가 남아있는 남양주시의 문화유적지를 중심으로 지역 주민에게 다산의 학문적인 업적을 기리는 축제로 지역주민에게 자긍심을 심어주고 있다. 안산시의 성호문화제는 안산시 일동 첨성촌에 머물면서 학문에 정진하던 성호(星湖) 이익(1681~1763) 선생의 학문적 업적과 올바른 생활자세를 지역 주민에게 고취하는 축제이다. 파주시의 율곡문화제는 율곡(栗谷) 이이(1536~1584) 선생의 학문적 업적을 후대에 기리고, 지역문화로 계승하기 위한 축제로 이이(李珥) 선생의 자취가 살아 숨쉬는 경기도 유형문화재 제77호인 자운서원(慈雲書院)을 중심으로 행하여지는 시민화합의 축제이다. 김포시의 주사 손돌공 진혼제는 사적 제292호인 고려시대 이 지역의 사공이었던 손돌(孫乭)의 묘를 중심으로 행하여지는 대표적인 김포시의 축제이다.

특히 세시풍속에서 자주 등장하는 "손돌바람"이나 "손돌이 추위"의 역사적인 그리고 민속적인 배경을 제공해 주어서 지역 주민에게 지역의 역사와 전통을 일깨워 주는 지역의 축제로 큰 의의가 있다.

또한 각 지역이 가지고 있는 대표적인 자연환경을 내세우거나, 지역의 옛 지명을 빌어서 지역에 대한 전통을 느끼게 하고, 이를 바탕으로 새로운 정체성을 강조하는 축제도 있다. 예를 들어서 구름산예술제는 광명시에 위치한 산을 중심으로 지역 주민이 하나되는 장(場)을 제공해 주고 있는 축제라고 한다면 시흥시의 연성문화제는 시흥시 하중동 208번지에 있는 지역의 향토사적 제8호인 "관곡지(官谷池)"에서 "연성"이라는 명칭이 유래한 것을 지역 주민에게 심어주어서 지역에 대한 역사적인 전통을 바탕으로 애향심과 소속감을 마련해주는 화합의 장을 가진 축제인 셈이다. 군포시의 태을예술제는 군포시의 대표적인 상징인 수리산의 최고봉인 태을봉에서 행하여지고 있으며, 김포시의 금파문화제는 지역이 가지고있는 독특한 자연환경인 드넓고 비옥한 김포평야에서 벼가 누렇게 익어서 바람에 이리저리 움직이는 광경을 시적인 표현인 "금파(金波)" 즉 "황금물결"에 비유한 명칭이다. 남양주시의 천마산 산신제는 남양주의 대표적인 영산인 천마산에서 지역과 지역 주민의 안녕과 발전을 기원하는 축제이다.

이외에도 지역의 자연환경과 옛 지명을 통하여 지역의 전통을 강조하는 축제는 경기지역에서 많이 찾아볼 수 있다. 이러한 축제의 예를 좀더 들어보면 다음과 같다. 부천시의 복사골예술제는 부천의 옛 명물인 소사 복숭아를 등장시켜서 지역 주민들에게 지역에 대한 애착과 애정을 심어주는 축제이며, 용인시의 용구문화제는 용인지방의 옛 지명에서 이름을 붙인 축제로 지역 주민에게 지명의 유래를 자각시켜주는 역할을 하고 있다. 안산시의 별망성예술제는 안산만에 위치한 해안산성인 별망성에서 이름을 붙인 축제로 지역 주민에게 몽골군과 왜구의 침입에 굴복하지 않고 꿋꿋하게 대항하던 옛 지역의 전통을 일깨워주는 축제이다. 안성시의 백성문화제는 신라시대의 옛 지명에서 유래한 축제인데 이를 통하여 지역의 유구한 전통을 강조하는 축제이다. 의정부시의 회룡문화제는 조선시대 태조임금과 태종임금이 회룡골 전좌마을에서 만나서 그 동안 벌어진 부자간의 갈등을 대화로서 풀어낸 역사적인 배경을 담고 있어서 지역에 대한 자부심을 느끼게 한다. 평택시의 소사벌한마당축제는 쌀로 유명한 평택의 대표적인 평야인 소사평야를 넌지시 암시하는 축제로 지역의 정체성을 강조하며, 광주군의 남한산성문화제는 병자호란과 관련된 지역의 역사를 지역 주민에게 알려서 지역에 대한 애착과 애정을 느끼게 하는 축제이다. 포천군의 반월문화제는 포천군에 위치한 반월산을 중심으로 지역 주민의 향토애를 강조하는 축제이며, 이천시의 설봉문화제는 이천시의 대표적인 설봉산을 배경으로 행하여지는 축제이다.

덧붙여서 경기지역에서는 다른 지역과 구별되는 지역의 생산물, 특산물, 천연기념물 그리고 기타 문화유산 등을 소재로 지역의 정체성을 보여주는 축제도 찾아볼 수 있다. 이천시의 이천도자기축제, 광주군의 광주왕실도자기축제, 여주군의 여주도자기박람회는 경기지역이 오랜 시간동안 전승하고 있는 문화전통인 도자기 제작에 관련된 다양한 과정을 재현하고, 일반인들에게 공개함으로써 전통의 대중화를 통한 지역의 정체성을 강조하고 있다. 양평군의 용문산은행제는 천연기념물 제30호인 용문산의 은행나무를 소재로, 안산시의 대부포도축제와 여주군 천서리막국수축제는 포도와 막국수를 소재로 삼고 있다. 파주시의 파주버섯큰잔치와 파주명품장단콩축제는 버섯과 콩을, 의왕시의 의왕가구대축제와 포천군 산정호수 명성산 억새꽃축제는 각각 가구와 억새꽃을 소재로 하는 경기지역의 대표적인 지역축제이다.

위에서 언급한 축제 외에도 경기지역의 축제를 자세히 살펴보면 각종

시민(혹은 군민)의 날이나 연극제, 음악제, 영화제, 예술제(양평군의 맑은 물 사랑 예술제) 기타 문화축제(연천군의 전곡구석기문화축제) 등과 같은 형식을 빌어서 지역의 문화적 독창성을 대내외적으로 알려서 지역의 구성원들이 함께 할 수 있는 장(場)을 제공해 주는 경우를 종종 볼 수 있다.

이상에서 살펴본 바와 같이 경기지역의 많은 축제는 이미 도시화가 되었거나 도시화가 진행되고 있는 과정 속에서도 면면히 이어져 오는 지역의 전통과 정체성을 유지시킬 수 있는 원동력을 제공해 준다. 여러 종류의 경기지역 축제가 발산하는 이러한 원동력의 이면에는 축제 속에 담겨 있는 지역의 민속이 자리잡고 있음을 새삼 느끼게 한다. 다시 말해서 도시라고 하는 다소 인위적인 공간[20] 속에서도 경기지역의 여러 가지 종류의 축제는 각 지역만이 가지는 고유한 무형문화재나 민속놀이를 재현하여 시연하거나 혹은 일반적인 전통문화를 만날 수 있는 민속의 현장이 되기도 하는 것이다.

3 경기지역 축제와 그 속에 나타난 민속의 현장 및 내용

경기지역의 축제는 그 종류가 다양하지만 축제가 행하여지는 장소는 대체로 몇 가지 유형 속에 넣을 수 있는 편이다. 경기지역의 대부분이 이미 도시화가 진행되었거나 도시화의 과정 속에 있는 지역이므로 축제의 장(場)도 도시라는 범주를 벗어나지 못하게 되는 것이다. 물론 경기지역에

---

20) 민속학에서 주로 다루게 되는 전통적인 마을의 경우 마을의 형성이 풍수지리와 같은 자연지리적인 요인에 의하여 생겨난다면, 현대화의 과정으로 생겨나고 있는 도시는 정치, 경제, 사회, 문화 등 다분히 편의적이고, 인위적인 요인에 의하여 형성되는 경우가 많다.

서도 전통적인 방식으로 행하여지는 동제나 마을굿과 같은 축제의 경우는 여전히 마을(里)이라는 제한적인 공간이 설정되기도 하는데, 대다수의 축제는 많은 사람들의 참여를 유도하기 위하여 도시 내의 공간이나 지역의 유적지 혹은 산(山)에서 많이 행하여진다. 좀더 구체적으로 경기지역의 축제가 행하여지는 대표적인 공간의 예를 들어보면 다음과 같다. 먼저 경기지역의 축제는 지역 주민들이 즐겨 찾는 지역의 공원, 광장, 시민회관, 대강당, 전수회관 놀이마당, 체육관, 복지회관, 야외무대, 기념관, 도예촌, 공설운동장, 학교운동장 등지에서 많이 행하여진다. 또한 경기지역의 축제는 지역의 유적지, 사적지, 지역의 대표적인 산(山), 호수, 나루터 등지에서도 많이 행하여진다.

경기지역의 축제 중에서 필자가 다루고자 하는 도시와 민속의 현장과 관계되는 것은 축제 속에 보여지는 민속놀이, 세시놀이, 중요무형문화재 공연, 전통의식(儀式) 혹은 의례(儀禮)의 공연과 재현 등이다. 이러한 민속적인 내용을 볼 수 있는 경기지역의 축제는 꽤 많은 편이다. 우선 이러한 축제를 열거하고 그 속에 보여지는 다양한 민속적인 내용을 예로 들고, 그것이 어떻게 도시라는 공간 속에서 민속의 현장과 연계되어 있는지를 몇 가지 유형으로 나누어서 살펴보고자 한다.

3.1. 세시풍속(歲時風俗)에 근거한 민속놀이를 보여주는 축제

경기지역의 축제가 가지는 특징 중의 하나는 세시적인 내용의 축제가 단연 돋보인다는 것이다. 이 중에서 정월대보름을 소재로 한 축제는 경기의 여러 지역에서 공통적으로 행하여지고 있는 민속축제이다. 정월대보름은 설날에 비하여 좀더 개방적이고 마을공동체적인 축제로 취급될 만큼 많은 구성원들이 함께 참여해서 놀고, 즐기고, 화합하는 전형적인 축제의

틀을 가지고 있는 셈이다.[21]

정월대보름을 소재로 한 경기지역의 축제는 각 지역마다 명칭이 조금씩 다른데, 예를 들어서 고양시 정월대보름놀이, 광명시 정월대보름축제, 군포시 정월대보름민속놀이, 수원시 정월대보름민속놀이한마당, 연천군 정월대보름맞이민속놀이, 여주군의 정월대보름한마당 등 다양한 편이다.

경기지역의 정월대보름축제는 대보름과 관련된 달집만들기, 달집태우기, 달점보기, 쥐불놀이를 비롯하여 새끼꼬기, 널뛰기, 그네뛰기, 연날리기, 지신밟기, 줄다리기, 윷놀이, 제기차기 등 다양한 민속놀이가 실제로 행하여진다. 그 외에도 광명시의 정월대보름축제에서는 광명농악판굿과 중요무형문화재 제 15호인 북청사자놀이(북청사자놀음)와 같은 무형문화재가 공연되기도 한다.[22] 특히 광명농악판굿은 경기도 무형문화재 제20호로 지정되어 있는 경기지역의 독특한 농악을 잘 반영하고 있는 귀중한 지역의 문화유산이다.

정월대보름축제가 특히 경기지역에 많이 나타나는 것은 경기지역이 오래 전부터 유지해 온 농경문화의 전통과 밀접한 관계가 있다. 정월대보름축제는 대보름날 행하여지던 여러 가지 종류의 민속놀이를 재현해서 일반인들이 직접 참여할 수 있는 기회를 제공해 준다. 오늘날 경기지역에서 벌어지는 정월대보름축제는 세시적인 축제의 영역을 넘어서 일상적인 생

---

21) 정월대보름에 귀밝이술(耳明酒)을 마시면 1년 동안 귀가 밝아지고, 좋은 소식을 듣는다고 해서(임동권, 1973) 상원날 아침에 귀밝이술을 마시는 민속이 있는 데 지금도 행하여지고 있다. 반면에 "설날은 도소주(屠蘇酒)로 악귀(惡鬼)를 물리친다"(송재선, 1998)라는 속담에서 보는 바와 같이 이전에는 설날 아침에 도라지, 방풍, 산초, 육계 등을 넣고 빚은 도소주(屠蘇酒)라는 술을 마셔서 집안의 악귀를 물리치기도 하였는데 지금은 거의 행하여지지 않고 있다. 이러한 사실은 정월대보름이 설날보다는 공동체의 민속과 더 밀접하게 연계되어 있음을 잘 반영해 준다.
22) 광명시의 정월대보름축제에 북청사자놀이가 공연되는 것은 북청사자놀이의 기능과 관련이 있다. 즉 정월대보름에 행하여지는 대부분의 민속놀이와 마찬가지로 북청사자놀이도 벽사진경(辟邪進慶)을 목적으로 공연되는 일종의 탈놀이이다(전경욱, 1997).

활 속에서는 잘 느낄 수 없는 지역에 대한 소속감과 애착을 심어주게 되어서 시민 혹은 군민을 하나로 묶어주는 화합의 축제로 거듭 나고 있다.

3.2. 중요무형문화재 또는 지역의 독특한 무형문화재와 민속놀이를 볼 수 있는 축제

경기지역의 여러 축제는 각 지역에서 전승되고 있는 중요무형문화재, 지역의 무형문화재, 그리고 민속놀이 등을 일반대중들에게 선보일 수 있는 좋은 기회를 제공하기도 한다. 다시 말해서 일반적인 도시의 시민들은 중요무형문화재, 지역의 무형문화재, 민속놀이 등과 관련해서 민속의 현장에 직접 참여하여 경험할 수 있는 기회가 거의 없는 편이다. 따라서 정기적으로 개최되는 경기지역의 축제를 통하여 각 지역의 무형문화재나 민속놀이가 일반인들에게 널리 알려지게 되어서 전통문화를 계속해서 계승하고 발전시키는 데 도움을 줄 수 있는 것이다. 이러한 축제를 살펴보면 다음과 같다.

고양시의 행주문화제와 행주대첩제의 경우 경기도 무형문화재 제22호인 송포호미걸이놀이 뿐만 아니라 성석진밭두레패공연이 행하여진다. 특히 행주대첩제에서는 송포호미걸이놀이와 성석진밭두레패공연과 더불어서 고양지역의 민속놀이인 용구재이무기제가 재현되기도 한다. 또한 광명시의 구름산예술제에서는 광명농악이, 김포시의 금파문화제에서는 통진두레놀이와 중요무형문화재초청공연이 펼쳐진다. 특히 금파문화제에서 공연되는 통진두레놀이는 김포지역에서 이어져오고 있는 대표적인 민속놀이로 경기지역이 가지고 있는 독특한 농경문화를 잘 반영해 주고 있다는 점이 높이 평가되어서 1997년 제38회 전국민속예술경연대회에서 대통령상을 수상한 바 있다.

한편 남양주시의 다산문화제와 천마산산신제에서는 퇴계원산대놀이[23]가 연행되고, 부천시 복사골예술제에서는 경기도지정 무형문화재가 공연되기도 한다. 수원시의 수원화성문화제에서는 중요무형문화재 제76호인 전통무예인 택견이 시연되고, 용인시의 용구문화제에서는 용인지방의 독창적인 대동굿인 할미성대동굿이 시연된다. 평택시의 소사벌한마당축제에서는 중요무형문화재 제11호-나호인 평택농악 정기발표회가 열린다. 하남시의 이성문화제에서는 마을의 안녕과 뱃길의 무사고를 기원하는 미사성황제가 열리고, 광주군의 남한산성문화제에서는 남한산성을 축성할 때 죽은 영혼과 병자호란 때에 국가를 위하여 전사한 영혼을 위로하기 위한 남한산성대동굿과 남한산성에서 조선시대부터 전해져오는 산성소주제조 시연 및 시음을 하기도 한다. 한편 양주군의 양주문화제에서는 중요무형문화재 제70호인 양주소놀이굿을 비롯하여 양주고전농악이 일반 대중에게 보여지고, 양주별산대놀이 전수관에서는 중요무형문화재 제2호인 양주별산대놀이가 일반인들을 위해서 정기적으로 공연된다. 덧붙여서 양평군의 용문산은행제에서는 천연기념물 제30호로 지정된 용문산 은행나무에서 제의(祭儀)가 열리고, 여주군의 세종문화큰잔치에서는 여주지방의 독특한 민속놀이며, 1987년 제28회 전국민속예술경연대회에서 대통령상을 수상한 여주쌍용거줄다리기가 일반인들에게 선보인다.

3.3. 기타 전통문화를 보여주는 축제

경기지역의 축제 속에는 일상적인 생활문화 속에 녹아있는 여러 가지 전통문화를 보여주기도 한다. 이러한 전통문화는 주로 일생의례와 관련되

---

23) 퇴계원산대놀이는 남양주시 퇴계원면에서 전승되고 있는 서울 및 경기지역의 대표적인 산대놀이 계통의 탈춤으로 유명하다.

는 것이 많은 편이고,24) 일부 축제에서는 생업민속, 민속놀이, 민속음식을 비롯해서 궁중의 민속까지 다양한 편이다. 비록 축제라는 형식을 빌어서 행하여지고는 있지만, 전통문화가 시연되고 재현되는 것은 과거의 생활문화를 오늘에 되살려서 더욱더 계승 및 발전시키기 위함이다. 특히 물질문명과 서구문명에 익숙해 있는 젊은이들에게 조상들이 가졌던 건전한 생활방식을 통하여 삶의 지혜를 배우게 하고, 올바르고 건전한 생활방식이 무엇인지를 한번쯤 생각할 수 있는 기회를 제공해 준다.

경기지역의 축제 속에서 볼 수 있는 전통문화 몇 가지를 예로 들어보면 다음과 같다. 광명시의 오리문화제에서는 전통성년식과 전통혼례식이 행하여지고, 남양주시의 다산문화제에서는 제례와 소년 다산의 혼례식이 재현되어서 일반인들에게 보여지기도 한다. 또한 성남시의 성남문화예술제에서는 전통혼례가 시연되고, 안산시의 성호문화제에서는 전통성년식이 행하여진다. 평택시의 평택농업축제에서는 짚신삼기, 윷놀이, 송편빚기 등과 같은 전통적인 농경민속과 관련된 행사가 벌어진다. 여주군의 세종대왕숭모제전에서는 조선시대 궁중의 민속을 엿볼 수 있는 다례제, 궁중무, 궁중악 등이 펼쳐진다.

한편 경기지역의 축제 속에 담겨있는 이러한 전통문화 외에도 이천시, 광주군, 여주군에서 개최되는 도자기축제는 또 다른 입장에서 민속이 도시 속의 축제 속에 잘 조화되어 있는 대표적인 경우이다. 특히 전통문화 속에 담겨있는 물질민속의 중요성을 도자기를 통하여 일깨워 주고 있다는 점에서 큰 의의를 가질 수 있다.25)

---

24) 한국인의 일생의례(一生儀禮) 중에서도 전통적인 성인식과 혼인식 등과 같은 관례(冠禮)와 혼례(婚禮)가 주종을 이루고 있는 셈이다. 좀더 바람직한 것은 축제를 통하여 일생의례와 관련해서 각 지역에서 행하여지고 있는 다양한 전통문화를 보여줄 수 있어야 한다. 예를 들어서 출생의례와 관련된 삼신상 차리기 혹은 상례(喪禮)와 관련된 사자밥(使者飯) 차리기 등을 재현해 보는 것도 좋은 방안이 될 수 있다.

▲ 도시공간 속의 축제에서 다래끼와 도래방석을 만들고 있는 할아버지.

경기지역의 도자기축제의 경우 2001년에는 "흙으로 빚는 미래"(Shaping the Future with Earth)라는 주제로 세계도자기엑스포라는 큰 축제 속에 세 지역이 함께 연대하여 8월 10일부터 10월 28일까지 80일간 공동으로 진행되었다. 이렇게 2001년에 경기지역에서 펼쳐진 제1회 세계도자기 엑스포는 이천시의 경우 설봉공원에서, 광주군의 경우는 곤지암 문화특구에서, 그리고 여주군의 경우는 신륵사 앞 상살전시장에서 진행되었다. 원래 이천시에는 이천도자기축제가, 광주군에는 광주왕실도자기축제가 그리고 여주군에는

---

25) 도자기 외에도 물질민속을 소재로 한 축제는 도시 속에서도 전통문화의 전승과 계승에 크게 기여할 수 있다. 예를 들어서 지게, 터줏가리 등과 같은 민구(民具)를 소재로 하는 축제가 있다면, 축제를 통하여 도시의 시민들도 지게를 직접 만들어 보고 매어 본다든지, 터줏가리를 만들어 봄으로써 전통문화를 몸으로 체험하고, 느낄 수 있는 기회를 가질 수 있는 것이다.

여주도자기박람회가 2001년을 제외하고는 각각 독립적으로 개최되어 왔다. 이천시와 여주군의 도자기축제에 비하여 광주군의 도자기축제는 왕실의 어기(御器)를 만드는 왕실도자기축제라는 점이 다르다. 이천도자기축제에는 "전통가마불지피기"와 "내가 만든 도자기 코너"를 마련해서 일반인들이 전통도자기를 만드는 과정을 직접 체험하게 한다. 일반인들이 전통도자기제작을 체험할 수 있는 것은 여주도자기박람회에서도 마찬가지인데, 여주군의 도자기박람회에서는 이와 더불어서 축제의 시작을 알리고 축제기간 동안의 안녕과 평화를 위하여 전통제례인 고신제와 도공제향도 올린다. 한편 광주왕실도자기축제에서는 전통다례법과 다기전을 볼 수 있을 뿐만 아니라 민속놀이인 "사기마 감투놀이"가 재현되는데, 이 놀이는 왕실의 어기(御器)를 진상하는 대표사기장인 도편수를 뽑는 민속놀이이다.

4 나오기

오늘날 민속학에서 민속의 현장은 도시라는 새로운 형태의 복잡 다양한 공간이 생겨나면서 조금씩 변할 수밖에 없는 것 같다. 현대 사회에서 민속의 현장이 마을과 같은 다소 폐쇄적이고, 조직화된 전통적인 사회공동체에서 개방적이고, 느슨한 도시로 조금씩 바뀌어 가고 있는 것도 사실이다. 그러나 도시라는 또 하나의 공동체 속에서도 지역의 전통문화를 계승하고, 새로운 구성원들과 기존의 구성원들이 함께 어울리고, 소속감을 느낄 수 있도록 다양한 노력이 경주되고 있다. 이러한 움직임은 결국 변화해 가고 있는 사회에 적응하려는 민초들의 몸부림이며, 또한 자신들이 속한 지역사회는 바뀌었지만 여전히 그 속에서 하나의 정체성을 느끼고,

새로운 환경과 더불어서 지역주민들끼리 함께 조화를 이루고자하는 민초들의 순수한 열망이기도 하다.

이러한 민초들의 움직임을 가장 대표적으로 느낄 수 있는 곳은 아마도 경기지역이 아닐까 한다. 경기지역에서는 현대화와 도시화라는 사회적인 분위기 속에서 지역의 전통문화는 자꾸 사라져가고 있으며, 더욱이 지역의 민속을 전승할 수 있는 전승의 주체들도 점차로 줄어들고 있는 실정이다. 이와는 대조적으로 지역이 개발되면서 외부에서 유입되어 들어오는 인구는 자꾸 늘어나고 있으며, 사회, 경제 그리고 교육 및 문화적인 이유로 인하여 외지로 전출하려는 인구도 많이 늘어나고 있다.

경기지역의 많은 축제는 이러한 사회적인 분위기 속에서 기존의 주민들과 새롭게 유입되어 온 주민들 사이를 이어주고, 한데 어울리게 해서, 화합하고 조화를 이룰 수 있는 기회를 제공해 준다. 한편으로 경기지역의 축제는 지역의 독창적인 전통문화를 계속해서 전승시켜 주는 기능을 한다면, 다른 한편으로는 축제를 통하여 지역의 다양한 구성원들을 한데 묶어주는 기능을 한다. 특히 후자의 기능은 경기지역과 같이 도시화가 많이 진행되고 있는 곳에서 아주 중요하게 취급된다고 할 수 있다.

경기지역의 축제를 통하여 살펴본다면 도시 속에서 민속의 현장은 결국 행하여지거나 혹은 재현된 지역의 전통문화를 볼 수 있는 공간이며, 또한 실제로 참여해서 지역의 전통문화를 직접 체험하고 느낄 수 있는 공간이기도 하다. 지역의 축제가 존재하기 때문에 지역의 전통문화는 나름대로 전승될 수 있는 것이다. 특히 도시화가 진행되면서 지역의 전통문화를 계승하고 발전시키는 데 지역의 축제가 가지는 중요성은 더욱더 커지고 있는 것 같다. 경기지역에서 도시화가 빠른 속도로 진행되고는 있지만 여전히 지역의 전통문화를 접할 수 있는 민속의 현장은 지역의 축제를 통하여 다양한 지역 주민들에게 열려져 있는 셈이다. 더욱이 경기지역의 축제 속에 지역의 전통문화가 담겨져 있기 때문에 또한 지역의 축제는 다른 지역의 축제와 변별성을 가진 그 나름대로의 가치를 인정받게 되는 것이다.

제5장

도시화 및 대중문화 속의 시간민속

1 들어가기

문화의 시대라고 일컫는 21세기가 도래하면서 문화에 대한 관심이 부쩍 커져가고 있다. 그러나 진작 문화를 정의하려고 하면 그렇게 쉽지만은 않은 것이 사실이다. 미국의 인류학자인 기어츠(Geertz, 1973)는 문화를 정의하면서 거미와 거미줄을 이야기하고 있다. 즉 거미가 거미줄을 벗어나서는 자유롭게 활동할 수 없듯이 한 개인도 그 개인이 속해 있는 문화권을 벗어나면 불편을 느끼게 된다는 것이다. 이렇게 문화는 보이지도 않고 만질 수도 없지만 직접 몸으로 느낄 수 있는 것이다. 그 만큼 문화는 대다수 민중과 밀접하게 연계되어 있으며, 일반 민중들의 지지를 받지 못하면 점차 약화되거나 없어질 수도 있는 민중들의 부산물인 셈이다.

문화의 영역은 문화를 연구대상으로 하는 학문분야에 따라서 달라질 수도 있지만 우선 관심을 가져야할 분야가 전통문화이다. 전통문화는 대대로 축적된 대다수 민중들의 삶의 지혜를 의미한다. 예를 들어서 이러한 전통문화 속에는 오늘날까지 전승되고 있는 음식문화, 복식문화, 주거문화, 농촌문화, 혼인문화 등이 포함되는데 이것은 모두 한 개인의 습속이나 전통이 아니라 대다수 민중들이 함께 공유하는 생활방식이요, 관습인 셈이다.

전통문화를 다루는데 있어서 먼저 규정을 해야하는 것이 바로 대중문화이다. 대중문화는 공시적인 입장에서 대다수 대중들의 문화를 의미하지만 세월이 지난 후에도 대중들의 지지를 받을 것인지는 불분명하다. 그러므로 대중문화는 일시적인 유행이 될 수도 있는 것이다. 다시 말해서 대중문화는 과거와의 연계성보다는 현실성이 강한 편이며, 과거와 연계되어서 전승되고 계승되는 전통문화와 비교해서 그 만큼 지속력이 약하다고 할 수 있다.[26)]

전통문화이건 대중문화이건 문화는 그 범위가 너무나 넓고 또한 보는 관점에 따라서 다양한 측면이 내포되어 있기도 하다. 또한 주어진 여건과 받아들이는 입장에 따라서 다양한 문화는 서로 대치되기도 하고 혹은 상호보완적으로 공존하기도 하다. 아마도 전통문화와 대중문화가 바로 이러한 범주에 속하는 전형적인 예라고 할 수 있겠다. 이 글에서는 먼저 민속학적인 입장에서 전통문화와 대중문화를 비교하고 분석함으로써 부분적이긴 하지만 전통문화에 기반을 두면서 새롭게 재창조될 수 있는 대중문화와 전통문화의 대중화 가능성에 대하여 논의하고자 한다. 그리고 다음으로는 다양한 문화의 복합체이며, 민속의 현장인 축제를 통하여 어떻게 전통문화와 대중문화가 서로 만나고 소통하는지에 관하여 살펴볼까 한다.

2 전통문화와 대중문화의 민속학적 비교분석

개방화와 자유화의 분위기가 고조되면서 소위 문화의 홍수 시대를 가져왔다. 국적도 없는 외래의 문화가 여과도 없이 들어오면서 기이한 문화

26) 임재해(1986 : 43~46)는 민중과 대중을 구분하여 민중문화[전통문화]와 대중문화를 규정하고 있다. 즉 민중문화는 한국의 전통사회라고 할 수 있는 농어촌 사회를 중심으로 민중들의 일상적인 생활 속에서 형성 및 전승된 문화를 말한다. 반면에 대중문화는 대중 매체를 통하여 급속도로 확산되는 공급문화인 셈이다. 또한 대중문화 속에서 대중은 스스로 문화를 주체적으로 만들어서 다음 세대로 전달하기보다는 단지 객체로서 이미 만들어진 문화를 수용하고 향유할 뿐이다.

적인 현상이 나타나고 있기도 하다. 그러나 역시 문화는 민중과 함께 호
흡해야 생명력과 지속력이 보장되기 때문에 민중과 동 떨어진 문화는 존
재할 수 없는 것이다. 문제는 일부 젊은이들을 중심으로 급속도로 확산되
고 있는 일시적인 유행과 같은 대중문화이다. 이러한 대중문화는 최근에
상업주의와 편승하여 더욱더 확대되어 가고 있는 실정이다.[27] 그럼에도
불구하고 대중의 호응을 받고 있는 대중문화 속에서도 과거와 연계된 그
리고 오늘날까지 이어져 온 전통적인 요소를 발견할 수 있다. 아마도 이
러한 요소를 찾고, 현대에 맞게 발전 및 계승시키는 것도 대중문화가 과
거와 단절된 일시적인 문화가 아니라 앞으로 더욱더 지속될 수 있는 생명
력을 가진 문화로 만들어 주는 것이다.

　한 시대를 풍미하는 문화는 현재에만 향유되는 것이 아니라 일부는 또
한 고스란히 후대에게로 전승될 수 있는 귀중한 문화유산이기도 하다. 그
러므로 문화가 단지 한 때의 유행이 아니라 대대로 전승될 수 있도록 문
화가 가지고 있는 나름대로 역사적인 유래, 의의, 전승방식 등을 유지할
수 있도록 해야한다. 그렇게 하기 위해서는 대중화된 문화 속에서도 과거
와 연계되어 있는 전통적인 요소를 찾고자 노력해야 하며, 또한 전통적인
문화요소가 대중화될 수 있도록 노력해야 한다.

　우선 이 글에서는 대중문화와 전통문화의 차이점을 찾아보고, 아울러서
두 문화가 서로 상호보완적인 역할을 할 수 있음을 구체적인 예시를 통하
여 설명하고자한다. 이러한 논의를 위하여 우선 대중문화와 전통문화 비
교하고, 다음에는 좀 더 구체적으로 세시풍속과 연중행사를 예로 들어서
두 문화를 민속학적으로 비교분석 하고자 한다.

---

27) 이러한 대중문화로는 발렌타인데이, 화이트데이, 빼빼로데이, 와인데이, 로즈데이 등을
　　들 수 있다.

2.1. 생활의 편의가 만들어 낸 대중문화와 생활의 지혜가 담겨있는 전통문화

▲ 서울시 강남구 논현골축제에 차려진 고사상.

대중문화와 전통문화를 정의하고 비교하여 차이점과 공통점을 발견하는 것은 그렇게 쉬운 일이 아니다. 그러나 두 문화는 일상적인 생활 속에서 그 나름대로의 의미와 가치를 지니고 있다. 사회가 점차로 개방화되고, 산업화되면서 문화를 창출하는 민중들의 일상적인 생활방식도 조금씩 바뀌기 마련이다. 따라서 한편으로는 생활의 편의를 위하여 이전의 전통이 시대와 사회적인 분위기에 맞게 변하기도 하지만 또 다른 한편에서는 과거의 생활방식이 끈끈하게 계승되기도 한다. 이러한 연속적인 문화의 형성과정 속에서 대중문화와 전통문화는 서로 엉켜져서 상호 간에 영향을 주고받고 있는 것이다. 생활의 편의와 생활의 지혜라는 측면에서 대중문화와 전통문화 몇 가지를 예로 들어보면 다음과 같다.

먼저 살펴 볼 것은 해맞이 문화와 달맞이 문화이다. 언제부터인가 점차로 해맞이가 달맞이보다도 더 중요하게 인식되어 오고 있는 것이 사실이다. 그러므로 해맞이는 최근에 유행하고 있는 대중문화의 한 부분으로, 반면에 달맞이는 오래 전부터 이어져 온 전통문화의 한 영역으로 인식되기도 한다. 이러한 문화적인 현상의 이면에는 한편으로는 태음력보다는 태양력이 더 중요하게 취급되다 보니 서양식으로 태양력에 의한 새해가 큰 의미를 가지게 된 이유도 있겠고, 또한 다른 한편으로는 농촌공동체의 약화로 민속 명절인 정월대보름의 의미가 이전보다는 많이 약화된 이유도 있겠다(임재해, 2003).

한편 전통적인 한국 사회에서 대부분의 생업활동은 달(月)을 중심으로 한 것이 대부분인데, 이는 태음력(太陰曆)을 사용한 것에서 비롯된다. 태음력에 의존하여 생업활동을 영위한 것은 삼국시대 이래 근세에 이르기까지 지속되었다. 그러나 갑오경장(1894)을 맞이하게 되면서 특히 고종 31년(1895년)에 일제의 강요에 이기지 못하여 태양력을 채택하면서 세시와 관련된 전통문화는 많은 변화를 겪게 되었다.

한편 『삼국사기』와 『삼국유사』의 기록을 보면 대보름은 삼국시대부터 명절로 여겨져 왔음을 알 수 있다(장철수, 2000). 또한 전통적인 세시풍속에서는 보름달이 가지는 상징과 의미가 강했으며, 정월대보름은 추석과 함께 달을 본뜬 2대 명절로 간주되었다(손인수, 1991). 따라서 이전에는 마을단위로 공동체를 형성하여 보름날 밤에 달맞이를 하는 풍속이 전국적으로 보편화되었음을 알 수 있다. 이러한 전통은 현재 전승되고 있는 세시풍속 관련 전국의 축제 중에서 정월대보름을 소재로 하는 축제가 상대적으로 많은 것에서도 잘 나타난다고 할 수 있다.

이렇듯이 해맞이는 오늘날 대중문화로 자리잡아 가고 있는 반면에 달맞이는 과거의 풍속이 오늘날까지 이어져온 전통문화인 것이다. 단지 시간적인 차이 다시 말해서 해맞이는 현재를 기준으로 대중들 속에 자리잡고 있다면, 달맞이는 좀더 시간을 거슬러 올라가서 전통적인 사회에서 많은 민중들에 의해서 행하여졌던 풍속으로 조금은 약화되었지만 현재까지 부분적으로 전승되고 있는 것이다.

더욱이 해맞이도 예전부터 행하여졌지만 달맞이에 비하여 그렇게 일반 민중들의 문화로는 대우받지 못하다가 최근에 새로운 한 세기가 시작되면서 급속도로 대중화되기 시작했다. 또한 이전의 해맞이는 태음력을 기준으로 했기 때문에 음력으로 정월 1일이 해맞이 날이었는데(김흥우, 2002), 오늘날에는 양력 1월 1일 즉 서구식의 새해 첫날에 행하는 행사로 바뀌게 되었다. 양력 설날과 음력 설날 사이에서 음력 설날이 "민속설날"이라고 불릴 정도로 이전의 전통을 그대로 이어가고 있는 것과는 대조적으로 해맞이는 이전의 전통을 계승하지 못한 채 오늘날의 대중문화에 편승하게 된 것이다.

다음으로 살펴볼 것은 한국인에게 가장 친근한 동물 중의 하나인 개와 관련된 문화이다. 정학유(丁學游)의 농가월령가(農家月令歌)에 보면 농가(農家)의 대표적인 육축(六畜)으로 소, 말, 개, 돼지, 양, 닭 등을 들고 있다. 따라서 개도 전통적인 한국의 농가에서는 가축의 하나로 중요한 위치를 점하고 있었던 것 같다. 이러한 이유로 인하여 민간에 전승되는 속담 속에 개를 소재로 한 속담이 특히 많으며(송재선, 1997), 더욱이 가족과 친족관계를 나타내는 속담 속에도 개를 등장시켜서 표현하기도 한다(박환영, 2003b). 가령 예를 들어서 "사위는 개 자식", "시모(媤母)에게 역정나서 개 옆구리 찬다", "내외간 싸움은 개 싸움", "일가 싸움은 개 싸움" 등의 속담은 전통적인 한국사회에서 볼 수 있는 가족과 친족관계의 한 측면을 반영해 준다.

한편 전통적인 한국 사회에서 인간과 관계하여 개는 일반적으로 두 가지 종류로 분류될 수 있었는데, 하나는 가축인 개(狗)와 또 다른 하나는 친구인 개(犬)이다. 그러므로 홍석모(洪錫謨)의 『동국세시기』에 보면 삼복(三伏) 때 개를 잡아서 삶아서(烹狗) 파를 넣고 끓인 음식을 구장(狗醬)이라고 분명히 구분해서 표시하고 있다.[28]

최근에 오면서 많은 동물 애호가들에 의해서 개가 가축의 역할을 벗어나서 친구 즉 애견(愛犬)으로 당당히 실내에서 사람들과 함께 생활을 하게 되었고, 심지어는 애견 미용실까지 생기게 되었다. 물론 동물애호가의 측면에서 보면 지극히 당연하겠지만, 그렇다고 해서 개를 인간의 절친한 친구(犬)외에도 때로는 생업환경 속에서 인간에게 도움을 주는 가축(狗)으로 생각해 온 전통적인 사고방식을 한순간에 일방적으로 무시해서도 안된다. 시대가 바뀌면서 전통문화도 자동적으로 변화하기 마련이다. 그렇지만 전통문화는 인위적이거나 급진적으로 변하는 것이 아니라 점진적으로 변하게 된다. 즉 대다수 민중들의 동의를 거쳐서 조금씩 바뀌어 간다고 볼 수 있는 것이다. 어쩌면 오늘날 빠른 속도로 애견문화가 유행이 되고 있는 것도 갑자기 서양에서 들어와서 생겨난 문화라기보다는 이전의 전통적인 문화 속에서도 일부 지속되었던 개(犬)와 관련된 전통이 오늘날 계승 및 발전되었다고도 볼 수 있다.

특히 한국의 설화 속에는 의견(義犬)을 소재로 하는 여러 가지 유형의 의견설화(義犬說話)를 볼 수 있는데(천진기, 2003), 이것도 개를 아끼고 소중히 여겼던 예전의 풍속을 잘 나타내어 준다고 할 수 있다. 다시 말해서 전통문화 속에는 가축의 하나인 개에 대한 내용뿐만 아니라 오늘날 애견문화를 가능하게 만든 인간의 친구로서의 개가 아우러져 있는 것이다. 이러한 관점에서 보면 개와 관련해서 보신탕과 애견 미용실이 함께 공존하는

---

28) 한편 조선후기에 유만공(柳晚恭)이 저술한 『歲時風謠』의 복날(伏日)편에 보면 "伏日食戌羹"이라고 하여 복날(伏日)에 먹는 개국을 술갱(戌羹)이라고 표기하기도 하였다(임기중, 1993 : 213).

오늘날의 문화적인 현상도 정도의 차이는 있겠지만 결코 과거의 전통과 분리해서 생각할 수 없음을 잘 나타내어 준다.

한편 한국인의 속담에 "개 보름 쇠듯 한다"(이기문, 1980 ; 송재선, 1997)가 있다. 즉 정월대보름날에는 개에게 먹이를 주지 않고 굶기는 민속을 반영한 속담이다. "개보름쇠기"라는 민속이 가지고 있는 민간적인 의미는 정월대보름날 개에게 먹이를 준다면 개의 살이 오르지 않고, 그 해 여름에 집안에 파리가 들끓기 때문이라고 한다. 한편 "개보름쇠기"에 관한 지역적인 차이도 조금 존재하기도 한다. 예를 들어서 강원도 영동지역에서는 정월대보름날 낮에는 밥을 주지 않지만 아침과 저녁에는 밥을 주기도 한다. 또한 경남지방에서는 정월대보름날 저녁에 달이 뜨면 개에게 밥을 주며, "개파리 쓸자" 하면서 개의 등을 비로 쓸어주는 사례도 있다고 한다(임동권, 1985). 이렇게 전국적으로 "개보름쇠기" 민속이 나타나는 것을 보면, 개와 보름날과는 어떠한 문화적인 관계가 있었던 것이 분명하다.[29]

세시풍속과 관련시켜서 "개보름쇠기"라는 민속은 일반적으로 여성을 상징하는 달(月)을 개가 먹는다고 생각하여 정월대보름날 밤에 개의 활동을 약화시키기 위한 여성들의 배려가 반영된 풍속으로 해석하기도 한다(김종대, 1995). 그러나 필자는 이 속담을 좀 다른 측면인 정월대보름과 관련된 민속과의 연계선 상에서 들여다보고자 한다. 예를 들어서 정월대보름에 행하여지는 더위팔기(賣暑), 부름(밤, 은행, 호도, 잣), 귀밝이술(耳明酒), 백가반(百家飯), 오곡밥, 약밥 등의 민속행위는 다가올 여름의 더위를 미리 대비한다는 의미를 잘 나타내어 준다. 한해의 더위를 이기기 위해서는 영양분을 충분히 섭취해야 하는데, 이러한 맥락에서 부름, 귀밝이술, 약밥, 백가반,

---

29) 유만공(柳晩恭)의 『歲時風謠』 상원(上元)편에 보면 정월대보름날에 개를 굶기는 풍속에 대하여 설명하고 있다. 예를 들어서 "是日不飯狗云無病暑"라 하여 정월대보름날에 개에게 밥을 주지 않으면 더위병이 없어진다고 덧붙이고 있다(임기중, 1993 : 72).

오곡밥 등과 같은 특별한 음식(節食)을 정월대보름날에 먹는 풍속이 생긴 것으로 이해할 수 있다. 그리고 경남지방에서는 정월대보름날 아침에 김치를 먹지 않는 풍속도 있다(임동권, 1985). 다시 말해서 정월대보름날은 한 해의 더위를 잘 이겨내기 위하여 항상 먹는 일상적인 음식 보다는 일상에서 잘 먹지 못하는 영양가가 높은 특별음식을 먹었던 것이다.

그렇다면 정월대보름날 개에게 왜 먹이를 주지 않는 민속이 생겼을까? 아마도 대다수 농가(農家)에서 개는 오늘날 유행하고 있는 친구와 같은 개(犬)이기 보다는 주로 사람들이 남긴 음식을 먹는 가축(狗)으로 인식되었기 때문에, 개를 위하여 정월대보름날에 별도로 일상적인 음식을 만들기가 용이하지는 않았던 것이다. 즉 정월대보름날에는 항상 접하는 일상적인 음식이 아니라 한 해의 더위를 건강하게 이겨내기 위해서 영양분이 많이 들어가 있는 특별음식(節食)을 많이 먹어야 한다는 믿음 때문에 가축인 개에게 남겨줄 만큼 특별음식이 충분하지도 않았을 것이다. 또한 남은 것이 있다고 해도 특별음식이기 때문에 손쉽게 개에게 주지도 못했을 것이다. 결국 정월대보름날에 농가에서 가축으로 키우던 개는 굶는 신세가 되기 일쑤였던 것이다. 비록 개를 정월대보름날 하루 굶길지 모르지만 공동체구성원들 사이의 유대가 강했던 전통사회에서는 이웃이나 마을 사람들끼리는 서로 욕심을 내지 않고 사이좋게 특별음식을 나누어 먹을 수 있는 백가반(百家飯)과 같이 남의 집에서 음식을 먹는 풍속이 생겨나게 되었던 것이다. 즉 집에서 음식물 남은 것을 먹고 자라는 가축인 개보다는 공동체 구성원으로서의 사람이 중심이 되는 정월대보름의 민속을 보여주는 대목이다.

개와 관련된 이러한 전통문화 속에는 개를 일방적으로 굶기기보다는 주어진 자연환경과 생활여건 속에서 조화롭고 건강한 삶을 추구하고자 했던 조상들의 지혜를 엿 볼 수 있다. 개를 하루 동안 굶기는 것이 마을 구성원들에게 대접할 수 있는 특별음식 때문이라면 그 나름대로의 의의를 가진다고 할 수 있다. 또한 "개보름쇠기"를 하면서도 영동지역과 경남지역과 같은 일부 지방에서는 개에게 아침과 저녁 혹은 저녁에 밥을 주기도 한다. 이것은 가축의 하나인 개(狗)에 대한 각별한 관심을 보여주기도 한다. 아마도 이러한 전통적인 문화가 기저(基底)에 깔려있기 때문에 오늘날과 같은 애견문화가 생겨난 것이 아닌가 생각한다.

다음으로 살펴볼 것은 떡과 관련된 음식문화이다. 떡 중에서도 추석 때에 즐겨먹는 송편은 농촌생활의 부산물이며, 농사와 밀접한 관계가 있는 달(月)과 연관된 민속이 내재되어 있는 대표적인 전통음식 이다. 예를 들어서 전통적인 한국 사회에서는 달(月)의 고마움에 감사하고 달을 위했으며 그래서 떡을 해도 달떡을 했다. 달(月)을 의식하는데 있어서 중국에서는 만월(滿月)을 상징하는 둥근 모양의 월병(月餠)을 만들었으나, 우리민족은 송편이라고 해서 반달 모양의 떡을 만들어 먹었다.

송편이 가지고 있는 맛과 영양은 두 말할 나위도 없지만 왜 송편의 모양이 반달 모양인지에 대해서는 한번쯤 생각해 보아야한다. 귀엽고 잘 만들어진 예쁜 송편을 비유한 "반달 같은 송편이다"라는 속담이 있을 정도로(송재선, 1998) 송편의 모양은 반달인 것이다. 시간이 흐르면서 본래의 전통문화는 점차로 변화되기도 하지만 전통문화 속에 담겨있는 본질적인 상징과 의미는 계속 오랜 시간 동안 전승된다고 할 수 있다. 물론 송편의 재료와 모양이 지역에 따라서 조금씩 다르게 나타나기도 한다. 예를 들어서 산악지역이 대부분인 강원도 지방의 송편은 멥쌀이나 올벼보다는 감자로 만들고, 모양 또한 반달이 아니다. 그러나 대부분의 농촌지역에서는 반달 모양의 송편을 만든다고 할 수 있다.

송편의 모양이 보름달 모양이 아니고 반달 모양인 것은 발전 지향적인 형태를 반영한다고 여겨진다. 한 예로 일연의 『삼국유사』 제1권 기이(紀異)편에 보면 둥근 달은 이미 다 차서 차차 기우는 것이고 초승달은 다 차지 않아서 차차 강성해 진다는 표현이 나온다.[30] 즉 보름달은 이미 다 차서 시간이 가면 조금씩 기우는 형태라면 반달은 아직 찰 부분이 남아 있어서 시간이 지날수록 더욱더 발전하는 모양으로 볼 수 있다. 따라서 전통적으로 달을 숭상하여 달에게 소원을 비는 민간신앙을 가지면서 반월(半月)을 채택한 것은 반달 모양의 달(月)이 일성(一盛)하므로 발전의 상징으로 본데서 온 것으로 볼 수 있는 것이다.

일반 민중들 사이에서 오늘날 송편을 먹으면서 왜 송편 모양이 반달 모양이고, 또한 반달의 상징적인 의미가 무엇인지를 아는 사람들은 별로 없는 것 같다. 그러나 송편을 비롯한 떡은 잔치나 행사 때 여전히 애용되기 때문에 이전의 전통이 끈끈하게 현대에도 전승되고 있는 셈이다. 특히 정초(正初)에 떡국을 먹어야 나이가 한 살 더 먹는다는 관념과 함께 추석 때는 송편을 먹어야 한다는 생각이 여전히 내재되어 있는 경우가 많다. 또한 송편은 반달 모양의 송편이면 더 없이 좋다는 생각이 지역에 따른 차이에도 불구하고 전국적인 공감대를 형성하고 있다. 그러므로 추석이 아닌 일상적인 생활에서 송편을 만들 때도 반드시 반달 모양의 송편을 만든다. 보름달 모양의 송편을 만들 수도 있고, 삼각형 혹은 네모난 송편을 만들 수도 있다. 그러나 민중들은 그러한 모양을 인정하지 않는다. 모양이 어떻든 재료만 같다면 일단 입에 들어가서 소화되기는 마찬가지인데 굳이 반달 모양의 송편을 오늘날에도 고집하는 것도 어쩌면 과거의 전통에 대한 강한 집착이며, 또한 과거와 현재를 연결시키는 문화적인 공감대를 형성하는 하나의 요소가 되는 것이다.

---

30) 일연의 『삼국유사』 제1권 기이(紀異)편 태종(太宗)·춘추공(春秋公)에 보면 "圓月輪者는 滿也니 滿則虧하고 如新月者는 未滿也니 未滿則漸盈이니다"라는 구절이 나온다. 즉 "둥 근 달이란 가득 찬 것이니 가득 차면 기우는 것이요, 초승달과 같다고 함은 가득 차지 않은 것이니 차지 않으면 점차 차게 되는 것입니다"라는 내용이다.

2.2. 심층문화인 세시풍속(歲時風俗)과 표층문화인 연중행사(年中行事)

문화를 전통문화와 대중문화로 구분할 수 있는 하나의 요소는 앞에서 잠시 논의한 바와 같이 하나는 생활의 지혜를 찾고 지키는 문화였고, 다른 하나는 변화해 가는 환경 속에서 생활의 편의를 추구하는 문화였다. 그런데 이 외에도 전통문화와 대중문화는 세시적(歲時的)인 관점에서 조금의 차이점을 가지고 있다. 좀더 본질적인 문제로 들어가 보면 전통문화와 연관되어 있는 세시풍속31)은 연중행사의 형태를 보여주는 대중문화와 비교해서 논의할 수 있는 것이다.

세시풍속은 매년 동일 형식의 관습적 의례가 반복되는 전승행사를 말한다. 즉 세시풍속은 한 해를 기준으로 일정한 시기에 관습적, 주기적, 전승적, 반복적, 의례적으로 거행되는 행동양식 또는 생활행위를 말한다. 그러나 세시풍속은 엄격한 의미에서 연중행사와 구분될 수 있다. 다시 말해서 연중행사는 세시풍속보다는 좀더 넓은 의미로 국가에서 지정한 국가 경축일이 포함되어 있는 경우가 대부분이다. 그러므로 세시풍속이 민중들에 의하여 민속적으로 전승되어진 전통적인 의례라면 연중행사는 대다수 민중들의 관습과는 무관하게 국가에서 일방적으로 지정한 현대적 국가 지정 공휴일(公休日)도 포함되는 넓은 의미로 해마다 되풀이되는 행사인 셈이다.

오늘날 우리가 답습하고 있는 국경일도 시간이 점차로 흐르게 되면 일종의 세시풍속이 될 수도 있다.32) 그러나 국경일은 국가에서 일방적이고

---

31) 전경수(2000 : 47~48)는 민속놀이 속에 세시성(歲時性)과 제의성(祭儀性)이 결여되면 민속의 본질이 약화되는 것이기 때문에 민중들의 진솔한 삶의 모습을 간과한 채 인위적인 연행(演行)을 주된 목적으로 해서는 안됨을 지적하고 있다. 따라서 전통적인 세시풍속은 민중들의 생활과 무관한 채 매년 반복적으로 행하여지는 것이 아닌 민중들의 적나라한 삶 그 자체를 담고 있는 전통문화인 것이다.

32) 세시풍속은 민중들의 생업활동과 밀접하게 연관되어 있다. 특히 농업을 중시하던 전통

인위적으로 정해서 일반 민중들이 실행해야 하는 소위 "표층문화(表層文化)" 혹은 "상층문화(上層文化)"에 속하는 것이며, 전통적으로 전승되는 세시풍속은 일반 민중들이 자연과 생업환경의 자연스러운 섭리에 의하여 선조(先祖) 때부터 후손으로 전승되어 오면서 면면히 그 명맥을 유지해 오고 있는 것으로 소위 "심층문화(深層文化)" 혹은 "기층문화(基層文化)"라고 할 수 있다. 따라서 세시풍속은 민중들의 생활방식과 생활철학을 고스란히 간직하고 있는 셈이다. 세시풍속 속에 숨어있는 이러한 전통적인 생활문화를 찾아내어서 현대에 맞게 대중화시키는 것도 전통문화의 대중화로 큰 의미가 있다.

전통문화의 한 영역인 세시풍속이 오늘날 다시 대중화될 수 있는 것 중의 하나로 백중를 들 수 있겠다. 민속학에서는 백중을 백종(百種), 중원(中元), 백종(白踵 혹은 호미씻이(洗鋤宴)), 망혼일(亡魂日), 백중(百中, 제주도의 목동의 이름) 등으로 부르고 있을 만큼 전국적으로 백중과 관련된 내용이 많은 편이다. 그런데 이러한 내용보다는 백중과 관련된 음식을 중심으로 세시풍속의 대중화에 대하여 살펴보기로 하겠다.

백중은 음력으로 7월 15일에 해당한다. 이 때는 일단 더위가 물러갔지만 늦더위가 조금 기승을 부리는 시기이기도 하다. 가령 『농가월령가』의 7월령에 보면 "칠월이라 맹추(孟秋)되니 입추(立秋), 처서(處署) 절기로다"와 "늦더위 있다 한들 절서(節序)야 속일소냐"라는 구절이 나오는 것을 보아도 7월은 가을의 시작이요 또한 더위가 물러가는 계절이지만 여전히 늦더

<hr>

적인 한국사회에서 세시풍속은 농업이 진행되는 자연적인 주기와 조화를 이루면서 발전하였다. 그러나 농촌이 점차로 도시화되고, 이농현상이 증가하게 되면서 전통적인 세시풍속도 자연적인 시간의 변화와는 상관없는 산업사회의 구조에 지대한 영향을 받게 된 것도 사실이다. 다시 말해서 도시 사람들은 양력에 근거한 일주일의 주기에 맞추어서 생활함으로써, 음력에 기초를 둔 세시풍속은 본래의 의미를 조금씩 잃어가고 있는 실정이다(임재해, 1994 : 165).

위가 남아 있음을 알 수 있다. 7월의 백중은 5월의 단오(端午), 6월의 소서 (小暑), 대서(大暑), 초복(初伏), 중복(中伏), 말복(末伏)이 지난 후 찾아오는 늦 더위의 계절인 것이다.

따라서 늦더위가 남아있는 계절인 백중 때의 시절 음식은 주로 몸을 보 양하는 음식이 많다. 예를 들어서 백중이 되면 경상도 지방에서는 백가지 (百種) 나물을 해 먹는다고 하는데, 본래의 의미는 백가지나 되는 나물을 장만할 수 없으므로 동음이의어(同音異義語)의 원리를 이용하여 가지(茄子) 의 껍질을 곱게 벗겨서 희게 만든 백가지(白茄子) 나물을 만들어 먹는다. 한편 백중 때 전라도 지방에서는 소라와 다슬기가 제철이므로 시식(時食) 으로 먹기도 한다(김영진, 2001). 이 외의 백중음식은 대개 늦더위에 잘 견 딜 수 있고, 기를 돋울 수 있는 보양음식이 많은 것이 특징이다.

그런데 이렇게 계절에 맞는 보양음식을 해먹는 다는 것이 그렇게 간편 한 것은 아니었던 것 같다. 예를 들어서 오늘날과 같이 먹거리가 다양하 고 풍부하지 못해서 우리 조상들은 논이나 밭에서 얻어지는 곡식 외에도 여러 가지 방법으로 주위에 있는 자연으로부터 몸에 필요한 영양분을 섭 취하였다. 그러나 가능하면 자연과 조화를 이루면서 자신들 또한 자연의 한 부분으로 생각하여 일부만을 구하고 나머지는 다음에 혹은 후손들을 위하여 남겨두는 오늘날의 "냉장고 원리"에 입각하여 자연 속에서 음식의 재료를 구하였다. 이러한 원리가 백중에 행하여졌던 천렵(川獵)이라는 풍속 이다.

천렵(川獵)은 수렵(狩獵)과 마찬가지로 자연 속의 조화로운 질서를 유지하 면서 적절한 영양을 섭취하기 위한 지혜로운 일상적인 생활의 한 방편이 었다. 다시 말해서 한 편으로는 여름날 쉽게 부족해지는 영양분을 보충해 주고, 또 다른 한 편으로는 일정 양의 물고기를 잡아서 자연생태의 균형을 적절히 유지시키기도 하였던 것이다. 이러한 전통은 많이 약화되기도 하였지만 지금도 일부 지역에서 남아 전해 내려온다. 가령 무주의 전통향토 음식인 어죽은 민물고기에다 쌀을 곁들인 백중날의 특별음식이다.

오늘날 전국의 하천과 강 그리고 바다에서 행하여지는 낚시는 자연과 인간의 조화를 무시한 채 고기의 씨를 말리기도 한다. 이러한 것을 경계하듯 한국인의 속담 속에는 "그물코가 촘촘하면 고기 씨를 말린다"라는 속담이 있기도 하다(송재선, 1995). 이러한 속담과 잘 어울리게 백중 때의 천렵(川獵)이라는 풍속도 자연과의 조화를 잘 반영해 준다. 더욱이 백중은 호미씻이(洗鋤宴)라고 해서 일년 중에서 농사일의 힘든 부분이 거의 끝나는 시점이라서 시간적인 여유도 가질 수 있어서 힘든 농사일을 잊고 고기 낚시를 한 것이다. 물론 잡은 고기는 늦더위를 이기기 위한 보양 음식이 되기도 했으니 하나로 몇 가지의 기능을 한 셈이다. 자연과 인간의 조화는 너무 극단적이거나 지나쳐서는 안 되는데, 이러한 원리는 주어진 환경과 생업활동과도 적절한 조화를 이루어야 하는 것이다. 한 여름에 늘어난 고기를 백중 때 적당히 잡아줌으로써 오히려 생태계의 균형을 유지시켜 준다. 그리고 바쁜 농사일이 대충 끝난 후이기 때문에 한가롭게 강이나 하천에서 남의 눈을 의식하지 않고 자유롭게 천렵(川獵)하는 풍경이 더욱더 가치를 발하게 되는 것이다.

3 축제를 통한 대중문화와 전통문화의 만남과 소통

축제는 엄숙한 제의적(祭儀的)인 요소와 신바람 나고, 흥이 나는 놀이적 혹은 유희적인 요소가 적절하게 조화를 이룬 공동체 문화이다. 그러므로 축제는 그 단위가 국가이건, 지역이건 혹은 마을이건 가장 단편적으로 특정한 문화를 나타내는 문화현상이며 민속의 현장(박환영, 2003a)인 것이다. 시대가 바뀌고 농촌이 점차로 도시화되면서 기존에 유지되었던 축제의 모습도 많이 변해가고 있는 것도 사실이다. 이러한 변화는 전통적인 민속축제에서도 예외가 아니지만, 대부분은 전통에서 크게 벗어나지 않는 범위 내에서 이루어지는 경우가 많다. 이렇게 전통축제 속에 대중문화가 함께 어우러져 있는가 하면, 반대로 현대의 관광축제 혹은 산업축제 속에 전통적인 요소가 잘 조화를 이루고 있는 경우도 많다. 다시 말해서 그것이 전통적인 민속축제이던 아니면 현대적인 관광 혹은 산업축제이던지 간에 축제를 통해서 대중문화와 전통문화가 만나고, 서로 소통하고 있는 것이다.

먼저 전통축제 속에 대중문화가 적절하게 유입된 사례를 살펴보기로 하겠다. 전통축제를 들여다보면 제의적인 요소가 많이 강조되어 있는 경

▼서울의 중심 강남구 논현동 학동공원에서 벌어진 논현골축제.

우가 많은데, 이러한 제의(祭儀) 과정은 축제의 여러 분야 중에서도 전통의
계승이라는 측면에서 가장 보수적인 부분이라고 할 수 있다. 그런데 최근
에는 이러한 전통축제의 제의 속에 대중문화적인 요소가 자주 가미(加味)
되기도 한다. 예를 들어서 대다수 한국인에게 많은 어려움을 주었던 1998
년 국내 경제위기 때에는 IMF와 관련된 내용이 등장하기도 해서 1998년
강릉단오굿의 세존굿과 심청굿 일부에 나타나기도 했으며, 최근에 동해안
의 젊은 무당들은 굿판에서 흥을 돋우기 위하여 일부 대중가요를 삽입하
기도 한다(윤동환, 2003). 현실과 부합되지 않는 전통은 그 만큼 민중들에게
호소력을 가지지 못하기 마련이다. 너무 현실성만을 강조한 전통축제도
문제가 되겠지만, 현실을 무시한 채 전통만 고집하는 전통축제도 문제가
될 수 있는 것이다.

　다음으로 살펴볼 것은 대중문화 속에 전통문화가 들어가 있는 경우이

▼청도 소싸움축제.

다. 소위 현대축제라고 일컫는 축제 속에는 지역의 자연지리와 특산물을 이용한 관광 혹은 산업축제가 있는가 하면 경기 지역에서 생산되던 도자기를 소재로 한 도자기축제(이천, 여주 그리고 광주)를 비롯해서 청도소싸움축제와 같은 민속놀이인 투우를 현대적으로 계승한 관광축제도 있다. 이러한 축제를 구체적으로 열거하면서 대중문화와 전통문화가 어떻게 조화를 이루고 있는지 살펴보면 다음과 같다.

강원도 평창군의 대관령 눈꽃축제는 대표적인 겨울 관광축제이다. 따라서 축제의 주요 내용은 눈꽃여왕선발대회, 어린이 눈썰매대회, 눈사람 만들기 대회 등 대부분 현대적인 대중문화를 잘 반영해 준다. 그러나 대관령 눈꽃축제에는 또한 황병산 사냥놀이와 발구퍼레이드와 같은 전통적인 지역의 생활문화를 소개하는 내용도 들어 있어서 축제의 가치를 더하고 있다. 다시 말해서 황병산 사냥놀이가 평창군의 횡계리 사람들의 사냥문화를 재현한 것이라면, 발구퍼레이드는 전통적인 강원도 산간 지역에서 많이 사용되었던 발구를 축제의 참가자들이 직접 타 볼 수 있게 만들어서 지역의 전통문화를 느낄 수 있는 기회로 삼고 있다.

또한 청도소싸움축제에서도 농우(農牛)의 역할이 중요했던 전통적인 농경문화를 체험할 수 있는 내용이 들어 있다. 예를 들어서 소 여물먹이기, 소 달구지 타기 등이 있고, 전통적인 초가집을 재현하고 새끼꼬기를 시연해 보이기도 한다. 또한 여주도자기박람회에서는 전통제례인 고신제와 도공제향을 올리고, 광주왕실도자기축제에서는 전통다례법이 선보이고, 민속놀이인 사기마 감투놀이가 재현되기도 한다(박환영, 2002). 한편 이천도자기축제, 광주왕실도자기축제 그리고 여주도자기박람회에는 모두 현대적인 전시장과 잘 조화를 이루는 전통적인 도자 서낭당(陶磁城隍堂)을 볼 수 있다. 이것은 "물과 불 그리고 정성으로 빚어내는 흙의 축제"라는 경기지역(이천, 여주 그리고 광주)의 도자기축제인 2003년 제2회 세계도자비엔날레의 성격 속에도 잘 묘사되어 있다. 즉 도자기는 단지 인간이 만든 도구가 아니라 자연(불, 물, 그리고 흙)이 도공(陶工)의 온갖 정성을 통하여 도공(陶工)의 혼과 조화를 이루어 만들어진 것이다. 그러므로 완성된 도자기 속에는 도공(陶工)의 생명력을 느낄 수 있는 것이다. 도자기가 현대에도 각광을 받는 것은 아마도 이러한 자연과 인간의 화합과 조화를 통하여 만들어졌기 때문일 것이다. 축제를 찾는 참석자들은 도자 서낭당(陶磁城隍堂)을 보면서 이러한 도자기와 관련된 전통문화를 조금은 느낄 수 있는 것이다.

4 나오기

다양한 문화는 잘 느낄 수는 없지만 문화는 우리의 주변에 항상 존재한다. 이러한 문화 속에서 대중문화와 전통문화는 피상적으로는 다소 거리가 있어 보이지만 실질적으로는 상당부분 밀접하게 연관되어 있기도 하다. 문화를 보는 입장이 다르고 또한 그것을 분석하는 방법이나 측면이 학문 분야에 따라서 조금씩 달라질 수도 있지만 전통문화와 대중문화가 만나고 소통하는 문화적인 현상과 민속의 현장을 민속학적인 시각으로 바라보았다.

이러한 고찰을 위하여 크게 두 가지 입장에서 전통문화와 대중문화의 차이점 및 연관성을 살펴보았는데, 하나는 전통적인 세시풍속과 오늘날 유행하는 대중문화와의 비교이고, 또 다른 하나는 다양한 축제 속에 보여지는 전통문화와 대중문화의 만남과 소통을 몇 가지 사례를 통하여 살펴보았다. 전통문화와 대중문화는 삶의 지혜와 생활의 편의라는 측면으로 구분되기도 하고, 마치 오랜 시간동안 마르지 않는 지하수(地下水)와 순식간에 메말라 버리는 지표수(地表水)의 관계로 설명되기도 한다. 그러나 대중을 움직이는 대중문화는 비록 그것이 한 때의 유행으로 끝날지라도 그 속에는 전통이 내포되어 있는 경우가 많다. 같은 방식으로 과거로부터 면면히 전승되어 오는 전통문화도 오늘날 문화를 주도하고 있는 민중을 떠나서는 생명력이 없기 때문에 현실과 거리를 가지기보다는 적절한 조화가 요구되는 것이다.

"문화의 시대"라는 말에 걸맞게 오늘날 가지각색의 문화가 전승되거나, 새롭게 생겨나거나 혹은 약화되거나 없어지고 있다. 결국 문화가 중요시되는 시대라고는 하지만 민중들의 관심을 끌지 못하면 없어지고 마는 냉혹한"문화의 경쟁시대"이기도 하다. 전통문화와 대중문화가 함께 생명력과 지속력을 가지기 위해서는 상호 간의 약점을 잘 보완해주어야 한다. 즉 대중문화의 경우는 전통과의 연계성이 약하기 쉽고, 전통문화는 현실과의 연계성을 소홀히 하기 쉽다. 두 문화가 상생(相生)하기 위해서는 대중문화 속에서 내재되어 있는 전통적인 요소를 찾고자 하는 노력이 필요하며, 아울러 전통문화를 통하여 얻을 수 있는 민중들의 오래된 삶의 철학을 현재에 맞게 알리고 대중화하는 데에도 힘을 쏟아야 하겠다.

▼ 매주를 잘 만들면 예쁜 딸을 낳는다는데…. 세계적으로 인정받은 음식문화에 대한 우리조상들의 지혜는 민속을 통하여 오늘날에도 느낄 수 있다.

제6장

도시생활과 세시풍속

1 들어가기

세시풍속은 반복적으로 행하여지는 관습적인 의례이다. 특히 일상적인 생업환경과 밀접한 연관성을 가지고 있다. 특히 생업은 먹고 사는 일상적인 현실의 문제인데 사회의 구성원들은 이러한 생업을 효율적으로 영위하기 위하여 주어진 자연환경과 계절의 변화를 잘 활용해야하며 또한 현명하게 대처할 필요가 있는 것이다. 또한 세시풍속은 전통적으로 내려오는 시간과 관련된 민속이다. 즉 시간을 어떻게 구분하고 각 시간 속에 나타나는 풍토와 기후를 기초로 하는 자연환경, 생업활동, 주술의례, 음식, 생활의 지혜 등을 모두 포함하는 민속문화인 셈이다. 이러한 전통적인 세시풍속은 산업화와 도시화로 인하여 이전에 비하여 많이 약화된 것도 사실이다. 그러나 여전히 유지되거나 전승되고 있는 세시풍속도 있으며, 도시라는 공간에 맞게 조금씩 변용된 것도 있다.

이 글에서는 우선 세시풍속과 연중행사의 차이점을 점검한 후 어떠한 세시풍속이 현대의 도시 속에서 면면히 전승되고 있는지 살펴보고, 다음에는 현대에 맞게 일부 변용된 세시풍속을 통하여 시간과 공간의 변화에 의하여 변하는 요소와 그래도 변하지 않는 요소를 살펴보고자 한다. 아마도 이러한 고찰을 통하여 세시풍속이 도시 속에서 어떠한 의미를 가지고 있으며 또한 어떻게 기능하는지를 이해할 수 있을 것이다.

2 세시풍속과 연중행사

오랜 시간을 통하여 민중들의 공감대를 형성해 온 민속적으로 전승된 행사를 세시풍속이라고 한다면 현대사회에서 매년 반복되는 행사인 연중행사(年中行事)와 구분이 모호해지기도 하다. 그러나 연중행사는 공시적인 측면에서 일정기간 동안에는 지속될 수는 있겠지만 통시적인 입장에서 보면 과거에도 현재와 같은 지속력을 가졌는지는 알 수 없다. 이에 반하여 세시풍속은 과거에서 오늘에 이르기 까지 통시적으로 전승력을 가진 전통문화요, 행사인 것이다.

한편 세시풍속은 국경일과 같은 연중행사와 구별되는데 이것은 국경일이 이른바 중앙 정부에서 일방적으로 정하여 일반 민중들에게 실행하도록 강요하는 경우가 많기 때문에 대다수 민중들의 공감대를 형성하지는 못하는 경우가 많다. 다시 말해서 세시풍속은 일반 민중들 사이에서 자생적으로 생겨난 생활문화의 일부이기 때문에 오랜 시간을 통하여 세련된 전통문화이다. 즉 세시풍속은 풀뿌리 민중들이 자연의 섭리와 생태환경에 맞는 시간의 구분이기 때문에 생업활동과 밀접한 관계가 있다.

또한 세시풍속은 상업화와 대중문화에 편승하여 주기적으로 반복되는 현대의 다양한 행사 혹은 이벤트와도 구별된다. 특히 발렌타인데이(2월 14일)와 화이트데이(3월 14일)로 대표되는 "○○데이(day)"가 붙는 일종의 기념일은 국경일과는 또 다른 형태이지만 부분적으로는 대중적인 성격을 띤 현대판 연중행사이기 때문에 세시풍속과 비교해서 구분해야 할 필요성이 있다. 피상적으로 보면 이러한 행사 날에 전달되는 물건이 주요하게 다루어질 수 있을 것 같다. 발렌타인데이 때에는 초콜릿을 그리고 화이트데이 때에는 사탕을 주고받는다. 또한 2월 14일에는 여자가 남자에게 선물을 한다면 3월 14일에는 남자가 여자에게 선물을 주게 된다. 왜 그러한 선물을 주고 받아야하며, 왜 반드시 발렌타인데이 때에 여자가 남자에게 선물을 해야하는가? 등에 관한 사회구성원 전체의 공감대를 형성하기는 어려운 편이다. 남이 하니까 나도 그렇게 해야 하는 일시적으로 만연하는 일종의 유행으로도 볼 수 있다. 따라서 좀 더 나이가 든 세대에게 이러한 연중행사가 얼마나 소중한 것인지도 의문이다. 그럼에도 불구하고 이러한 종류의 대중적인 현대판 연중행사가 세월이 흐르고 좀 더 많은 대중들의 공감대를 형성하게 되면 세시풍속이 또한 될 수도 있는 것이다.

한편 대중적인 현대판 연중행사와 구별해서 세시풍속 속에는 오랜 시간동안 축적된 끈끈한 민중들의 삶이 들어있다. 예를 들어서 설날이나 추석과 같은 대표적인 명절하면 흔히 그 속에는 민속문화가 담겨있고 또한 명절음식과 같은 대표적인 먹거리도 함께 떠오른다. 그리고 사회구성원들 사이에서 널리 받아들여진 민속놀이, 의례, 복식, 사회조직 등 다양한 민속이 모두 포함된 총체적인 전승적 행사일 뿐만 아니라 사회의 전체 구성원들이 대부분 공감하는 습관인 셈이다. 여기에 비하여 대중적이고 상업적인 현대판 연중행사는 비록 매년 반복되기는 하지만 세시풍속과 같은 다양하면서도 복합적인 내용보다는 단순하고 일부 계층만이 향유하는 특성을 가진 일시적인 행사로서의 성격이 강한 편이다.

덧붙여서 도시라는 공간은 이전에 시골의 생업현장에서 행하여지던 세시풍속을 그대로 전승하지는 못한다. 그러나 세시풍속이 가지는 핵심적인 내용은 도시 공간 속이라도 여전히 지속되는 경우도 많다. 예를 들어서 도시의 재래시장이나 상설 할인점에서도 설날이나 추석 때가 되면 차례상을 차리기 위하여 많은 사람들로 붐빈다. 그리고 정월대보름날이 되면 부럼 깨물기를 위하여 밤, 호두, 잣, 땅콩 등이 불티나게 팔리기도 한다. 결국 도시의 세시풍속은 농촌이나 어촌지방에서와 같이 풍년이나 풍어를 기원하지는 않지만 도시생활 속에서도 개인과 가족 혹은 구성원들의 무탈과 행복을 반영한다고도 할 수 있다.

특히 세시풍속은 전통적인 한국 사회에서 가장 근본이 되었던 조상숭배를 여전히 간직하고 있기도 하다. 설날과 추석 때의 차례(茶禮)와 한식(寒食) 때의 성묘(省墓), 백중날에 조상을 천도(薦度)하는 풍속 등은 시대가 변하고 과학적 지식과 합리적인 사고가 팽배해지고 있는 현대사회와 도시생활 속에서도 여전히 행하여지고 있다. 따라서 매년 반복되는 점에서는 세시풍속과 국경일을 비록해서 대중적인 현대판 연중행사는 유사해보기도 하지만 세시풍속 속에는 시간과, 장소 그리고 세대를 초월한 한 민족의 전통문화가 스며들어 있는 것이다.

3 도시 속의 세시풍속

도시라는 공간은 우선 생업활동의 영역을 땅에서 건물로 그리고 컴퓨터로 바꾸어 놓았다. 또한 농촌의 급속한 도시화로 인하여 점차로 농업을 기초로 하는 생업활동 인구도 줄어들고 있는 실정이다. 그럼에도 불구하고 여전히 도시인들은 양력과 음력이 병기된 달력을 보고 있으며, 24절기가 자주 언급되는 환경 속에서 생활하고 있다. 예를 들어서 라디오나 텔레비전 그리고 신문 등에서 날씨와 관련해서 24절기가 흔히 인용되기도 한다. 봄, 여름, 가을, 겨울과 같이 시간을 네 등분하고 다시 1월부터 12월까지 열 두등분하는 것에 만족하지 않고 전통적으로 사용해왔던 시간의 24등분인 24절기가 여전히 사용되고 있는 셈이다. 오늘날 도시 속에서 여전히 영향력을 가지고 있는 대표적인 세시풍속 몇 가지를 들어보면 다음과 같다.

▲ 전통적인 한옥에서 문은 복이 들어오는 길목이다.

첫째로 무더위를 이야기하면서 7월의 무더위 혹은 8월의 혹한으로 묘사하기 보다는 대서(大暑) 다운 무더위 혹은 좀 더 나아가서는 삼복(三伏) 더위로 표현한다. 추위를 나타낼 때도 11월 혹은 12월 추위라고 말하기 보다는 소한(小寒) 추위니 대한(大寒) 추위라고 해야 왠지 실감이 난다. 심지어는 복날이 되면 도시의 보양음식점은 문 앞에 크게 초복이니, 중복이니, 말복이니 하면서 글씨를 크게 써서 붙여놓는다. 자의든 타의든 복날은 널리 알려진 덕분으로 복날이 되면 도시의 보양음식점은 밀려드는 손님으로 빈자리를 찾아보기가 힘든 것이 사실이다. 이렇게 한 낮 보잘 것 없는 전통으로 여겨졌던 세시음식이 최첨단 과학기술과 물질문명으로 무장한 도시 속에서 여전히 가치를 발휘하는 이유는 무엇일까?

둘째로 고속도로가 건설되고, 교통수단이 발달하면서 전국이 하루 생활권이 된지 오래이며 왠만 한 곳은 출퇴근이 가능할 정도이다. 그럼에도 불구하고 매년 설날 혹은 추석 때가 되면 열차표를 예매하기 위해서 이른 새벽에 인터넷을 연결해야 하며 그것도 몇 분이 지나면 표가 모두 매진되기도 한다. 평상시에는 그렇게도 쉽게 갈 수가 있었던 지방이 이때가 되면 한 걸음도 더디게 보일 정도로 고속도로는 주차장을 연상할 정도로 긴 차의 행렬로 가득 메워진다. 각종 매스컴은 특집을 다루고, 백화점과 상점 등은 특수를 누리게 된다. 물론 국가지정 공휴일이기 때문에 더욱더 많은 사람들이 이러한 세시적인 행사에 참여할 수 있기도 하지만 민중들의 가슴 속 깊이 새겨진 전통으로 말미암아서 공휴일이 된 것이지 공휴일이 되어서 민중들에게 영향력을 주는 것은 아닌 것이다. 이전에는(1970년대) 양력 설날을 신정(新正)이라고 해서 국가지정 공휴일로 정하고 음력 설날인 민속설날은 구정(舊正)이라고 해서 아예 과거의 구태의연한 풍속으로 취급해버린 적도 있었다. 그럼에도 불구하고 대다수 많은 민중들은 음력 설날을 여전히 민속설날로 취급하였고, 점차로 국가에서도 이러한 전통을 무시할 수가 없었던 것이다. 지금은 신정(新正)과 구정(舊正)이 모두 다 국가지정 공휴일이긴 하지만 여전히 민속설날을 쇠는 사람들이 많은 것이 사실이다. 또한 신정을 쇠는 사람들도 본래 설날이 가졌던 친척들과의 만남, 세배, 세배 돈, 덕담, 떡국 그리고 차례 제사 등의 풍속은 여전히 행하고 있는 경우가 많기 때문에 시간의 차이가 조금 생겼을 뿐이지 설날이 가졌던 본래의 모습은 거의 유지되고 있는 셈이다. 그렇기 때문에 설날이나 추석을 보내기 위하여 선물을 준비하고 옷을 곱게 차려입고, 가족들과 부푼 가슴을 안고 고향으로 향하는 도시에서 생활하는 수많은 사람들의 이동으로 도시는 한산하게 되고 시골로 향하는 역, 터미널, 고속도로, 공항은 사람들로 인산인해를 이루게 된다. 자본주의 논리와 개인주의에 입각한 사고로 인하여 인정이 점차로 메말라 가고 있는 삭막한 도시 속에서 생활하는 도시인들이 평소보다는 몇 배나 되는 시간을 투자해서 그리고는 아주 열악한 환경을 무릅쓰고라도 환한 웃음을 머금고 더디고 더딘 고향 길을 마다하지 않고 가는 이유는 무엇일까?

셋째로 설날과 추석에 비하여 현대의 도시 속에서는 다소 그 의미가 약화된 듯도 하지만 여전히 일부 영역에서는 전승되고 있는 명절로 정월대보름, 한식, 단오, 유두, 칠석, 백중, 상달, 동지 등을 들 수 있을 것 같다. 정월대보름날에는 부럼 깨물기의 풍속이 여전히 도시 속에서 남이 있어서 시장과 백화점에는 밤, 호두, 잣, 땅콩 등이 많이 팔리기도 하며, 오곡밥과 약밥을 만들어 먹는 사람들도 많은 편이다. 한식의 경우 동지로부터 105일째 되는 날인데 성묘를 가는 사람들로 인하여 도시 주변의 묘지는 사람들로 혼잡하게 되고 시골의 선산(先山)이나 조상의 묘를 찾는 사람들로 고속도로도 교통정체가 나타나기도 한다. 단오는 단오부채라든지 창포물로 머리 감기, 씨름과 그네뛰기와 널뛰기를 통한 체력단련 등 실제로 행하지는 않지만 매스컴에서 자주 보도되는 편이며 다양한 내용이 풍부하게 들어있는 대표적인 세시풍속이다. 유두는 참외와 수박 등과 같은 햇과일을 조상에게 올리는 유두천신(流頭薦新)으로, 칠석은 견우와 직녀의 이야기로도 잘 알려져 있다. 백중은 도교에서 중원(中元)으로 불교에서는 우란분회를 열어서 재를 올리기도 하며, 부모를 천도(薦度)하는 망혼일로 그리고 농가에서는 호미씻이로 잘 알려진 명절인데 지금은 불교에서 행하는 죽은 부모 혹은 조상을 천도하는 백중기도가 남아있고, 대서(大暑)와 삼복(三伏)이 지난 후 여전히 기승을 부리는 더위를 이겨내기 위하여 천렵을 해서 보양음식으로 어죽을 먹는 풍속이 일부지방(전라북도)에서 전해져 오기도 한다. 상달은 도교에서 하원(下元)으로 일컬어지는 주요한 명절인데 이때를 전후해서 시제(時祭)가 행하여진다.

도시 속에서 여전히 영향력을 가지고 있는 세시풍속 중에서 세 번째의 경우는 첫 번째와 두 번째에 비하여 밖으로 크게 드러나 보이지는 않는다. 그러나 여전히 도시 속에서 명맥을 유지하고 있으며, 앞으로 좀 더 많은 사람들로부터 호응을 받을 수 있는 잠재력을 충분히 가지고 있다. 특히 각 지방자치단체별로 지역의 향토문화와 전통을 발굴하여 현대에 맞게 전승하여 하나의 관광상품으로 개발하려는 움직임이 많아지고 있는데 이러한 세시를 적극적으로 활용할 가치가 충분히 있는 것이다. 특히 세시 속에는 민속음식, 민속의례, 민속놀이 등 다양한 전통문화가 녹아있으며, 매년 반복적으로 절기에 맞추어 행하여지기 때문에 많은 사람들의 참여를 유도할 수 있는 것이다.

이상에서 간략하게 살펴본 바와 같이 도시의 생활 속에서 세시풍속은 여전히 전승되고 있으며 특히 세시음식(혹은 보양음식), 한 해를 시작할 때 혹은 추수를 하여 조상에게 햇곡식과 햇과일을 천신(薦新)하는 세시의례, 그리고 춘하추동 각 계절별로 나름대로 의미를 가지고 있는 명절 등이 특히 중요하게 다루어지고 있다.

4 현대의 도시생활 속의 세시풍속이 가지는 의미와 기능

도시생활은 겉으로 보기에는 전통과는 무관한 듯 보인다. 그러나 자세히 들여다보면 아주 세세한 부분에 까지 전통문화의 냄새를 은근히 풍기는 것도 사실이다. 도시생활 속의 세시풍속을 좀 더 심도있게 다루어 보기 위하여 보양음식을 기초로 한 세시음식, 설날과 추석과 같은 큰 명절, 그리고 정월의 대보름에서부터 11월 동지까지 작은 명절 등이 가지는 의미와 기능에 대하여 살펴보고자 한다.

도시라는 공간은 현대화, 첨단화 그리고 과학화에 입각한 편리함과 신속함을 제공해 준다. 이전에는 정해진 계절에만 맛볼 수 있었던 과일이 대형마트를 통하여 사시사철 맛볼 수 있으며 각 지역의 특산물도 손쉽게 구매할 수 있게 되었다. 인스턴트식품이 우리의 식단을 점거하면서 음식을 만드는 시간은 절약이 되었지만 건강에는 악영향을 미치는 결과를 초래한 것도 사실이다. 사실 세시음식은 일종의 "균형적인" 음식이었던 사실을 한번쯤 생각해볼 필요가 있다. 먹을 것이 풍부하지 못했던 때에 계절의 변화에 적극적으로 적응하는 것의 한 방법은 영양가 있는 음식을 제때에 섭취하는 것이었다. 아마도 이러한 사실은 세시음식이 도시생활 속에서도 여전히 중요하게 취급되고 있는지에 대한 물음에 부분적이지만 대답을 줄 수 있다. 복날에 보양음식으로 보신탕이나 삼계탕을 먹는 것은 이전에 비하여 현대의 도시인들에게는 그렇게 필수불가결한 요소가 될 수 없을 수도 있다. 왜냐하면 먹거리가 풍부한 요즘 조금만 신경을 쓰면 평소에도 충분한 영양을 보충할 수 있기 때문이다. 문제는 너무나도 많은 먹거리 문화가 발달하다보니 오히려 "균형적인" 영향을 섭취할 수 없는 지경까지 이른 것이다. 이전에는 먹거리가 풍부하지 못해서 균형적인 영향을 섭취하지 못했다면 오늘날 도시에서는 너무나도 많은 먹거리 때문에 균형적인 영향을 섭취하지 못하는 경우가 많은 것이다. 또한 예나 지금이나 더위를 극복하려는 노력은 그것이 이전에는 탁족(濯足)을 하거나 하루를 청유(淸遊)하였고 부채 바람과 죽부인으로 더위를 쫓거나, 오늘날에는 해수욕장이나 깊은 산의 계곡을 찾을 찾아서 피서를 가거나 에어컨과 선풍기 바람으로 더위를 식히는 것에서 볼 수 있는 바와 같이 형태는 조금씩 달라도 여전히 지속되고 있음을 알 수 있다.

더위를 극복하려는 이러한 노력은 일종의 세시음식인 보양음식에서도 그대로 나타나는 것이다. 꼭 보양음식을 먹어야하는가 하는 것은 그렇게 중요하지는 않은 것 같다. 다만 한 해 동안에 가장 무더운 복날이 되면 더위를 슬기롭게 극복하기 위해서 무엇인가 노력을 해야 한다는 사실이다. 그것이 보양음식이던, 마음의 여유이던, 장소와 환경의 변화이던 간에 예나 지금이나 무더위를 이겨내려는 민중들의 노력은 그대로 전승되고 있는 셈이다. 특히 냉방시설이 잘 구비된 공간 속에서만 생활하는 도시의 생활은 어떻게 보면 이전에 비하여 더위에 더 약해질 수밖에 없을 수도 있다. 따라서 오히려 이전에 비하여 더위를 먹는 사람들이 늘어날 수도 있으며 더위 때문에 무기력을 느끼는 사람들이 더 많을 수도 있는 것이다. 차라리 냉방장치와 같이 보양음식도 캡슐이나 간편한 인스턴트 음식으로 대용될 수는 없는 것일까? 매년 복날이 되면 반복되는 보양음식점 마다 길게 줄을 서서 기다리는 번거로움을 최첨단 과학기술로 만든 캡슐 한 알로 대용할 수는 없는 것일까? 아마도 복날에 먹는 보양음식이 다른 때에 먹는 보양음식보다 더 가치가 있듯이 길게 줄을 서서 기다린 후에 (기다린다고 땀을 흘리고) 뜨거운 보양음식을 먹는다고 땀을 흘리고 나면 이열치열의 효과가 극대화 될 수도 있기 때문에 더 효과적일 수도 있다. 즉 땀을 흘리지도 않고 캡슐 하나만 꿀꺽 삼키는 것과는 비교가 되지 않는 것은 당연한 것이다.

도시생활을 하는 많은 도시인들은 삼복더위가 맹위를 떨치게 되면 너나 할 것 없이 보양음식을 먹기 위해서 적극적이다 못해서 지나친 열풍에 휘말리게 되는 경우가 많으며, 또한 설날과 추석 때가 되면 고향을 가기 위하여 때 아닌 홍역을 치루어야 하는 실정이다. 세시음식이 "균형적인" 음식이었다면 설날과 추석과 같은 세시명절은 일종의 "중간적인" 시간이었던 셈이다. 다시 말해서 설날은 한 해가 가고 다시 한 해가 시작되는 시간의 "중간"에서 완전하게 한 해가 지나간 것도 아니고, 또한 완전하게 새로운 한 해가 시작된 것도 아닌 중간에서 끝과 시작을 부드럽게 이어주는 역할을 하였던 것이다. 이러한 개념은 반게넵(Van Gennep)이 제창한 통과의례(rites of passage)의 주요한 세 과정 중에서 전이단계(transitional stage) 혹은 중간적인 단계 (liminal stage)에 속한다고 할 수 있다. 반게넵에 의하면 하나의 단계에서 그 다음의 단계로 이동하기 위해서는 분리(separation), 전이(transition), 재통합(reincorporation)의 세 단계를 거치게 된다고 주장한다. 따라서 설날 때 설빔을 차려입고 고향을 방문하거나 가까운 친척을 방문하여 세배를 하고 덕담을 나누는 것은 일상적인 생활에서 "분리"하는 것이고 이러한 시간적 구분은 묵은 해와 새 해의 "중간"에 위치하여 두 개의 시간을 효과적으로 연결시켜 준다는 의미에서 "전이" 단계로 볼 수 있으며 고향방문과 친척 방문을 마치고 다시 일상으로 돌아오면서 새해에 들었던 덕담을 되새기면서 새로운 한 해를 희망을 가지고 활기차게 시작한다는 의미에서 "재통합" 단계로 이해할 수 있는 것이다. 추석의 경우도 한 해의 농사가 끝나가는 시점에 있기 때문에 농사의 끝과 새로운 시작을 연결시켜준다는 의미에서 "중간적인" 시간으로 볼 수 있다.

복날의 세시음식이나 설날과 추석에 비하여 다소 두드러지지는 않지만 여전히 도시생활 속에서 전승되고 있는 작은 명절로는 정월대보름, 한식, 단오, 유두, 칠석, 백중, 상달, 동지 등이 있다. 이 중에서 동지만이 24절기에 해당되며 나머지는 전통적인 세시 명절이다. 하루가 바쁘게 생활하는 도시인들에게 이러한 명절이 그렇게 중요하지 않을 것도 같지만 도시의 일부에서는 여전히 중요하게 다루어진다. 정월대보름은 원래가 마을공동체의 화합과 단결을 도모하기 위한 명절이었기 때문에 각 지역별로 지금도 정월대보름 행사가 전국적으로 대대적으로 행하여진다. 현대화와 도시화 속에서 약화되었던 공동체 의식을 정월대보름을 통하여 다시 되살릴 수 있다는 점에서 앞으로도 정월대보름은 중요하게 취급될 수 있다. 즉 대단지 아파트와 고층화된 도시의 공간 속에서 단절된 이웃정신과 소속감의 상실은 더욱더 가속화 되고 있다. 이러한 상황에서 정월대보름은 이웃정신과 지역에 대한 소속감을 여전히 지속시켜줄 수 있는 것이다.

단오는 이미 강릉단오제, 경산의 자인단오제, 영광의 법성포 단오제 등 전국적으로 전승되고 있으며, 여름의 한 중간인 음력 5월에 해당되기 때문에 더위가 시작되는 때이다. 농가에서는 "5월 농부 8월 신선"이라는 말에서 나타나듯이 한 참 바쁠 때인 것이다. 이렇게 바쁠 시기에 단오가 있는 것은 본격적인 무더위에 앞서서 다양한 민속놀이로 체력을 단련하고 창포물에 머리를 감아서 더위 속에서 청결한 신체를 유지하기 위해서 노력했던 것이다. 따라서 단오는 농가의 생업활동에도 많은 활력소를 제공해주었던 것이다. 삼복더위에 보양음식을 먹는 것도 단오 때 행하였던 다양한 풍속과 함께 다루어진다면 좀더 풍부한 세시풍속을 도시생활 속에서 만끽할 수 있을 것이다.

▼ 기지시줄다리기에서 비녀장으로 암줄과 숫줄을 결합시킨 장면. 풍년을 기원하는 농민의 염원에서부터 지역적인 화합과 조화를 이루려는 열망까지 줄다리기 속에는 수많은 생활의 지혜까지 들어있다.

백중의 경우 농가에서는 호미씻이라고 해서 힘든 농사 일이 거의 끝난 때이므로 농기구를 잘 정돈하고 깨끗이 해서 보관함으로써 내년의 농사를 준비하는 때이다. 그런데 일반 민중들 사이에서는 더위의 끝자락인 백중 때에 어죽과 같은 보양음식을 먹기도 한다. 정월대보름날 더위팔기를 해서 봄에 이미 더위를 준비하고, 더위가 시작되는 단오 때에 체력을 단련하고, 더위가 한창인 삼복 때에는 보양음식을 먹고, 더위가 마지막으로 기승을 부리는 백중 때에도 보양음식을 먹는 것은 어떻게 보면 시간의 효과적인 구분을 통하여 더위를 슬기롭게 이겨내고 생활에 활력과 효율성을 제공했음을 알 수 있다.

한국의 세시풍속은 전통적으로 땅을 고집하며, 마을공동체와 같이 한 곳에 집착하면서 농업에 주로 종사하였던 생업을 반영해주듯이 농경세시가 압도적으로 많은 편이다. 농업에 종사하는 사람들의 수(數)도 줄어들고 산업화와 도시화의 영향으로 농촌마을은 급속도로 도시화가 진행되고 있기도 하다. 따라서 세시풍속은 이제 더 이상 피상적으로 농업과 농경문화만을 고려해서는 안된다. 오히려 한국인의 일상적인 생활과 심층적인 사고라는 구조 속에 담겨있는 한국인의 정서와 감정이 세시풍속을 여전히 지속시키는 기능을 하고 있는지 모른다. 가령 농업에는 종사하지 않지만 도시생활 속에도 농부들이 풍년을 기원하듯 도시인들은 마찬가지로 행복하고 건강하며 풍요로운 생활을 갈구한다. 생업의 현장, 활동영역, 그리고 구성원은 달라도 구성원이 하나같이 추구하는 자연과 조화되는 삶이 필요한 것이다. 또한 오늘날 도시의 젊은이들은 마치 유목민들과 같이 한 곳에 정착하기 보다는 여러 곳을 옮겨 다니는 일종의 현대판 유목생활을 하고 있기도 하다. 이러한 도시생활 속에서 도시의 많은 젊은이들은 방황하기도 한다. 이전에 세시풍속이 땅을 중심으로 형성되어 있는 마을과 같은 공동체 집단을 하나로 묶어주었듯이 도시의 젊은이들을 하나로 묶어줄 수 있는 기능을 세시풍속이 담당할 수 있는 것이다.

5 나오기

세시풍속은 공간과 시간을 초월해서 우리의 주위에 존재한다. 특히 도시라는 공간은 많은 것을 가져다 준 반면에 또한 많은 것을 없애버렸다. 그럼에도 불구하고 도시생활 속에서도 여전히 전통적인 세시풍속이 남아서 전승되고 있는 것은 반가운 일이기도 하며 또한 나름대로의 의미와 기능을 하고 있기 때문이기도 하다.

도시생활 속에서 세시풍속이 가지는 의미와 기능은 공간과 시간을 초월하여 주어진 자연여건을 조화롭게 이용하고 자연의 이치에 맞게 시간의 효과적인 구분을 가지는 것이다. 거대한 도시 속에서 물질문명과 현대의 과학문명은 모든 것을 가능하게 한 것도 사실이다. 이전에는 주어진 자연환경이 시간과 공간을 구분하였지만 현대의 도시 속에서는 인간이 시간과 공간을 자율적으로 조정하게 되었다. 봄, 여름, 가을, 겨울이라는 시간의 구분은 이제 단지 의미를 잃어버린 채 겨울에도 여름과 같이 따뜻한 환경에서 반대로 여름에도 겨울과 같은 추운 환경에서 생활할 수 있게 되었다. 편리해진 것도 사실이지만 시간의 구분을 통하여 얻을 수 있었던 주어진 자연환경과의 조화는 많이 약화되었다. 현대의 도시인들에게 전통적인 세시풍속이 제시하고 있는 메시지는 아마도 주어진 자연환경을 조화롭게 극복하려는 지혜인 셈이다. 따라서 도시공간 속에서 세시풍속과 같은 전통문화가 여전히 빛을 발할 수 있는 것도 현대인에게 민속문화는 균형이 있고 조화로운 삶을 살아갈 수 있도록 생활의 나침반 역할을 해줄 수 있기 때문이다.

제7장

도시 속의 대중매체를 통한 민속문화

1 들어가기

사람들이 모여 사는 공간에서 새롭게 생겨나는 문화가 있는가 하면 구성원들은 바뀌고 살아가는 공간이 바뀌어도 여전히 이어져오는 전통문화가 있기도 하다. 물질문명이 발달하면서 그것을 대하는 사람들의 의식구조도 많이 변모하였다. 같은 맥락에서 도시화와 산업화가 가속화되면서 피상적으로는 옛 것은 보이지 않고 새로운 것 투성이인 것처럼 보이기도 한다. 이러한 분위기의 연장선상에서 때로는 과거의 전통을 미신이라고 치부하기도 하고 이러한 전통과 관련된 여러 가지 문화를 오늘날에는 별로 소용이 없는 과거의 보잘것없는 잔재로 여기기도 한다.

그러나 시대가 바뀌고, 도시화 그리고 산업화되었다고는 하지만 역시 한 인간으로서 사회의 구성원들이 가지는 미래에 대한 불확실성을 비롯한 삶과 죽음에 대한 문제는 계속해서 영향을 주고 있는 것이다. 도시문화 속에 내재된 이러한 잠재적인 의식은 다양한 대중매체를 통하여 일반 대중들에게 공감대를 형성하기도 하는데 최근에 텔레비전을 통하여 방영된 "왕꽃선녀님"은 이러한 문제를 다시 한번 살펴볼 수 있는 중요한 계기가 되었다고 볼 수 있다. 다시 말해서 도시 속에서 보여지는 다양한 민속문화의 한 형태로 "왕꽃선녀님"을 접근할 수도 있을 것 같다. 예를 들어서 순간적인 인기 혹은 전통과는 거리가 먼 대중문화에만 관심을 가지고 이러한 대상을 소재로 하는 수많은 텔레비전 드라마와 구분해서 "왕꽃선녀님"은 다소 생소할 수도 있고, 많은 사람들로부터 대중적인 지지를 받지 못할 수도 있는 무속이라는 소재를 도입하여 많은 한국인들의 의식 속에 내재되어 있는 무의식적인 전통문화의 하나인 무속을 현대사회(특히 텔레비전 드라마)에 접목시킨 하나의 사례가 될 것이다. 이 글에서는 이러한 입장을 좀더 풀어서 논의하기 위하여 무속이라는 소재와 구성 그리고 연출자들과 시청자들의 커뮤니케이션이라는 세 가지 측면에서 "왕꽃선녀님"을 고찰하고자 한다.

2 무속이 대중적인 영화의 소재에서 개인적인 안방 드라마의 소재로

▲ 경북 감포항에서 행하여지고 있는 무속행위.

무속이 한국 영화의 소재로 다루어진 경우는 제법 있는 편이다. 예를 들어서 임권택의 "신궁"(1979)과 하명중의 "태"(1985)는 전체적인 내용이 무속과 관련되어 있는 반면에 하길종의 "한네의 승천"(1977), 이장호의 "나그네는 길에서도 쉬지 않는다"(1987), 임권택의 "태백산맥"(1994) 등은 부분적으로 무속의 모티프가 들어있다. 또한 2003년에 동시에 나온 "4인용 식탁", "오구", "영매 : 산자와 죽은 자의 화해" 등의 영화도 무속의 모티프가 강하게 내포되어 있다. 특히 "오구"(2003)는 1989년에 "오구 : 죽음의 형식"으로 일반 대중들에게 잘 알려진 연극을 다시 영화로 옮긴 작품으로 유명하다(이종승, 2005).

영화와는 달리 텔레비전에서 방영되는 드라마는 안방극장이라는 다소 개인적이고도 폐쇄적인 사적인 공간을 통해서 밖으로는 잘 드러나지 않을 수도 있지만 시청자들의 반응에 따라서 엄청난 영향을 주기도 한다. 마치 굿판에서 굿을 보면서 굿판에 모인 사람들이 하나가 되어서 울기도 하고 웃기도 하고 또한 신바람 나게 어깨를 들썩이면서 함께 춤을 추기도 하는 전통적인 한국의 굿 문화가 가장 사적인 안방에까지 은연중에 들어 온 것이다. 그것도 텔레비전 프로그램의 홍수 속에서 시청자들의 자발적인 선택에 의하여 그리고 그것도 최첨단의 과학문명과 물질문명이 하루가 다르게 변화해 가는 도시화와 산업화로 상징되는 21세기에서 말이다.

우선 드라마의 소재로 무속이 등장한 것은 다소 현대사회의 실정에 맞지 않는 것으로 받아들여질 수도 있으며, 많은 시청자들에게는 익숙하지 않은 따라서 철저하게 외면당할 수도 있는 하나의 시도로 볼 수도 있다. 그러나 의외로 시청자들의 반응은 대단했고, 출연진들도 마치 자신들이 드라마 속의 실제적인 인물인양 모든 힘을 다하여 끝까지 드라마에 몰입했다. 때로는 병원에 입원을 해가면서까지 주어진 드라마 속의 역할에 충실할 수 있었던 것은 단지 피상적인 출연진의 열정적인 차원에서뿐만 아니라 심층적으로는 드라마가 소재로 택한 무속에 대한 열정이기도 한 것이다.

불과 50년 전만 하더라도 아니면 좀 더 시대를 앞당겨서 한 20년 전만 하더라도 시골 마을에서 굿판을 쉽게 볼 수 있었고, 도시에서도 가끔씩은 이웃집에서 굿을 하는 것을 들을 수 있었다. 물론 오늘날에도 굿판은 거의 매일 벌어지고 있지만 이전에 비하여 공개적으로 행하여지지는 않는 것이다. 따라서 도시화와 산업화는 되었지만 한국인들의 정신적인 정서를 반영해 주는 무속은 여전히 많은 사람들의 마음에 들어 있는 것이다. 무속에 대한 인식이 어떤 사람들은 좀더 밖으로 드러나서 있기도 하고, 어떤 사람들은 좀더 깊숙하게 내재되어 있다는 차이가 있기는 하지만 도시 속에도 그리고 산업화 속에도 무속은 예전에 비하여 밖으로 잘 나타나 보이지는 않지만 여전히 그 명맥을 나름대로 유지하고 있는 것이다.

특히 최신의 과학적인 사고와 서구적인 가치관으로 무장한 젊은이들조차도 현실세계에 대한 회의와 불확실성을 느끼면서 무엇인가에 의지하고자 한다. 또한 철저한 자본주의식 논리에 의하여 경쟁사회에서 살아 남기 위해서는 자신의 의지와는 다르게 행동해야 할 때가 많고, 다양한 사람들과의 교류 속에서 자신의 정체성과 존재가치를 잊고 사는 경우가 많은 것도 사실이다. 삭막한 도시를 벗어나고 싶지만 꽉 짜여진 다람쥐 쳇 바퀴 도는 것과 같은 일상적인 생활의 보이지 않는 감옥 속에서 많은 현대인들은 벙어리 냉가슴 앓듯이 시름시름 도시병에 병들어 가고 있기도 하다. 정말로 무엇인가 변화를 주고 싶고, 무의미하고, 무미건조한 수동적이고 나태한 자신의 일상적인 생활에 어떤 활력을 넣고 싶기도 하고, 자신이 살고 있는 현실을 뛰어 넘어서 미래를 보고 싶기도 하다. 다시 말해서 자신이 힘들게 하루 하루를 지탱해 가면서 인내하면서 가고 있는 인생의 항로는 어디서 시작되었고 또한 어떠한 종착지를 향해서 가고 있는지를 알고 싶어한다. 이러한 해결책의 하나가 무속이며 또한 무속을 소재로 한 "왕꽃선녀님"과 같은 드라마가 성공할 수 있는 사회적인 배경인 것이다.

현대인들이 쉽게 느끼는 이러한 불안감과 불확실성은 이전에 우리의 조상들이 느꼈던 자연과 생업 그리고 죽음에 대한 두려움과 거의 같은 맥락에서 볼 수 있는 것이다. 시대와 공간 그리고 그 구성원들은 바뀌었지만 그 속에서 생겨나서 전승되고 있는 초자연적인 그리고 앞으로 펼쳐질 삶에 대한 의문과 기대는 형식과 형태는 조금 변모했지만 본질적인 내용은 대부분 전승되고 있는 셈이다.

3 통과의례와 이항대립 관계를 명확히 보여주는 구성

▲ 내림굿을 하기 위하여 장식된 오방색.

민속학적으로 분석할 때 "왕꽃선녀님"이 가지는 드라마 상의 구성은 드라마 속에 나오는 무속과 관련된 줄거리, 내림굿을 비롯한 굿에 나타나는 춤, 노래, 음악 등의 다양한 민속예술, 무복(巫服), 무구(巫具), 굿당에 모셔진 신(神), 무속의례의 음식 등 다양하다. 이 중에서 필자는 총체론적인 입장(holistic perspective)에서 무속과 관련된 주된 줄거리를 중심으로 "왕꽃선녀님" 속에 들어있는 통과의례(rites of passage)와 구조주의적인 이항대립(binary opposition) 관계를 살펴보고자 한다.

▲ 경북 감포항 주변 횟집에서 행하여진 내림굿의 다양한 장식.

통과의례(通過儀禮)는 서구적인 개념으로 출생에서부터 죽음에 이르기까지 삶의 중대한 고비 때마다 행하여지는 의례를 의미하는데 주요한 내용을 보면 분리(separation), 전이(transition) 그리고 통합(incorporation) 등의 세 부분으로 이루어져 있다(Van Gennep : 1999 : 101). "왕꽃선녀님"에서도 주된 내용이 되고 있는 무병(巫病) 혹은 신병(神病)과 내림굿 등은 이러한 통과의례의 한 단계로 볼 수 있는 것이다. 결국 완전한 무당이 되기 위해서는 이렇게 다양한 과정과 의례를 거쳐야만 하는 것이다. 신병은 신들림 혹은 신 짚힘이 표면으로 나타난 현상인데 한국무속에 있어서 강신 계통의 무당이 될 사람은 반드시 경험해야하는 통과의례인 것이다(양종승, 2000). 한편 신내림은 집안의 내력에 의하여 혹은 신부리에 의하여 결정되기도 한다(김명자, 2002). 그러나 일단 신을 받기 위해서는 내림굿을 해야 하고, 내림굿을 하기 위해서는 무당의 도움이 필요하다. 이러한 의식이 잘 진행되어서 신을 받고 무당이 되면 내림굿을 주관한 무당은 "신어머니"와 "신딸"의 관계가 된다. 신어머니는 생물학적인 어머니에 못지않게 중요한 역할을 수행하기 때문에 무당에게 어머니 못지않은 중요한 존재이다.

따라서 "왕꽃선녀님"에서 다루어지는 신들림, 무병, 내림굿 등의 내용은 비록 드라마 속의 내용이지만 현대 도시 속의 민속을 살펴보는 데 중요한 자료가 될 수 있다. 아주 촉망받으며 또한 미래가 너무나도 밝았던 한 젊은 여성에게 우연하게 신들림이 생기고, 무병이 지속되다가 결국 내림굿을 받는 내용은 일반적으로 무당이 되는 통과의례를 적나라하게 잘 보여주고 있는 셈이다. 무당은 자신이 원해서 된 경우보다는 신(神)의 선택에 의하여 마지못해서 그리고 신의 뜻을 감히 거절하지 못해서 된 경우가 많다(차옥숭, 1997). 신이 들리고 무병을 앓다가 내림굿을 하지 않으면 본인을 비롯해서 가족들에게 나쁜 영향을 주기도 하며, 또한 어떤 경우에는 본인의 세대는 무사할 수도 있겠지만 후세에게 영향을 미치기 때문에 결국 내림굿을 받게 되는 경우가 많은데 "왕꽃선녀님"의 경우도 윤초원은 결국은 내림굿을 받게 된다. 무속에서는 일반적으로 받아들여지는 이러한 내용들이 드라마라는 통속적이고 대중적인 매체를 통하여 일반 시청자들에게 전달되면서 한 사회의 구성원이자 신과 인간의 매개자인 무당의 삶과 생활이 많은 부분 수용되고 알려지게 되어서 도시 속의 민속문화를 좀더 다변화시킨 결과를 가져왔다고 할 수 있다.

한편 좀더 부연해서 설명하자면 무속인(shaman)과 일반인(layman)이라는 관계의 설정은 구조주의적 연구방법의 하나인 이항대립(binary opposition)의 구조가 "왕꽃선녀님"을 통하여 구체화되었다고 할 수 있다. 즉 신이 들리고, 무병을 체험하고, 그리고 내림굿을 신어머니의 도움을 받아서 한 후에 비로소 정식 무당이 되기 때문에 무당은 일반적인 사람과는 확연히 구분된다. "왕꽃선녀님"에서 보면 윤초원이라는 일반인(layman)이 무당이 되는 과정을 통하여 당사자뿐만 아니라 가족, 친척 그리고 친구를 비롯한 주변의 사람들에게 어떠한 반응을 불러일으키게 되는지 잘 묘사되어 있다. 그리고 계속적으로 신내림을 부정하면서 생겨나는 여러 가지 문제는 일반인(layman)에서 무속인(shaman) 으로 다시 태어나기 위한 하나의 고통이며 중립적인(liminal) 과정으로 인식된다. 결국 "왕꽃선녀님"은 한국 사회에서 무속문화는 단지 한 개인의 측면이 아니라 가족, 친족 그리고 마을 심지어는 도시라는 공간 속에서 다루어질 문제임을 잘 지적해 주고 있다고 하겠다. 다시 말해서 "왕꽃선녀님"을 통하여 현대의 도시 속에서도 무당은 존재할 수 있으며, 이전의 무당들과 마찬가지로 여전히 많은 대중들에게 신과 인간의 중간적인 위치에서 액을 막아주고, 복(福)을 가져다주는 무당은 일반인들을 대신해서 보통 일반인들은 가질 수 없는 신과 대화할 수 있는 자격과 능력을 나름대로 인정받고 있는 셈이다.

▼ 내림굿 장면.

현대의 도시 공간 속에서도 무당은 존재한다. 전통적인 한국의 마을에서 무당이 가졌던 뚜렷한 정체성은 도시라는 거대한 공간 속에 이미 약화된 지 오래이다. 그럼에도 불구하고 도시의 많은 사람들은 호기심 반 그리고 또한 정말로 절실해서 물에 빠져서 지푸라기라도 하나 잡을 속셈을 가지고 무당을 찾아가기도 한다. 필자의 억척이 될 수도 있겠지만 한국인들이 느낄 수 있는 내재된 심성을 재발견해준 드라마인 "왕꽃선녀님"이 방송되기 전까지만 하더라도 현대의 도시공간 속에서 무당을 찾지 않는 많은 일반인들은 일반인(layman)과 무속인(shaman)이라는 이항대립 구조를 확연하게 인식하지 못하는 경우가 많았다. 그런데 "왕꽃선녀님"이라는 드라마를 통하여 비록 무당을 찾지 않는 사람들조차도 도시 속에 함께 공존하고 있는 우리의 가족, 친척 그리고 정다운 이웃이 될 수도 있는 무당의 존재를 인식하는 사람들이 늘어났다는 점은 인정해야할 부분이다. 일반인과 무속인이 한데 어우러져 있는 도시 속의 무속이야말로 친근한 한국의 문화이며 많은 대중들이 은연중에 공감하는 도시 속의 문화인 셈이다.

4 연출자와 시청자의 상호 간의 커뮤니케이션에서 공감대를 형성하는 시청자들끼리의 다방면적인 커뮤니케이션으로

드라마와 관련된 민속에서 중요한 것은 드라마의 소재와 구성 외에도 연출자들과 시청자들이 거론될 수 있다. 다시 말해서 드라마가 어떻게 연출되는 것에 못지 않게 그것을 관람하는 시청자들이 또한 어떻게 받아들이는가 하는 것도 중요한 의미를 가지는 것이다. 가령 페티트(Pettit, 1997)는 드라마를 민속학적으로 다룰 때 생겨날 수 있는 두 가지 측면을 제시

하고 있다. 예를 들어서,

> An activity qualifies as performance to the degree that it is possible to distinguish between those who perform and those who observe the performance (Pettit : 1997 : 206).

페티트(1997)가 언급한 바와 같이 연출자와 시청자는 드라마에 관련해서 서로 구별될 수 있는 나름대로의 입장을 가지고 있는 셈이다. 한편 드라마의 연출자들은 연출을 통하여 일상적인 생활과는 구분되는 인물로 다시 태어나고 드라마 속에서는 마치 자신이 그러한 삶을 살고있는 듯한 경험을 하면서 드라마 속에 푹 빠져서 몰입하는 경우가 많다. 이와 마찬가지로 시청자들도 드라마의 인물이나 스토리 진행에 매료되어서 드라마가 진행되는 동안 마치 자신이 그 속에 들어가 있는 듯한 열정을 간접적으로 체험하기도 한다.

그런데 한 가지 특이한 것은 텔레비전의 드라마는 영화관이나 연극 무대에 비하여 어떻게 보면 일반적으로 단순하고 평면적인 시각효과와 음향효과밖에 제공하지 못한다. 또한 영화관이나 연극의 무대는 어둡고, 사적인 공간으로부터 격리되어 있고, 충분히 몰입할 수 있을 정도로 다른 잡음을 인위적으로 줄이기도 한다. 이에 반하여 텔레비전의 드라마는 오히려 밝은 실내의 조명 아래에서 방영되고, 공적인 공간으로부터 격리된 사적인 공간에서 시청하는 경우가 많고, 또한 가족들끼리 시청하다 보면 전화가 오기도 하고 누가 방문하기도 해서 자연적으로 다른 잡음도 들으면서 시청하는 경우가 많다.

따라서 "왕꽃선녀님"과 같은 무속을 소재로 다룬 드라마가 민속학의 연구대상이 될 수 있는 것은 도시 속에서 드라마를 중심으로 하나의 가족과 같은 친근한 관계를 만들어 줄뿐만 아니라 좀더 나아가서는 연출자와 시청자 그리고 공감대를 형성하는 시청자들 사이를 묶어주는 주요한 기능을 하기 때문이다. 스미드첸(Smidchen, 1997)이 도시민속학을 정의한 한 부분을 인용해 보면 다음과 같은 내용이 있다. 예를 들어서,

> Folklore emerges in the city in diverse contexts. Urban folklorists have favored the study of relatively small groups : families, ethnic or religious communities, associations based on occupation or leisure-time activities, and groups defined by geography － for example, the inhabitants of a building, a city block, a neighborhood, or a district. These enclaves provide a personal, mutually supportive environment based on face-to-face communication, in contrast to what is thought to be the anonymous, impersonal urban environment. Community events encourage the cohesion of these groups (Smidchen : 1997 : 819).

스미드첸(1997)이 제시한 바와 같이 도시민속의 연구대상은 다양한 편이며 상대적으로 작은 규모의 여러 집단을 연구한다. 가령 가족, 민족 혹은 종교집단, 직업 혹은 여가생활과 관련된 모임, 그리고 주거하는 건물, 도시의 한 구획, 이웃 혹은 지역 등과 같이 지리에 의해서 결정되는 집단 등이 여기에 속한다. 이렇게 고립된 집단은 보통 도시의 환경이 자아내는 익명의 그리고 비인격적인 것과는 대조적으로 마주 대하면서 의사를 소통하는 개인적이고, 상호 간에 지원해주는 환경을 제공해 준다.

도시민속학과 관련된 현대의 도시 공간에서 흔히 볼 수 있는 여러 가지 형태의 소규모 집단 중에서 가족과 여가활동과 관련된 모임이 "왕꽃선녀님"이라는 드라마와 관련해서 도시민속학적으로 살펴볼 수 있을 것 같다. 다시 말해서 텔레비전의 시청은 주로 가정에서 이루어지며 또한 여가생활

의 한 종류이다. 특히 다양한 텔레비전의 프로그램을 시청자가 자의적으로 선택하여 시청할 수 있고, 동일한 프로그램을 시청하는 시청자들끼리는 매스커뮤니케이션의 발달로 인하여 자신들의 의견이나 반응을 마치 마주 대하면서 대화를 나누듯이 인터넷을 통하여 의사를 소통하게 되며 이러한 커뮤니케이션은 마우스를 한번 클릭하는 것으로도 급속도로 확산되기도 한다.

5 나오기

"왕꽃선녀님"을 통하여 드라마의 출연진을 비롯하여 많은 시청자들은 단지 무속을 미신으로 무의미하게 취급하기보다는 전통적인 한국의 문화 속에서 끈끈하게 지속되어 온 저력을 느낄 수 있으며, 또한 현대 도시문화 속에서 여전히 보여지는 무속을 기존의 일방적인 시각이 아니라 좀더 포용적이고, 다채로운 도시민속(urban folklore)의 한 유형으로 수용할 수도 있다는 입장을 가지게 되었다는 점이다.

이규보의 『동국이상국집』에 나오는 「노무편」을 통하여 오늘날 현대인들은 고려시대의 무속에 대하여 부분적이지만 정보를 얻을 수 있다. 이러한 시대를 초월한 그리고 오랜 시간 동안 전승되는 민속현상의 내용은 과거의 서적에서 오늘날 텔레비전과 같은 매스미디어로 전환되었다고도 볼 수 있다. 다만 민속현상을 전달하고 전승시켜 주는 매체는 바뀌었지만 실제로 그 속에 포함된 내용은 대부분 그대로 보존된 경우가 많다. 무속도 이러한 민속현상 중의 하나로 볼 수 있는 것이다. 당시 사회의 민속현상을 구체적이고 논리적인 방식으로 서술해 가는 책의 경우와 대본에 바탕을 두고 텔레비전의 화면을 통하여 좀더 생동감이 곁들여지는 매스미디어이거나 모두 당시의 사회적 현실을 적나라하게 반영해 준다. 현대인들이 무의식적으로 텔레비전의 드라마에 열광하는 경우도 어떻게 보면 다 나름대로의 이유가 있기 때문이다. 이러한 관점에서 "왕꽃선녀님"은 21세기 한국사회의 현실 특히 도시 속의 무속문화를 적나라하게 잘 나타내어 준다고 할 수 있으며, 더욱이 많은 한국인들의 의식 속에 잠재되어 있던 무의식적인 무속을 다시 살려내었다고도 볼 수 있다.

제8장

도시화의 진행과 문화관광자원 개발을 통한 민속문화

1 들어가기

유구한 문화유산을 간직하고 있는 충청남도 지역에서 당진은 단연 손꼽히는 곳이다. 서해안에 인접해 있으면서도 어업뿐만 아니라 일찍이 농경문화가 발달했다. 안국사지터에서 볼 수 있는 바와 같이 찬란한 백제의 불교문화가 꽃을 피웠던 지역이었고, 보수적이면서도 개방적이었던 지역의 분위기는 김대건(金大建 ; 1821-1846)신부로 대표되는 천주교의 성지(聖地)로도 잘 알려져 있다.

또한 조선후기 실학시대의 대표적인 학자인 박지원 (朴趾源 ; 1737-1805)이 면천군수를 지내면서 당진에서 저술활동을 했으며,『상록수』의 저자인 심훈(沈熏, 1901-1936)이 필경사라는 집을 짓고 집필활동을 하였던 곳이기도 하다. 또한 전통문화의 보고(寶庫)로 중요문화재 제75호로 지정되어 있는 기지시줄다리기가 전승되고 있으며 지역의 대표적인 향토술인 면천의 두견주는 중요무형문화재 제 86-나로 지정되어 있다. 덧붙여서 서해안 일출의 상징인 왜목마을, 그리고 도비도의 갯벌체험 등은 당진이 가지고 있는 돋보이는 자연 및 생태환경을 잘 반영해 준다.

이상에서 언급한 것은 피상적으로 드러나 있는 당진이 가지고 있는 문화관광자원의 일부분에 지나지 않는다. 따라서 현재 드러나 있는 문화관광자원에 대한 지속적인 연구와 개발에 못지않게 아직까지도 활성화되고 있지 않은 문화관광자원에 대한 관심과 곳곳에 숨어있는 지역의 문화유산을 발굴하고 문화관광자원화 하는 노력을 또한 기울여야 하겠다. 이 글에서는 이러한 맥락에서 당진 지역의 문화관광자원의 현황을 먼저 살펴보고, 이러한 문화관광자원을 어떻게 발전시켜나갈 것인가에 대한 방향을 모색하고자 한다.

2 문화재를 소재로 한 문화관광자원 현황

문화관광자원의 대표적인 것으로 문화재(文化財)를 들 수 있다. 문화재는 각 지역의 역사, 종교, 민속 등을 가장 잘 반영해주기 때문에 지역의 독특한 문화를 전국적으로 그리고 세계적으로 알리고 내세우는데 가장 적합한 문화관광자원인 셈이다.

문화재는 유형문화재(有形文化財), 무형문화재(無形文化財), 기념물(記念物), 사적(史蹟) 등으로 나누어진다. 유형문화재는 다시 국보, 보물, 중요민속자료, 시/도 민속자료, 시/도 유형문화재, 시/도 문화재 자료 등으로 세분화된다. 무형문화재는 중요무형문화재와 시/도 무형문화재로 나누어진다. 한편 기념물은 천연기념물과 시/도 기념물로 나누어지고, 사적은 다시 사적 및 명승(名勝)과 전통건조물로 나누어진다.

당진의 유형문화재로는 불교와 관련된 보물로 안국사지석불입상, 안국사지석탑, 영탑사금동삼존불상, 신암사금동좌불상 등 4점과 남이흥(南以興 ; 1576-1627) 장군의 유품과 관련한 중요민속자료 1점이 있고, 충청남도 지정 유형문화재로는 영랑사 대웅전, 영탑사 약사여래상 등 불교관련 2점과 조선후기 무신인 이만유(1684-1750) 장군 유품 1점이 있다. 또한 충청남도 문화재 자료로 영탑사 7층석탑, 채운포 석교비, 영탑사범종, 한음(漢陰 ;

1561-1613) 선생 영정, 영랑사범종, 이의무(李宜茂 ; 1449-1507) 신도비, 한갑
동가옥, 당진포진성 등 8점이 있다. 덧붙여서 당진군 지정 문화재로는 면
천군자정, 차천로 (車天輅 ; 1556-1615) 영정, 최충(崔冲 ; 984-1068) 영정, 약산
공(藥山公) 이시경 충신정려, 입한재, 안국사지, 탑동석탑 및 연등석, 석장
승, 배바위 매향비(埋香碑) 등 9점이 있다.

무형문화재로는 송악면 기지시리의 기지시줄다리기와 면천면 성상리의
향토술인 면천 두견주 등 중요무형문화재가 2점 있으며, 충청남도 지정
무형문화재인 당진 안섬 당제 1점이 있다. 한편 기념물로는 송산면 삼월
리의 송산면회화나무가 천연기념물 제317호로 지정되어 있으며, 충청남도
지정 기념물로는 남이흥 장군 묘, 합덕제, 면천 은행나무, 면천읍성, 필경
사, 당진향교, 면천향교, 합덕성당, 김대건신부 생가지 등이 있다.

3 문화관광자원의 발전방안 방향모색

당진에서 보여지는 다양한 문화관광자원을 좀 더 체계적이고도 발전적
으로 육성하기 위해서는 다른 지역과 차별화되면서 당진 지역만이 가진
역사성과 독창성을 함께 제시해 줄 수 있는 좀 더 넓은 틀 속에서의 주제
별 혹은 테마별 문화관광 구역을 설정할 필요가 있는 것 같다. 가령 서울
에서 당진을 방문하게 될 때 당진에 가까워지면서 고속도로에 있는 표시
판에서 당진이 몇 Km 남았다는 식이 아니라 고속도로 측면에 "전통문화
와 최첨단 대체의학이 조화를 이루는 서해안의 중심지 당진" 이라든지
"전통문화, 종교, 그리고 살아 숨쉬는 자연환경을 느낄 수 있는 당진", 혹
은 "한국의 전통문화와 문학, 종교 그리고 친환경의 당진" 등과 같은 옥외

간판물이 있다면 당진을 찾는 많은 사람들에게 수백 마디의 말로 당진을 알리기보다 당진에 대한 소개가 제대로 된 셈이다.

서해대교의 개통으로 많은 사람들이 당진을 빠르고 쉽게 찾을 수는 있지만 당진을 대표할 수 있는 문화관광이 제시되지 않는 한 단지 겉만 보고 지나가는 일시적인 방문객만 늘어날 수밖에 없다. 이제까지 당진은 당진이 가지고 있는 소중한 문화관광자원을 알리고 홍보하는데 적극적이지 못한 것 같다. 우수한 문화관광자원을 지속적으로 개발하고 체계화시키는 것 못지않게 대내외적으로 알리는 것도 중요한 일이다. 따라서 당진하면 떠오를 수 있는 문화적인 코드가 역사, 종교, 전통문화, 문학, 친환경, 대체의학 등으로 대표될 수 있다면 당진의 다양한 문화관광자원도 여기에 맞게 동일한 영역으로 다시 재구성 할 필요성이 있다.

▼충남 당진군의 기지시줄다리기.

3.1. 역사와 종교에 근간을 둔 문화관광자원

당진은 역사적으로 보면 당나라 때부터 중국과 교역의 중심지로 서해안의 물류기지의 중심에 있었다. 이러한 개방적인 분위기와 더불어서 내륙지역은 농촌경제를 기반으로 하는 보수적인 한국의 농경문화를 또한 형성하고 있었다. 개방화와 보수적인 분위기가 아우르는 독특한 지역적인 특성 속에서 당진은 백제의 불교문화가 꽃피워졌고, 조선후기 실학시대에는 천주교의 뿌리를 한국에 내린 김대건 신부의 탄생지이기도 하다. 중국을 거쳐서 백제에 불교가 전래된 것과 마찬가지로 천주교도 중국(당시 청나라)을 통하여 당진에 들어오게 된다. 이렇게 당진은 역사적으로 종교적으로도 중국과의 교류가 가장 활발했던 곳 중의 하나이다. 서해안시대가

▼ 기지시줄다리기.

열리고 중국과의 교류가 늘어나면서 중국으로 향하는 관광객의 증가 못지 않게 국내로 들어오는 중국의 관광객 수도 꾸준히 증가하고 있다. 따라서 안국사지 터를 중심으로 한 불교와 솔뫼성지 및 합덕성당을 중심으로 천주교와 관련된 당진 지역의 문화유산을 문화관광자원으로 충분히 활용할 필요성이 있는 것이다.

3.2. 민속문화와 문학을 통한 문화관광자원

민속문화를 소재로 한 것 중에는 단연 기지시줄다리기가 눈에 띈다. 기지시줄다리기는 우리 고유의 전통적인 마을공동체를 중심으로 행하여지는 민속놀이이다. 중요무형문화재 제75호로 지정되어 있다. 기지시줄다리기는 이제 단순한 마을의 행사를 넘어서 충청도와 한국을 대표하는 민속놀이가 되었다. 앞으로 세계적인 축제로 거듭나기 위하여 좀 더 많은 관심과 지원이 절실한 실정이다. 특히 도시화와 산업화가 가시회되면서 농업을 기초로 하는 농촌의 생활환경도 많이 변모하였다. 따라서 기지시줄다리기의 경우도 더 이상 농촌의 생업현장에서 행하여지던 민속놀이가 아닌 지역의 모든 구성원들이 하나가되는 민속놀이요 축제로 바뀌고 있다. 더욱이 국내의 다른 지방이나 외국에서 당진을 찾아오는 관광객들이 언제라도 줄다리기를 체험할 수 있는 충분한 공간의 확보와 기지시줄다리기의 과거와 현재 그리고 미래를 복합적으로 보여줄 수 있는 가칭 "기지시줄다리기 민속자료관"의 건립도 필요한 것 같다.

당진군에는 중요무형문화재 제86-나로 지정된 아미산 진달래로 빚어내는 면천두견주가 있다. 면천두견주는 이미 세계적으로 인정을 받고 있는 우리 전통주의 세계화에 크게 기여할 수 있는 당진의 대표적인 향토술이다. 그런데 면천두견주와 더불어서 당진 지역의 향토술인 학유주(鶴遊酒)의 체계적인 고증과 현대적인 전승 또한 시급한 과제로 남아있다. 학유주는 찹쌀 100%로 만들어지는 청주의 일종이기 때문에 많은 사람들이 애용할 수 있는 가능성을 지니고 있다. 더욱이 지역의 특성을 고려한 향토음식과 더불어서 다양한 종류의 향토술을 개발하고 현대적으로 그리고 문화관광의 입장에서 보존하고 전승해야 한다. 외부로부터 수많은 먹거리와 볼거리가 밀려들어와도 오랜 시간동안 지역 주민들의 일상적인 생활의 한 부분이 되어버린 전통적인 향토술은 여전히 보존되어야 한다. 아마도 이렇게 각 지역의 향토문화가 모여져야만 외래문화 또는 국적도 없는 퓨전문화와 구별하여 나름대로의 특색과 색깔을 가지고 지속적으로 발전시킬 수 있는 하나의 구심점을 제공해줄 수 있는 소중한 문화자원이 형성될 수 있는 것이다. 당진 지역에서 오랜 시간동안 전해져 오는 향토술을 좀 더 많은 대중들에게 알리기 위해서는 앞에서 언급한 기지시줄다리기 때나 뒤에서 잠시 언급할 상록문화제 때와 같은 지역 축제 때 지역의 향토술을 재현해 보이는 행사를 함께 가져보는 것도 좋을 것 같다.

다음으로 문학을 소재로 하는 문화관광자원을 기술해 보겠다. 심훈 선생이 송악면 부곡리에 필경사(筆耕舍)를 짓고 『상록수』를 비롯한 주옥같은 문학작품을 남겼다. 임권택 감독이 "서편제"라는 영화를 만들기 위하여 가장 전형적인 한국의 시골 풍경으로 청산도를 선택하였다고 한다. 청산도를 찾는 많은 사람들은 청산도에 있는 고인돌, 초분(草墳), 갯벌 등의 역사, 민속 그리고 자연환경과 더불어서 서편제를 촬영했던 논밭을 가로지르면서 언덕 위로 굽어서 나 있는 청산도의 농촌길을 반드시 방문한다. 이와 유사하게 심훈 선생이 문학적인 작품을 구상하고 집필하기 위하여 찾았던 곳이 바로 당진의 부곡리이며 그곳에 필경사를 짓고 위대한 걸작인 『상록수』가 나오게 된 것이다. 비록 심훈 선생의 고향이 당진은 아니지만 당진은 작품의 창작을 위한 정신적인 영감과 소재를 제공해준 문학적인 고향이라고 할 수 있다. 따라서 심훈 선생의 열정과 문학적인 숨결이 녹아있는 필경사를 현대적인 감각에 맞게 재구성할 필요가 있다. 따라서 당진은 심훈 선생의 대표적인 작품의 소재가 되고, 문학인들에게 풍부한 내적 상상력을 불러일으키게 하고, 실질적으로는 당시 1920년대와 1930년대의 전형적인 농촌환경을 잘 갖춘 문학인들을 위한 집필의 장소로도 큰 의의를 지닌다고 하겠다. 덧붙여서 현재에는 상록문화제(常綠文化祭)를 통하여 새로운 시각에서 심훈 선생의 문학적인 업적을 현대에도 조명할 수 있는 기회가 생겨나고 있다.

상록문화제가 더욱더 가치를 발휘하기 위한 것 중의 하나는 다른 문화제와 연계 혹은 연속선 상에서의 포괄적인 접근방법이다. 예를 들어서 당진이라는 지역이 가지는 문학적인 분위기는 일찍이 연암(燕巖) 박지원이 당진의 면천군수를 지내면서 『과농소초 (課農小抄)』, 『한민명전의(限民名田議)』등 농서 2권을 찬진(撰進)하였다는 역사적인 기록에서 찾을 수 있다. 따라서 박지원과 심훈을 통하여 시대를 초월하여 당진이 가질 수 있는 문학적인 장점을 발견할 수 있는데 이것을 현대에 맞게 맞추어나가면 당진이 가진 문화관광자원을 십분 발휘할 수 있다.

한편 경기도 남양주시에서는 다산 정약용 선생의 업적과 실학사상을 기리기 위하여 매년 다산문화제(茶山文化祭)를 개최하고 있다. 한편 다산문화제는 작년(2005년)까지 19회를 개최하고 있다. 특히 2005년에는 경기도가 주최하고 경기문화재단이 주관하는 "실학 축전 2005 경기"를 남양주시 다산 유적지 일대에서 개최했는데 다산 정약용(1762-1836)을 비롯하여 연암 박지원, 초정 박제가(1750-1805) 선생에 대한 국제 실학학술대회도 개최된 바 있다.

연암 박지원의 업적을 되살리고 이용후생(利用厚生)의 실학정신을 오늘에 되새겨 보기 위하여 가칭 "연암문화제"(燕巖文化祭)를 당진의 면천지역을 중심으로 기획해 보는 것도 필요한 일이다. 특히 서해안을 중심으로 중국과의 교류가 확대되고 있는 요즘 박지원의 『열하일기』를 소재로 한 당시 중국의 상황을 보여주는 세트장을 만들어서 연암문화제와 연계해서 운영한다면 국내의 관광객들뿐만 아니라 중국의 관광객들도 유치할 수 있는 귀중한 문화관광자원이 될 것이다.

3.3. 자연과 생태환경을 소재로 한 문화관광자원

당진이 가지고 있는 자연과 생태환경은 문화관광으로 손색이 없을 정도이다. 문제는 서해안에 위치해 있는 대부분의 지역이 유사한 자연환경을 가질 수 있기 때문에 주어진 자연환경을 바탕으로 하지만 여기에 문화적인 요소가 덧붙여져서 당진만의 독특한 문화관광자원을 개발해야 한다. 따라서 이미 실시되고 있는 도비도의 갯벌체험장을 더욱더 확대해서 자연과 생태 그리고 민속문화를 아우르는 21세기형 대체의학의 치유 프로그램(힐택)을 포함한 종합적인 테마공원을 조성해 보는 것도 필요한 것 같다. 다시 말해서 당진이 가지고 있는 자연과 생태환경은 대도시에서 생활하고 있는 대부분의 사람들에게 살아있는 생태공원이요, 생태 박물관인 셈이다. 그러나 단지 그러한 자연환경만을 보러 관광객들이 몰려들지는 않는다. 설혹 일부 관광객들은 그러한 목적으로 찾아 올 수는 있겠지만 단순하고 천편일률적이기 때문에 쉽게 실증을 느끼거나 다음에는 다시 찾아올 매력을 주지 못할 수도 있다. 그런데 갯벌체험과 아울러서 현대인들이 겪는 스트레스, 불면증, 컴퓨터중독증 등과 같은 현대도시병을 치유할 수 있는 힐택공원을 조성한다면 훨씬 더 많은 관광객을 유치할 수 있을 것이다.

한편 자연과 생태환경을 잘 이용하고 있는 사례 중의 하나가 서해안의 유일한 해맞이 마을인 왜목마을이다.[33] 언젠가부터 새해의 첫 아침에 떠

오르는 태양을 보기 위하여 전국의 곳곳에서는 해맞이 인파가 붐빈다. 원래 우리 민족은 해맞이보다는 달맞이를 많이 했었다. 정월대보름날에 행하여지는 "달집태우기"도 달맞이와 깊은 관련성을 지니고 있다.

그런데 해맞이의 경우 이전에도 있어왔기는 했지만 지금과 같이 양력에 맞추지는 않았던 것 같다. 즉 전통적으로 내려오는 해맞이는 태음력을 기준으로 정하다보니 음력으로 정월 1월 1일이 새해 첫날을 기념하는 해맞이의 날이었던 것이다(김홍우, 2002). 다시 말해서 음력으로 설날을 따지기 보다는 양력 설날인 1월 1일에 일출을 보러가는 인파가 전국을 떠들썩하게 하는 것은 전통적인 우리식의 해맞이 풍속은 아닌 것이다. 마치 일본의 오키나와 열도의 섬 지방에서는 정월대보름축제를 전승하기 위하여 축제의 기간을 양력 대신 음력을 사용한 보름날로 정하기도 한다. 이러한 사례는 당연한 이야기이겠지만 전통적인 민속문화를 현대에 계승하면서도 일본의 다른 지역은 이미 양력이 보편화되었지만 어촌지역과 같이 민중들의 생업환경과 밀접한 연관이 있는 음력은 여전히 세시풍속이나 지역의 민속축제 속에 살아서 전승되고 있는 셈이다.

따라서 이미 고정화되어 버린 왜목마을에서 행하여지는 양력 1월 1일의 해맞이도 계속해서 육성해야 하겠지만 전통적으로 우리 조상들이 행하여 왔던 음력 정월 1일 즉 민속설날을 맞이하여 행하여지던 전통적인 해맞이 행사도 장려하면 좋을 것 같다. 아마도 이렇게 양력과 음력에 모두 해맞이 행사를 행하게 되면 자연스럽게 전통과 현재의 교류가 생겨나고 과거와 현재 그리고 미래를 아우르는 해맞이 행사의 중심지로 왜목마을은

---

33) 해맞이 행사는 민속문화의 하나인 세시풍속으로 다루어질 수도 있다. 그러나 청정한 서해안의 자연환경을 기초로하는 일출과 현재까지 양력으로 1월 1일 새해에 주로 행하여지는 해맞이의 성격상 자연과 생태환경을 소재로 하는 문화관광자원으로 우선 다루고자 한다.

거듭 태어나게 될 것이다. 여기에 덧붙여서 정월대보름의 달맞이 행사도 왜목마을이나 다른 당진의 마을에서 가져보는 것도 좋을 것 같다. 물론 전국에서 다양한 대보름날 행사가 진행되고는 있지만 보통은 대대적인 해맞이 행사와 함께 진행하지는 않는 편이며 더욱이 양력과 음력 1월 1일의 해맞이와 함께 진행하는 곳은 아직까지는 없는 편이다. 특히 정월대보름은 『삼국사기』와 『삼국유사』의 기록에서 알 수 있는 바와 같이 삼국시대부터 명절로 여겨져 왔으며(장철수, 2000), 전통적으로 한국인의 생업현장에서 가장 밀접한 연관성을 가지고 있었던 달(月)을 본뜬 2대 명절로 추석과 함께 중요하게 간주되기도 했다(손인수, 1991). 이러한 전통을 말해주듯이 오늘날 전국 각지에서 행하여지는 축제 중에서 정월대보름을 소재로 하는 축제가 상대적으로 많은 편이다(박환영, 2004a). 한국의 전통문화에서 한국인들에게 가장 친근한 대상인 해와 달이 함께 공존하는 축제의 장을 당진에서 펼치게 되면 21세기 서해안의 중심지로서 당진의 위상을 다시 한번 확인하는 좋은 계기가 될 것이다.

4 나오기

20세기에서 21세기로 바뀌면서 "문화"라는 코드가 강조되면서 각 지방의 문화관광자원은 높은 가치를 인정받고 있다. 봇물이 터지듯이 이전에는 소홀하게 취급되었던 문화관광자원이 갑작스럽게 각광을 받으면서 각 지방에서는 앞 다투어서 나름대로의 문화관광자원을 개발하고 있다. 따라서 문화관광자원과 관련해서 무한한 경쟁시대에 겉만 요란하고 내실이 없는 일시적으로 반짝하는 지방의 대대적인 행사와 이벤트가 우후죽순 식으로 생겨나고 있다. 포장은 그럴듯한데 실제적인 내용은 부실한 지역의 문화행사가 많은 것도 이러한 배경을 잘 반영해 주고 있다. 따라서 형식과 꾸미기에 치중한 지방의 잔치에 그치지 않으려면 각 지역의 독특한 역사, 종교, 민속 그리고 자연환경에 토대를 둔 지역문화를 바탕으로 한국을 대표하는 그리고 아시아와 세계를 대표하는 문화관광자원을 만들어가기 위하여 문화자원의 원형을 찾아내고, 복원하고 현대적으로 전승 및 계승하는데 꾸준히 노력을 경주해야 한다.

바쁘게 진행되는 현대인들에게 관광은 여가생활의 일부이며 또한 교육의 장이 되고 있다. 단지 보는 것에서 이제는 느끼고, 공부하고, 체험하는 시간과 공간이 함께하는 일상적인 생활로부터의 일탈이기도 하다. 마치 먹거리가 다양한 뷔페식당에서 고객들이 자신의 취향에 맞게 먹고 싶은 음식을 골라서 먹듯이 현대인들의 여가생활 속에서도 관광은 다양한 수요자의 욕구를 충족시켜줄 수 있어야 한다. 역사, 종교, 민속문화, 생태와 자연환경을 골고루 갖춘 당진이야말로 21세기 새로운 문화관광자원의 패러다임(paradigm)을 열어가는 서해안의 중심 그리고 한국의 중심으로서 큰 역할을 할 수 있을 것이다.

제9장

민속과 민속의 현장 속에도 도시민속학의 가능성은 있다

1 들어가기

민속학자는 자주 현지조사(fieldwork)를 하는데 따라서 흔히 안락의자(armchair)에 앉아서 연구하는 다른 인문 혹은 사회과학자나 혹은 밀폐된 실험실에서 연구하는 자연과학자들과는 다르다고 말할 수 있다. 또한 자연과학자들이 현장에서 행하는 현지조사는 주로 조사자의 일방적인 관찰인 반면에 민속학자들이 행하는 현지조사는 현지의 자료제공자들이나 주민들과의 상호 의사소통을 전제로 한다. 즉 민속학자는 일방적인 관찰에 의존하지 않고 현지에서 만나게 되는 다양한 자료제공자(informant)들과 그들이 전승하고 있는 여러 가지 민속현상에 대하여 마음을 터놓고 이야기를 나눌 수 있는 기회를 가지게 된다. 민속학이 민중들의 일상적인 생활 속에서 살아 숨쉬고 있는 한 민족의 끈끈한 삶과 생활철학을 발견하고 이것을 계승 유지시키는데 기여할 수 있는 것도 바로 민속학자가 행하는 현지조사를 통하여 가능한 것이다.

이 장에서는 이 책의 제2장 "현대화 및 도시화 속의 마을조사와 마을민속"에서 다루었던 내용을 좀더 부연해서 체계적으로 분석하는 기회를 제공하고자 한다. 즉 민속연구자가 현지조사(fieldwork)를 하면서 제기될 수 있는 민속문화의 "현지" 혹은 "현장"에 대하여 살펴봄으로써 민속의 현장(특히 도시공간 속)에서 보여지는 도시민속학의 가능성에 대하여 논의해 보고자 한다.

　　민속학은 발로 뛰는 학문이라는 표현에 걸맞게 민속학자들이 현지조사를 자주 실시하면서 "현지" 혹은 "현장"이라는 용어가 민속학에서는 아주 친근한 용어가 되어왔다. 영어로는 "field"라는 용어를 사용하여 현지조사 혹은 현장조사를 "fieldwork"로 불러왔다. 민속학이 가지고 있는 고유한 영역인 "field" 즉 민속의 현장을 좀더 세분하여 고찰해 보는 것은 민속학이 다른 인문사회분야와 구별하여 나름대로의 특징을 가질 수 있는 연구방법론을 이해할 수 있는 한 방법이다. 즉 다양한 민속의 현장에서 만나게 되는 자료제공자 그리고 그들과 행하여지는 체계화된 인터뷰와 면밀한 관찰 등은 현지조사에서 가장 기초가 되는 영역이기도 하다(Georges and Jones, 1995). 또한 현장에서 현지의 주민들이 행하는 여러 가지 생활영역에 직접 참가하여 관찰하는 참여관찰(參與觀察 ; participant observation)을 통하여 민속학은 특유의 질적연구방법(質的研究方法 ; qualitative research method)을 사용한다. 이러한 민속학의 독자적인 연구방법론도 민속의 현장 혹은 현지가 있기에 가능한 것이다. 그 만큼 민속의 현장은 민속학에서 중심적인 위치를 차지하고 있다고 해도 과언이 아니다. 오늘날 민속학에서 고려해야할 민속의 현장은 도시화와 산업화가 진행되고 있는 다양한 국내 지역의 민속문화를 비롯하여 도시공간 속의 축제 그리고 아시아 지역의 제 민속현상도 비교민속학적 입장에서 다루질 수 있기 때문에 좀 더 포괄적이고 다각적인 입장에서 고찰해 보아야 한다. 민속학에서 고려해야할 민속의 현장을 몇 가지 관점에서 살펴보면 다음과 같다.

▲바다 속에 있는 문무대왕릉(文武大王陵)을 지키는 참봉. 이른 새벽 감포항을 향하여 제의를 올리고 있다.

2 민속학에서 현장의 진정한 의미

민속학에서 자주 사용되는 "현장"은 영어의 "field"의 번역이다. 그러나 "현장"이라는 용어와 "field"라는 용어는 민속학과 무관한 비전공자들에게 각 각 다른 의미를 부여하기도 한다. 필자의 경험으로 짐작해 보면 "field"는 주로 골프 등과 같은 스포츠의 필드(field)와 연관시키는 경향이 많은 반면에 "현장"은 야외의 작업현장 등과 같은 고고학이나 역사학의 발굴현장을 자주 떠올리게 하는 경향이 많은 것 같다. 그래서 필자가 민속현장에 현지조사를 갔다는 말을 그냥 "field"에 갔다 왔다고 하면 흔히 골프를 치러 갔다 왔다고 해석하는 사람들이 많은 것 같고, "현장"에 갔다 왔다고 이야기하면 발굴현장이나 야외의 작업현장에 갔다 왔다고 여기는 사람들이 많았다. 이러한 오해가 생기게 되는 이유는 "field" 혹은 "fieldwork"라는 용어가 민속학뿐만 아니라 다른 인문·사회분야에서도 간혹 사용되기 때문이다. 예를 들어서 영국의 사전을 찾아보면 "field"가 가지는 뜻이 무려 열 가지가 넘는데 그 중에서 한 가지는 축구, 골프, 크리켓, 야구 등의 스포츠가 행하여지는 잔디가 있는 구역이고, 다른 한 가지는 이론적인 방법보다는 실제적이고 자연적인 환경 등을 연구하는 연구 장소를 지칭하기도 한다고 나와 있다. 그러나 이러한 사전적인 "field"의 내용에 민속학에서 다루어지는 의미는 찾아볼 수 없다. 그러므로 민속학에서 말하는 "field" 혹은 "fieldwork"가 비전공자들에게는 아직까지도 그렇게 보편화되고 일반화되어 있지는 않은 것 같다.

한편 민속학에서 말하는 "현지조사(fieldwork)"는 현장의 자연, 지리 그리고 인문적인 환경을 고려할 뿐만 아니라 이론적인 측면도 강조하는 경향이 짙다. 다시 말하면 현지조사를 통하여 기존의 문헌자료를 검증할 수 있고, 이미 논의되고 있는 여러 가지 이론을 또한 적용하고 혹은 새로운 이론을 도출할 수도 있는 것이다. 따라서 현지조사는 단지 "field"와 "work"가 결합된 합성어가 아니라 현장학적인 측면과 이론적인 측면이 잘 조화된 민속학 특유의 방법론을 지칭하는 새로운 조어로서 취급되어져야하는 것이 마땅하다.

민속학에서 현장의 의미는 다양하다. 우선 민속학자가 현지조사를 하는 지역이 다양하기 때문에 민속의 현장은 다양해지기 마련이다. 예를 들어서 국내 지역의 축제에서부터 마을 그리고 해외의 민속현장에 까지 민속학자가 다루는 민속의 현장은 각양각색이다. 한편 우리의 일상생활도 또한 민속의 현장이 될 수 있다. 따라서 민속의 현장은 멀리 있는 것이 아니라 바로 우리 주위에 있을 수도 있다. 예를 들어서 도시의 아파트 단지에서 벌어지는 차 고사(告祀)와 산에 있는 일부 약수터에서 정기적으로 행하여지는 산신제 등도 민속의 현장으로 볼 수 있는 것이다.

이렇게 민속의 현장이 다양하듯이 그 현장에서 공연되고 구연되는 방식도 다양하다고 말할 수 있다. 미국의 여성민속학자 요콤(Yocom, 1985)은 자료제공자가 민속의 현장에서 전승되는 이야기를 구연(口演)할 때 같은 내용의 이야기일지라도 공적인 영역(public sphere)과 개인적인 영역(private sphere)에 따라서 그 내용이 각 각 다르게 나타난다고 지적한 바 있다. 예를 들어서 같은 자료제공자라고 하더라도 공적인 영역과 개인적인 영역에서의 구연(口演)은 엄격한 의미에서 구별되어져야 한다는 것이다.

한편 민속의 현장에서 민속학자는 민속의 주체인 현지의 자료제공자들과 만나서 민속의 현장을 채록해서 일반 대중들에게 생동감 있게 전달하기도 한다. 그러나 민속의 현장이 민속학자에게 "현장"으로써 가치를 발휘할 수 있는 것은 단지 자료제공자들과의 효과적인 인터뷰에만 전적으로 근거해서 자료를 수집하는 것이 아니라 실제로 현지에서 사람들이 어떻게 실행하는가에 또한 초점을 두어서 관찰한다는 점에 있다. 즉 현지에서 자료제공자가 무엇을 말하는가 보다는 실제로 현지의 사람들이 어떻게 행하는가가 더욱 중요하다(What people say! but What people do!)는 것이다.

3 민속현장의 범위와 한계

민속현장의 범위는 한편으로는 광범위하지만 민속학자들이 선정하는 민속의 현장은 다른 한편으로는 또한 제한되어 있기도 하다. 즉 민속조사에 앞서서 우선 민속의 현장을 선정해야 한다. 따라서 현지조사를 행하기 위하여 민속의 현장을 선정하는 작업에서부터 현지조사의 결과를 분석하여 연구보고서로 제출하기까지 민속의 현장은 항상 민속학자와 함께 한다.

그렇다면 민속학자는 왜 특정한 지역을 현지조사지로 선택해야하는가에 대하여 살펴보기로 하겠다. 다시 말해서 민속학자가 하나의 주제를 두고 특정한 지역을 현지조사지로 선택하게 될 때 이것을 어떻게 설명할 수 있을까? 민속학자는 현지조사를 토대로 보고서(report)를 작성하게 되고 이러한 보고서가 모이게 되면 하나의 민속지(ethnography)가 만들어지게 되는 것이다. 민속의 현상은 눈에 보이지 않고 우리의 일상적인 생활 속에 숨어 있는 경우가 많다. 민속학자가 현지에 가서 현지 주민들과 함께 생활해야만 느낄 수 있는 것이 현지에서 전승되고 있는 민속현상의 참 모습인 것이다. 그러므로 민속학자는 민속현상 외에도 민속현상이 전승되고 있는 지역의 역사, 지리, 환경, 교통 등을 조사해야 하고 또한 민속현상을 계승하고 있는 행위의 주체인 현지 주민들의 삶의 현장을 이해해야만 하는 것이다.

민속의 현장이 있고 다양한 민속의 현장을 자신의 주제와 여건에 맞게 선정하는 민속학자가 있기에 민속학은 더욱더 독창성을 발휘하는지 모른다. 또한 동일한 민속의 현장을 현지조사해도 민속학자에 따라서 조금은 다른 결과가 나올 수도 있는 것이 민속학의 묘미이며 민속의 현장이 가지고 있는 다면성이다.

따라서 민속학에서 다루어질 수 있는 민속의 현장의 다면성에는 다음과 같은 몇 가지 요소들이 포함되어 있음을 간과해서는 안 된다. 예를 들어서 민속현장의 선정과 그 범위, 민속의 현장과 상호성의 원칙, 민속의 현장과 그 연장 등을 이야기할 수 있다.

3.1. 민속현장의 선정과 그 범위

민속학자가 선정하는 민속의 현장은 이제까지 국내에 국한되는 경우가 많았다. 그러나 최근에 오면서 민속학의 관심대상과 분야가 확대되면서 민속학자가 현지조사를 하는 민속의 현장이 해외(특히 주변의 아시아 지역)로까지 확대되고 있는 추세이다. 이러한 추세는 비교민속학적인 입장에서 아시아 지역에 대한 민속학자들의 관심이 높아지면서 국내에서의 현지조사 뿐만 아니라 아시아 현지에서의 현자조사도 많이 활성화 되고 있기 때문이다. 이와 유사하게 인류학자들도 이제까지 굳어져있던 "유럽과 아메리카인들(Euro-Americans)이 비유럽과 비아메리카인들(non-Euro-Americans)을 연구한다"는 고정관념을 넘어서 현지조사자와 현장의 범위가 다변화되고 확대되고 있음을 인식하고 있다(Marcus, 1998).

민속의 현장이 확대되고 있다는 사실은 그 만큼 민속의 현장에 대한 좀 더 체계적이고 지속적인 분석이 필요함을 의미한다. 효과적인 현지조사를 위하여 민속학자는 민속의 현장을 선정하기 전에 여러 가지 측면에서 먼저 접근해 보아야 한다. 민속의 현장을 선정하는 과정은 후행하는 민속학자에게 도움을 줄뿐만 아니라 다른 현지조사 지역과 비교해서 어느 한 지역의 민속의 현장이 가지는 특징을 나타내어 준다. 또한 선정과정에서 표출될 수 있는 여러 가지 문제점은 민속학자가 실제로 현지조사를 행할 수 있는 민속현장의 범위를 제공해 주기도 한다.

오늘날 민속학자가 현지조사의 대상으로 삼는 민속의 현장은 그 범위가 광범위하다. 연구의 주제에 따라서 조사지역도 조금씩 달라지기 마련이다. 다시 말해서 연구주제에 가장 부합되는 지역을 선정하는 것이 우선 중요하다. 그러나 민속조사자가 일정기간 동안 머물면서 현지조사를 해야 하기 때문에 민속학자 자신과 조사지역 간의 상관관계에 대하여도 생각해 볼 수 있다. 따라서 민속학자에 의한 조사지 선정과정에서 주관적으로 민속의 현장이 선정될 수도 있는 것이다.

이제까지 민속학자가 선정한 민속의 현장에 대하여 별로 관심을 두지 않았던 것이 사실인 것 같다. 또한 민속학자들 자신도 자신이 선정한 민속의 현장에 대하여 또한 조사지 선정방법에 대하여 애써 설명하려고 하지 않았던 것도 사실이다. 그러나 연구 주제에 대한 문제의식이 있다면 민속의 현장에 대한 선정배경에 대한 관심이 있어야 하는 것이 당연하다. 아마도 이것은 동일한 주제를 가진 어느 특정한 민속의 현장에 대한 선행연구의 형태로도 나타날 수도 있지만 더욱더 중요한 것은 민속현상이 행하여지는 "현장"이 가지고 있는 특수성이다. 즉 동일한 민속현상이라도 특정한 지역에서 행하여지는 것을 현지조사 한다면 그 지역을 선정한 이유라든지 동기를 부여하는 것은 필수적인 것이다. 이것은 "현장"에서 민속현상을 행하고 있는 민속의 주체를 중시하는 입장이며 또한 현장의 자연·지리적인 환경을 고려한 입장이기도 하다.

예를 들어서 세시풍속에 대하여 현지조사를 한다고 했을 때 농촌지역뿐만 아니라 어촌지역, 산촌지역 그리고 도시지역에서도 얼마든지 세시풍속을 조사할 수 있는 것이다. 또한 같은 농촌지역이라도 지역에 따라서 세시풍속이 조금씩 다를 수도 있는 것이다. 그러므로 어느 특정한 지역을 민속의 현장으로 선정하여 현지조사를 실시하게 되면 무엇보다도 우선 그 지역을 선정하게된 배경 및 선정과정과 방법을 설명하는 것이 좋다.

3.2. 민속의 현장과 상호성의 원칙

민속의 현장을 선정하는 것은 민속학자에 의하여 일방적으로 행하여지는 것이 아니라 "현장"의 민속주체들과 상호성의 원칙에서 정하여진다고 볼 수 있다. 이러한 상호성의 원칙을 몇 가지 관점에서 살펴보면 다음과 같다. 먼저 누가 누구를 선택하는가? 하는 문제에서의 상호성이다. 다시 말해서 민속학자가 현지조사를 하게되는 것은 현지 주민들의 협조가 없이는 불가능하다. 민속학자가 임의로 조사 지역을 선택할 수는 있지만 그렇다고 해서 현지 주민들의 도움을 보장받을 것이라고는 장담할 수는 없다. 닭이 먼저냐 달걀이 먼저냐 하는 식(chicken and egg)의 논리가 될지도 모르겠지만 현지조사에서 "누가 누구를 선택하는가?"는 아주 중요한 문제이다. 다시 말해서 민속학자들이 일방적으로 현지조사지를 선택하면서 민속의 현장으로 가치를 발휘할 수도 있겠지만 진정한 의미에서 민속의 현장이 제 역할을 충분히 발휘하기 위해서는 민속학자가 선정한 현지의 주민들이 또한 민속학자를 받아들이고 협조할 수 있도록 민속학자들도 노력해야 한다는 것이다.

상호성의 두 번째 측면은 상호성의 첫 번째 측면의 연장선에서 생각해 볼 수 있는 문제로 민속학자가 어떻게 현지주민들에게 받아들여지는가 이다. 민속학자가 현지에 간다고만 해서 현지의 주민들이 환영하는 것은 아니다. 민속학자와 현지의 자료제공자(informant) 사이에는 보이지 않는 벽이 가로 놓여져 있는 경우가 많다. 현지의 주민들이 외지에서 온 이방인들을 민속학자라고 해서 무조건 반길 수는 없는 일이다. 민속학자가 현지에 가서 현지조사를 하는 것이 어떻게 보면 일상적인 현지 주민들의 생활에 조금의 불편함을 줄 수도 있는 것이다. 따라서 민속학자는 성공적인 현지조사를 위하여 현지 주민들에게 먼저 받아들여져야만 한다. 이렇게 민속학자가 현지의 자료제공자에게 받아들여지는 과정을 라포(rapport) 형성과정으로 설명할 수 있다. 즉 민속학자와 자료제공자가 서로 친근한 인간관계를 맺는 것이다. 민속학자가 자료제공자와 친근한 인간관계를 형성하려면 일정한 시간이 필요하기도 한데 보통은 현지의 일상적인 생활영역이나 생업터전과 같은 노동의 현장에서 함께 활동을 함으로써 이러한 관계를 형성할 수 있는 것이다.

3.3. 민속의 현장과 그 연장

민속의 현장은 현지조사를 마치게 되더라도 상당시간 민속학자와 함께하는 경우가 많다. 즉 민속학자가 한번 인연을 맺은 민속의 현장은 일시적으로 지속되는 것이 아니라 대부분 영원히 민속의 현장으로 기억되고 남아서 전해지기 마련이다. 특히 민속학자가 민속의 현장에서 실시한 현지조사를 바탕으로 보고서(report)를 작성하거나 논문 혹은 단행본을 내게 되면 민속의 현장은 오랫동안 남아서 전해지게 된다. 문제는 이러한 현지조사의 결과물을 접하게되는 이름 모를 독자들이다. 현지조사를 토대로 하였지만 민속학자의 관점에서 기술된 연구 결과물은 독자들에게 그대로 현지의 민속전승 상황을 아무런 여과 과정을 거치지 않고 전달할 수 있다. 민속학자에게는 있는 그대로의 사실적인 내용이지만 현지의 자료제공자에게는 지극히 개인적이고, 비밀스러운 내용이 아무런 제약도 없이 일반 독자들에게 전달될 수도 있는 것이다. 민속학자가 현지에서 전승되고 있는 민속의 현장을 일반독자에게로 연장해서 연결시켜줄 때 긍정적인 입장과 부정적인 입장이 둘 다 존재함을 알 수 있다.

먼저 긍정적인 입장에서 민속의 현장이 일반독자들에게 전달되는 경우이다. 이것은 민속학자가 잘 구성된 인터뷰와 질문지 등에만 의존하지 않고 민속의 현장에서 보고, 듣고, 느낄 수 있는 모든 것을 효과적으로 메모함으로써 가능하게 할 수 있다. 즉 현지에 가보지 않은 독자들도 마치 현장에 있는 것과 같이 현장감과 생동감을 느낄 수 있도록 자세하게 전달하는 방법이 필요한 것이다. 이러한 방법 중의 하나는 현지조사를 하면서 현장노트를 짜임새 있게 작정하는 방법으로 추상적인 노트(vague notes)와 구체적인 노트(concrete notes)로 구분하여 작성하는 것이다(Pelto, 1978). 예를 들어서 추상적인 노트는 "누가 무엇을 했다"는 것과 같이 단순히 일어난 사건을 기술하기 때문에 노트 속에 어떠한 느낌도 받을 수 없는데 반하여 구체적인 노트는 어떠한 사건을 기술할 때 어떠한 사람들이 행하였고, 서로 간에 오고 갔던 대화의 내용, 분위기, 사건과 동반된 물리적 행위 등을 구체적으로 모두 기술하는 것이다.

민속의 현장에서 행하여지는 현지조사를 통하여 현장이 있는 그대로 일반독자들에게도 전달될 수 있는 것은 현지노트(field notes)가 있기 때문이다. 버나드(Bernard, 2002)는 현지조사에서 작성되는 현지노트의 종류를 다음과 같이 네 가지로 세분하여 나누고 있기도 하다. 예를 들어서 버나드(Bernard, 2002)가 분류한 현지노트의 유형은 낙서와 같은 간단한 메모(jottings), 일기(a diary), 여행일지(a daily log) 그리고 진정한 혹은 정식의 현지노트(field notes proper)등이다.

한편 부정적인 입장에서 민속의 현장이 일반독자들에게 전달되는 경우는 민속학자가 가져야 하는 민속현장에 대한 양심과 도덕성의 문제로 볼 수 있다. 민속학자는 현지에 가서 일정기간 현지주민들과 함께 생활하면서 많은 것을 보고 배운다. 어떤 것은 현지 주민들이 잘 인식하지 못한 내용도 있을 수 있고, 또 어떤 것은 현지 주민들이 너무나도 잘 알고 있는 내용일 수도 있다. 더욱이 현지의 자료제공자들과 친근한 관계를 맺어서 효과적인 인터뷰를 하고 생업현장에 참여하여 참여관찰에 의하여 체계적으로 현지조사를 하게 되면 본의 아니게 현지 주민들의 개인적인 문제나 비밀 등도 알게 되는 경우가 많다. 현지의 주민들이나 자료제공자들은 민속학자를 "친근한" 외부인으로 생각하는 경우가 많기 때문에 별 부담 없이 마을의 비밀스러운 문제나 개인의 사적인 문제 등도 쉽게 이야기하기도 한다. 따라서 민속학자는 비록 민속의 현장을 가능한 있는 그대로 일반 독자들에게 전달해야 하겠지만 또한 전달 과정에서 발생할 수도 있는 일부 현지 주민들이나 자료제공자들에 대한 오해의 소지를 충분히 고려해야 한다.

4 몇 가지 사례를 통한 민속의 현장 보기

민속의 현장은 민속의 주제와 관심분야에 따라서 조금씩 달라질 수 있다. 그러나 민속의 현장이 어디든지 민속학자가 행하게 되는 민속조사방법은 참여관찰에 입각한 질적연구방법인 것은 분명한 사실이다. 도시 속의 민속현장이나 특정한 주제를 통한 민속의 현장 등 다양한 측면에서 민속의 현장을 살펴볼 수도 있지만 여기서는 필자가 이제까지 행한 민속조사를 바탕으로 민속현장의 몇 가지 사례를 제시해 보기로 하겠다.

　아래에서 기술할 민속현장의 사례들은 필자가 직접 경험한 현지조사에 기초를 두고 있기 때문에 또 다른 여러 입장에서도 다양한 형태의 민속현장이 논의될 수 있다. 다만 몇 가지 유형을 통해서 부분적이지만 민속학에서 다루어지고 있는 민속의 현장을 한번 고찰해보고자 한다.

4.1. 국내 지역의 축제의 현장

　국내에서 행하여지는 지역 축제는 열리는 시기도 조금씩 다르고 그 종류도 참으로 다양하다(김선풍 외, 2000). 민속의 현장 중에서 지역의 축제는 민속학자들의 관심을 가장 많이 받고 있는 분야이기도 한데 이것은 축제라는 하나의 주제에 맞게 지역축제의 현장을 민속조사 할 수 있다는 장점이 있기 때문이다. 축제 이면의 다양한 민속현상도 살펴볼 수 있겠지만 무엇보다도 현장에서 축제가 연행되는 것에 초점이 맞추어지고 있는 것은 부인할 수 없는 사실이다. 그러므로 민속의 현장도 축제와 관련되어 있는 경우가 많다.

　필자가 현지조사한 지역의 축제 중에서 충남 당진의 기지시줄다리기를 대표적인 예로 들 수 있겠다. 기지시줄다리기는 중요무형문화재 제75호로 지정되어 있을 만큼 지역 주민들뿐만 아니라 전국적으로도 널리 알려져 있다. 매년 줄다리기가 실제로 벌어지는 흥척동만이 민속의 현장이 아니라 줄을 꼬는 작업장에서부터 줄을 꼰 후에 줄을 길게 눕혀서 놓는 마을의 중심가, 그리고 다채로운 난장 등이 모두 민속의 현장이 될 수 있다.

　혹자는 중요무형문화재 제75호로 지정되어 있는 기지시줄다리기를 현지조사하는 필요성에 의문을 제기할 수도 있다. 즉 이미 연행되는 내용이나 체제가 잘 갖추어져 있는데 왜 민속학자는 매년 기지시줄다리기를 현지조사 하러 가는지 잘 이해가 되지 않을 수도 있다. 기지시줄다리기가 민속학자에게 여전히 민속학적으로 연구의 매력이 있는 것은 바로 민속의 현장 때문이다. 즉 기지시줄다리기가 행하여지는 민속의 현장에서 매년 민속학자는 새로운 내용을 발견할 수도 있으며 이것이 축적된 후에야 비로소 기지시줄다리기는 국가적인 행사로 발전될 수 있으며 나아가서는 국제적인 행사로까지 발전될 수 있는 것이다.

4.2. 국내 지역의 마을

마을은 민속학자가 민속조사를 실시할 때 흔히 찾는 곳이다. 즉 마을이라는 한 공동체 집단을 연구대상으로 민속학자는 민속조사를 행하는 경우가 많다. 우리 나라의 지리적인 요건에 맞게 마을도 농촌마을, 어촌마을, 산촌마을 등 다양하다. 그러나 마을은 개인이나 가족 그리고 친족이라는 공동체 집단이 확대되어져서 하나의 생업공동체집단을 이룬 형태이며 따라서 협동공동체를 형성하면서 일정한 시간 동안 지속되어 온 공동체집단으로 볼 수 있다.

민속조사를 실시하게 되면 보통 면(面)보다는 마을(里)을 선호하게 되는데 이것은 한 지역을 집중

기지시줄다리기에 보여지는 농기.

▲강릉시 심곡 마을의 성황당.

▲경북 안동시 풍천면 가곡리의 노인회관.

▲강원도 평창군 진부면 수항리 노인회관.

적으로 조사하는데 좀더 작은 단위인 마을이 더 적당하기 때문이다. 그러므로 민속조사의 대부분은 마을(里)에서 행하여진다고 해도 과언이 아니다. 마을에는 마을회관이나 노인회관이 있어서 마을 사람들이 마을의 대·소사를 함께 의논할 수 있는 공간이 마련되어 있다. 한편 마을회관이나 노인회관은 마을 사람들의 친목을 더욱더 돈독히 하는데 크게 기여하고 있다. 또한 보통 마을에는 서낭당이나 성황당이 있어서 마을 사람들이 함께 마을의 제의에 참가할 수 있게 해 준다.

따라서 마을의 경우 마을의 모든 곳이 민속의 현장이 될 수 있다. 예를 들어서 마을 사람들의 공동의 생업현장뿐만 아니라 각 가정의 일상생활도 민속의 현장이 될 수도 있는 것이다. 이렇게 마을의 경우에 민속의 현장이 분산되어 있기 때문에 보통 마을에서 현지조사를 할 경우에 민속학자들은 연구주제를 세분화하여 공동으로 민속조사를 하는 경우가 많다.

필자가 행하였던 마을의 현지조사 중에서 경기도 안성시 일죽면 월정리의 경우는 대표적인 농촌마을이다. 특히 안동 권씨의 집성촌이 자리잡고 있기도 해서 아주 보수적인 농촌마을이기도 하다. 마을을 현지조사할 때 먼저 마을의 이장(里長)을 만나서 이야기해 보면 마을에서 옛날 이야기를 잘 알고있는 할아버지, 할머니를 소개받을 수 있다. 때로는 이러한 할아버지나 할머니의 댁을 직접 방문해서 인터뷰를 해야한다. 이러한 경우 할아버지나 할머니가 구술(口述)해 주는 일상적인 삶 속에 다양한 민속이 담겨져 있기 마련이다. 따라서 민속의 현장은 직접 눈으로 볼 수는 없지만 자료제공자들이 들려주는 구술생애사 속에서 간접적으로 경험하고, 느낄 수 있는 것이다.

한편 농촌지역의 마을에는 보통 마을회관이나 노인회관이 있기 마련이므로 여기서 현지의 자료제공자들을 만날 수도 있다. 앞에서도 조금 언급했듯이 현지의 자료제공자들이 "어떤 이야기를 하는가"하는 것도 중요하겠지만 더욱더 중요한 것은 이야기했던 내용들이 일상적인 생

▲ 강릉시 심곡마을의 성황당. 도시화가 진행되었지만 성황당은 여전히 마을의 중앙에 위치해있다.

활 속에서 실제로 "어떻게 실행되는가" 하는 것이다. 더욱이 민속학에서 민속의 현장을 더욱더 가치 있게 만드는 것은 실제로 자료제공자들이 현장에서 "어떻게 실행하는가"에 초점을 두어서 현지조사를 실시하는 것이다.

4.3. 해외의 조선족 마을

최근에 와서 민속의 현장이 해외의 조선족 마을로까지 확대되면서 우리 민족이 다민족 사회에서 어떻게 다른 민족들 속에 동화(同化)되지 않고 독특한 조선족 혹은 고려인으로 생활해 오고 있는지를 알 수 있게 해 준다. 즉 해외동포들이 간직하고 있는 민속현장은 우리 민족의 삶을 구성하는 또 하나의 중요한 문화이므로 우리를 찾고 아는 작업으로 매우 중요한 의미를 가지며 따라서 세계 여러 민족들의 다양한 문화 속에서 우리문화

▲중국 조선족 마을(경기툰)에서 보여지는 부적.

▲중국의 조선족 마을에서(가평툰).

의 풀뿌리를 확인할 수 있는 기회를 제공해준다.

필자가 현지조사를 한 적이 있는 중국 길림성에 위치해 있는 경기촌은 이곳에서 살고 있는 대부분의 사람들이 경기도 지역에서 집단 이주하여 온 것에서 마을의 이름이 붙여졌을 정도로 중국 속에서 경기 지역의 민속을 지속해 오고 있는 유일한 마을이다(김선풍 외, 2002). 중국이긴 하지만 마을의 주민들은 모두 조선족들이어서 조선어로 대화(對話)를 하는데 불편함이 없고, 많은 노인들은 아직까지도 경기도 사투리를 사용하고 있어서 해외에서의 현지조사치고는 무척 수월한 편이었다.

국내의 마을에서 현지조사를 할 때와 마찬가지로 마을의 조직이 마을의 이장, 노인회장, 부녀회장 등으로 조직되어 있어서 자료제공자를 선정하고, 면담 일정을 조정하는데 큰 어려움이 없었던 것 같다. 더욱이 한국에서 온 민속학자들을 마치 고향 사람들을 만난 모양으로 무척 호의적으로 대해 주셨고, 마을 주민들 대부분이 적극적으로 협조를 해 주었기 때문에 수월하게 현지조사를 진행할 수 있었다.

한편 중국 속에서도 면면히 경기 지역의 민속을 전승 및 계승하고 있다는 점에서 경기촌이라는 마을 전체가 일종의 민속의 현장으로 간주될 수도 있을 것 같다. 그러나 국내의 보편적인 마을과는 달리 경기촌에는 마을회관이나 노인회관 등과 같은 마을 주민들이 함께 마을의 대소사(大小事)를 의논할 수 있고, 모일 수 있는 공적인 장소가 없었다. 다만 경기촌의 이장네 집, 연세 많은 어른들의 집, 동네상점, 마을 교회, 게이트볼 장 등이 이러한 기능을 일부 가지고 있는 정도였다. 따라서 중국 안에 존재하고 있는 경기촌은 그 자체가 하나의 민속의 현장이 될 수 있는 것이다. 물론 개별적인 민속이 따로 따로 흩어져 있어서 하나의 모여진 민속의 현장을 제공해 주지는 못하지만 중국 내 다른 여러 소수 민족의 민속과는 구별되는 조선의 민속 특히 경기지역의 민속을 나름대로 잘 보존하고 있다는 점에서 앞으로 민속학자들에게 많은 관심의 대상이 될 것임은 분명하다.

4.4. 아시아 민족의 민속의 현장

▲ 중국 조선족의 회갑기념 사진.

해외의 다른 민족의 민속현장을 조사하는데는 많은 어려움이 있다. 이러한 어려움을 극복하기 위해서 무엇보다도 중요한 것은 해당 지역에서 사용되는 언어를 배우고 익히는 일이다. 특히 민속학은 일방적인 관찰에 의하여 자료를 수집하지 않고 현지의 자료제공자들과 한데 어울리고 상호작용을 통하여 민중들의 삶과 생활방식을 이해하려고 하기 때문에 현지의 자료제공자들과 거리낌없는 의사소통은 현지조사에서 아주 기본적인 요건이 된다.

필자는 비교민속학적인 입장에서 아시아 지역 중에서 특히 몽골과 부탄 지역을 일정한 기간을 두고 현지조사 한 적이 있다. 몽골의 경우 직접 몽골어를 배웠고, 부탄의 경우는 부탄의 국어(國語)인 종카(Dzongkha)를 조금 공부한 적은 있지만 영어가 일상생활에서 통용되는 관계로 큰 어려움은 없었다. 또한 외관상 한국인과 몽골인 그리고 부탄인은 서로 닮아 보이기 때문에 현지조사를 하는데 많은 도움이 되었다. 즉 서양인과 같이 완전한 이방인도 아니고, 그렇다고 완전한 토박이도 아닌 어떻게 보면 "중간자적인" 혹은 "어중간한" 입장에서 현지조사를 할 수 있었다. 따라서 현지조사 기간 중에 필자는 때로는 내부인(insider)으로 간주되어서 외부인들과 같은 다른 사람들에게는 거부되는 일정한 정보를 얻을 수 있었을 뿐만 아니라 동시에 외부인(outsider)으로서 다소 객관적인 시각(視角)을 가질 수도 있었던 것 같다.

민속학자가 현장에서 현지조사를 할 때 너무나 주관적이지도 그렇다고 해서 너무나 객관적이지도 않은 입장을 취하려고 노력을 하지만 생각만큼 쉽지 않은 것은 현지조사를 해본 민속학자는 모두 공통적으로 느낄 수 있다. 이러한 문제는 바로 민속학자가 현지의 주민들에 의하여 내부인으로 인식되는가 아니면 외부인으로 간주되는가에 관련된 사항이다. 그런데 완전한 내부인도 아니고 그렇다고 어색한 외부인도 아닌 조금은 중간자적인 입장에서 현지조사를 할 수 있었던 경우가 필자가 경험한 아시아 민족의 민속의 현장에서였다.

① 아시아 민족의 축제의 현장

민속학에서 자주 논의되는 지역축제의 현장은 비단 국내에만 국한되지 않고 아시아 지역으로 확대해서 연구할 수도 있다. 특히 불교문화가 깊게 뿌리를 내리고 있는 국내의 상황에서 주변 아시아 지역의 불교축제는 한국의 불교민속을 연구하는데 많은 민속자료를 제공할 수 있는 것이다.

다른 지역의 축제와 달라서 부탄의 불교축제는 일년 내내 행하여진다. 행하여지는 장소는 다르지만 비슷한 형태의 불교축제가 각 지역 별로 매달 열리는 셈이다. 따라서 이번 달(月)에 어떤 지역의 불교 축제를 보지 못하더라도 다음 달에 다른 지역에서 비슷한 불교축제가 행하여지는 것이 부탄의 불교축제가 가지고 있는 특징이다(박환영, 2001a).

여하튼 불교축제라는 하나의 주제를 가지고 부탄의 축제를 한국의 민속학자가 현지조사를 한다고 했을 때 과연 민속의 현장은 어디일까? 우선 부탄의 각 지역에서 매달 행하여지는 불교축제가 모두 민속의 현장이 될 수 있으며, 축제 장 주위에서 흔히 볼 수 있는 난장도 충분히 민속의 현장으로 볼 수 있다. 문제는 과연 해외에서 공연되는 이러한 민속의 현장에 얼마나 효과적으로 한국의 민속학자가 참여관찰에 입각하여 질적연구를 할 것인가 하는 것이다. 이제까지 한국의 민속학은 국내의 조그마한 울타리를 벗어나지 못하고 국내 지역의 민속조사에 충실해 온 것이 사실이다. 그러나 한국의 민속을 좀더 체계적이고 이론적인 내용을 가지고 세계 속에 알리기 위해서는 아시아 제 민족의 민속과도 비교 연구해야 하는 필요성이 제기되고 있다. 따라서 아시아 지역으로 민속의 현장이 확대되고 있는 것은 참으로 고무적인 현상이다. 한편 최근 한류의 열풍으로 아시아 지역뿐만 아니라 유럽 지역까지도 한국의 전통문화가 널리 알려지게 되었다. 우리의 문화와 민속을 세계 속에 알리기 위해서는 다른 민족의 문화와 민속을 또한 이해해야 한다. 따라서 한국민속학에서는 단지 마을단위에서 전승되는 민속문학뿐만 아니라 도시 공간 속의 민속과 좀 더 나아가서는 지구촌 민속이라는 입장에서 범 아시아 지역으로 민속의 현장이 확대되어야 한다.

②아시아 민족의 집단공동체

전통적으로 유목생활을 하는 몽골인들은 1921년에 사회주의를 도입하면서 각 지역에 집단농장제와 유사한 형태의 지역사무소를 운영하게 되면서 숨(sum)이라는 유목민들이 모여 사는 공동체의 성격을 지닌 일정한 공간이 중요하게 대두되기 시작하였다. 숨의 크기는 작게는 수백에서 크게는 수천명의 유목민들을 포함시킨다. 따라서 정확하게 우리의 마을과 일치하지는 않지만 일정한 기간동안에 함께 생업활동을 공유하고 협동하는 공동체집단인 점은 우리의 마을과도 유사한 점이 있다. 필자는 약 3개월 정도 몽골의 어버르 항가이 아이막(aimag)의 타라크트 숨(sum)에 가서 민속조사를 한 적이 있다.

몽골 친구의 집에서 생활하면서 먼저 친구의 가족 그리고 친족집단을 상대로 민속조사를 하다보니 친구의 집, 친구의 친척 집 등이 주요한 민속의 현장이 되기도 하였다. 그러나 숨(sum)에서 생활하다 보니 숨에 있는 상점, 우물, 동네 아이들이 놀이를 하는 공터 등도 민속의 현장으로 필자에게 많은 자료를 제공해 주었다. 한번은 필자가 타라크트 숨에서 말을 타고 1시간 정도 떨어져있는 친구의 결혼한 형님의 몽골텐트(ger)에서 십여일 동안 함께 생활하면서 민속조사를 한 적이 있었다. 텐트밖에는 드문드문 이웃하는 몽골텐트와 무리를 지어있는 말, 양, 소, 염소를 제외하고는 광할한 초원밖에 없었다. 그래서 처음에는 몽골텐트 속에서 주로 일상적인 몽골인의 생활에 대하여 조사를 할 수 있었고, 차츰 몽골텐트 밖에서 행하여지는 여러 가지 가축을 사육하는 유목민들의 민속을 조사할 수 있었다. 그런데 필자가 경험한 민속의 현장은 때로는 광할한 몽골의 초원과 같이 넓게 확대될 수도 있었다. 예를 들어서 몽골의 유목민들은 몽골 초원에서 자라는 허브나 약초를 캐기 위해서 말을 타고 멀리 가기도 하고, 말이나 양 등의 가축을 팔거나 사기 위하여 먼 거리를 이동하기도 한다.

더욱이 필자의 몽골친구의 형과 같이 숨(sum) 주변의 시골에서 유목생활을 하는 몽골인들은 일년에 최소한 몇 번은 옮겨 다니기 때문에 몽골의 유목민들의 일상적인 삶과 생활방식이 녹아 있는 민속의 현장은 더욱더 확대 될 수 있는 것이다.

덧붙여서 말하면 몽골 유목민들의 민속을 현지조사 하다보면 민속학에서 자주 사용되는 민속의 현장이 주어진 여건에 따라서 달라질 수도 있음을 암시해 준다. 자주 이동을 해야하는 몽골의 유목민들이 가지고 있는 민속은 일상적인 생활 그 자체이다. 몽골의 유목민들에게 주어진 초원은 고정적인 것이 아니라 항상 바뀔 수 있는 그리고 모든 유목민들이 공유할 수 있는 공간인 셈이다. 다시 말해서 몽골의 유목민을 체계적으로 현지조사 하기 위해서는 민속학자도 유목민이 되어야 한다. 즉 민속학자도 한곳에 머물러 있기 보다는 유목민을 따라서 함께 유목생활을 해야 하는 것이다. 민속의 현장에 대한 색다른 측면을 제공해 주는 몽골 유목민들의 사례는 앞으로 민속학자들이 관심을 가져야 할 "민속학과 민속의 현장"에 대한 좀더 다양한 논의에서 좋은 자료를 제공해 줄 것이다.

5 나오기

민속학에서 민속의 현장은 마치 농부들에 있어서 논과 같이 생업의 터전이며 마음과 몸을 살찌우는 민중의 살아있는 혼(魂)과 생활철학을 끊임없이 제공해 준다. 따라서 민속학자에게 민속의 현장이 없다면 민속학은 단지 그림의 떡이며, 형식에만 치우쳐서 알맹이가 없는 빈 껍데기 학문에 지나지 않을 것이다.

　　민속학자가 인식하는 "현장"의 개념과 범위는 참으로 광대하다. 반면에 일반인들이 생각하는 "현장"이라는 용어도 정확하지 않은 경우가 많다. 아마도 민속학이 다른 인문·사회분야의 학문분야보다도 역사가 길지 않은 이유도 있겠지만 그 만큼 민속의 현장이 민속학자들만의 전유물처럼 인식되어진 것도 사실이다. 민속학자들의 관심분야가 확대되면서 민속의 현장도 기존의 시골 마을단위에서 도시공간과 다양한 해외동포들의 민속현장으로 그리고 부분적이긴 하지만 지구촌 여러 민족들의 민속현장으로 확대되고는 있지만 양적 확대 이전에 민속의 현장이 가질 수 있는 진정한 의미와 영역, 범위 등에 대한 논의와 관심이 시급한 실정이다. 특히 민속현장의 연장선상에서 민속학자는 일반독자에게 현지조사의 결과를 한편으로는 생동감이 넘치도록 전달해야하기도 하며 다른 한편으로는 양심적이고 도덕적인 입장에서 현지의 상황을 고려할 수도 있어야 한다.

▲중국 속의 한민족 문화와 민속.

　　이 글에서 제시한 민속의 현장에 대한 몇 가지 사례를 살펴보면 민속의 현장은 국내에서 해외에 이르기까지 그 종류가 다양한 것을 알 수 있다. 필자가 언급하지 않은 민속현장의 사례까지 포함하면 그 범위는 더욱더 넓어질 수 있다. 민속현상이 전승되는 곳은 어디든지 민속학자에게는 민속의 현장이 될 수 있는 것이다. 최근에 민속의 현장이 더욱더 확대되고 있는 것은 그 만큼 민속학자들의 관심분야와 연구지역이 늘어나고 있음을 암시한다. 오늘날 민속학이 단지 양적인 팽창에만 만족하지 않고 질적으로도 내실을 기하려면 민속의 보고(寶庫)인 민속의 현장에 대하여 본격적으로 좀 더 체계적인 논의가 있어야 하겠다.

제10장

도시화 과정 속의 사회조직과 상장례 민속의 변화

1 들어가기

　도시민속학에서 연구의 대상으로 삼는 도시라는 공간 중에는 이미 도시화가 진행된 것만이 아니라 지금 현재 도시화가 진행되고 있는 곳도 포함될 수 있다. 이렇게 도시화가 진행되고 있는 농촌마을은 전통문화를 보존해야 하는 입장 때문에 다른 지역보다도 민속조사가 시급한 실정이다. 경기도 지역의 농촌마을 중에서 수원시 이의동(二儀洞)의 경우가 도시화가 한창 진행 중인 대표적인 마을이다.

▼대문 앞에 달려 있는 엄나무 가지. 엄나무 가지는 나쁜 기운이 집안으로 들어오지 못하게 한다고 믿어진다(수원시 이의동).

수원시 이의동에 대한 관심은 택지개발로 인하여 마을 전체가 옮겨질 운명에 처하게 되면서 그동안 몇몇 민속조사보고서가 나온바 있다.[34] 다른 지역에서 일반적으로 행하여지는 민속조사의 경우 시간을 두고 마을조사를 하면서 이미 나와 있는 조사보고서의 내용을 체계적으로 보충할 수 있다. 그러나 수원시 이의동의 경우 택지개발에 의하여 마을 전체가 곧 사라져버리게 되는 상황에 처해있기 때문에 민속조사를 단시간 내에 실시하여 사라질 위험에 처해있는 이의동의 민속문화를 시급하게 수집하고 정리해야 하는 실정이다. 이러한 특수한 상황에서 부분적이지만 도시화가 한창 진행되고 있는 이의동의 사회조직과 상장례(喪葬禮)를 중심으로 도시화가 진행되면서 어떻게 민속문화가 변해가고 있는지를 고찰하고자 한다.

특히 상장례의 경우 택지개발이라는 도시화가 진행되면서 이의동의 선산(先山)에 모셔져 있는 일부 조상들의 묘를 옮겨야 하기 때문에 좀더 현실적인 입장에서 도시민속학을 논의할 수 있을 것 같다. 상례(喪禮)와 장례(葬禮)는 같은 말이 아니며 보통 상례 속에 장례가 포함된다. 즉 상례는 사람이 운명(殞命)하는 것에서부터 시작하여 조상(弔喪), 장례(葬禮), 복상(服喪)까지를 일컫는 말이다. 상례는 관혼상제(冠婚喪祭) 중에서도 가장 많은 분량을 차지하고 있으며 부모와 조상에 대한 효(孝)를 소중하게 여기는 우리의 전통문화 속에서도 가장 중요하게 다루어져 왔다.

우리 조상들은 태어나서 사는 집을 양택(陽宅)이라고 부르는 반면에 죽어서 혼이 머무르는 공간을 음택(陰宅)이라고 부를 정도로 살아 있을 때의 공간 못지않게 사후의 공간도 소중하게 생각하였다. 따라서 삶과 죽음을

---

34) 수원시 이의동(二儀洞)의 전통적인 생활문화에 대한 보고서로는 2003년에 나온 『수원시 이의동지』와 2005년에 나온 『수원 이의지구 택지개발사업부지 문화유적지표조사 보고서』가 있다. 또한 2006년에는 중앙대 한국문화유산연구소와 경기도지방공사가 공동으로 수원시 이의동이 포함된 광교 테크노벨리 개발사업 민속유적조사 보고서를 간행한 바 있다.

분명하게 구분해 주어서 현세에서의 삶을 마감하고 미련이나 아쉬움이 없이 내세로 무사하게 갈 수 있게 하기 위한 일련의 의례인 상장례는 한국의 전통사회에서 필수불가결한 것이었다.

또한 수원시 이의동의 경우 오랜 시간동안 청송심씨(靑松沈氏), 안동김씨(安東金氏), 청주한씨(淸州韓氏), 죽산안씨(竹山安氏)의 집성촌 형성되어 왔으며, 이러한 친족조직과 더불어서 상부상조(相扶相助)하는 상포계와 상조회 같은 마을의 사회조직이 마을의 구성원들 사이에 만들어져서 상장례의 모든 과정에 적극적으로 참여해왔기 때문에 경기도의 다른 지역에 비하여 상장례의 풍속도 잘 유지되고 있으며, 또한 전승되고 있는 셈이다. 먼저 도시화가 진행 중인 수원시 이의동의 사회조직을 살펴보고 이어서 이의동의 상장례 민속을 도시화의 진행과정 속에서 살펴보고자 한다.

2 수원시 이의동의 사회조직

수원시 이의동은 다른 경기도 지역의 마을과 비교해서 집성촌(集姓村)을 이루고 있는 지역이 많은 편이다. 이의동에서 찾아볼 수 있는 집성촌 마을로는 산의실과 동역마을의 청송심씨(靑松沈氏) 집성촌, 여수내의 청주 한씨(淸州韓氏) 집성촌, 안골과 성죽골의 안동김씨(安東金氏) 집성촌, 쇠죽골의 죽산안씨(竹山安氏) 집성촌이 대표적이다. 한편 안골, 쇠죽골, 성죽골은 모두 한 동네이며, 두렝이 동네라고 불러졌다고 한다. 전설에 의하면 여기가 옛날에는 능이 두 개 있기 때문에 "두능"이 두렝이로 쉽게 불렀던 것이다. 어떤 능이 두 개 있었는지는 마을 사람들도 잘 모른다고 한다. 한편 이의동에서 안동 김씨는 현재 안골, 쇠죽골, 성죽골 등지에 20집 있는데 모두 친척들이다.

오랜 시간동안 같은 성씨들이 모여살고 일상적인 생활의 공간을 공유하면서 생겨난 고유한 민속이 많이 남아있는 이의동은 특히 친족들과 마을 구성원들 사이의 사회조직이 발달한 지역이다. 이의동의 집성촌에서 볼 수 있는 친족조직은 동성부락(同姓部落)이 가지는 특징에 맞게 공통되는 조상(祖上)을 받들고 정기적으로 조상에게 의례(儀禮)를 올리기 위한 조직으로 그 속에는 소속감과 연대의식이 강하게 내재되어 있는 편이다. 한편 마을 구성원들 사이의 사회조직은 기쁨과 어려움을 함께하는 운명공동체로서의 소속감이 강하게 들어있다. 특히 기쁜 일보다는 어려운 일에 많은 도움이 필요로 했기 때문에 상(喪)을 당하는 것과 같은 궂은일에 서로 의지할 수 있고 도움을 주고받을 수 있는 조직이 필요했던 것이다.

수원시 이의동에서 오늘날 까지 명맥을 유지하고 있는 사회조직으로는 친족을 중심으로 하는 문중조직, 노인회, 상조회 등이 있다. 문중조직은 이의동에 위치하는 집성촌을 중심으로 형성되어 있는데, 문중에서 정기적으로 행하고 있는 기제사(忌祭祀), 사절사(四節祀), 시제(時祭) 등을 통하여 끈끈한 연대감을 면면히 이어오고 있다. 또한 경로당 겸 마을회관을 중심으로 구성된 노인회는 전통적인 시골마을에서 여전히 주요한 사회조직으로 마을의 대소사를 해결하고 운영하는데 가장 핵심적인 역할을 담당하고 있다. 아울러서 노인회의 회원들에 비하여 상대적으로 젊은 회원들로 이루어진 상조회도 함께 서술해 보고자 한다.

2.1. 문중조직

집성촌과 같은 동성촌락(同姓村落)이 형성된 곳에서는 파시조(派始祖)를 중심으로 시제(時祭)를 지내거나 정월초하루, 한식, 단오, 추석에 사절사(四

節祀)를 지내기도 하며, 또한 파시조의 기제사(忌祭祀)를 지내는 경우가 있어서 같은 조상을 모시는 친족들 간의 유대를 공고히 하게 된다. 예를 들어서 산의실과 동역마을의 청송심씨(靑松沈氏)는 시제(時祭)보다는 파시조의 기제사와 파시조로부터 5대손까지의 사절사(四節祀)를 중요하게 지내고 있으며 안골과 성죽골의 안동김씨(安東金氏)는 주로 파시조와 그 후손들의 시제를 지내고 있다.

청송심씨(靑松沈氏)들이 집성촌을 이루고 있는 산의실과 동역마을의 경우 안효공(安孝公) 심온(沈溫 ; 1365-1418)을 파시조로 모시는 파종회와 심온(沈溫)의 자손들을 중심으로 갈라진 소종회로 이루어져 있다. 한편 안동김씨(安東金氏)의 집성촌인 안골과 성죽골은 김언침(金彦沉 ; 1514-1584)의 아들인 김근(金瑾 ; 1538-1594)과 김찬(金瓚 ; 1543-1599)을 각각 파시조로 모시고 있는데 따라서 안골과 성죽골의 안동김씨들은 안동김씨 대종회에 속하지만 안골은 현감공파(縣監公派)이고, 성죽골은 김찬의 시호인 효헌(孝獻)을 딴 효헌공파(孝獻公派)로 독립적인 파종회를 구성하고 있다. 참의공(參議公) 김언침의 아들인 현감공(縣監公) 김근과 효헌공(孝獻公) 김찬은 형제지간이다.

안효공(安孝公) 심온(沈溫)의 묘가 있는 산의실에서 지내는 사절사(四節祀) 중에서 가장 규모가 큰 것은 단오 때 지내는 제사이다. 가령 한식 때는 벌초를 하지는 않는데 단오 때는 문중 사람들이 정성을 드려서 벌초를 한다. 또한 묘제(墓祭)가 끝나고 나면 여기서 문중총회를 가지기 때문에 단오 때는 적어도 전국에서 200-300명이 의례에 참여하게 된다. 청송심씨의 경우 안효공(安孝公) 심온(沈溫)의 묘를 중심으로 많은 땅을 소유하고 있다. 심온은 세종대왕의 장인이었는데 묘를 그곳에 쓰면서 그 근처는 다 청송심씨의 땅이라고 했다고 하는데 이것을 "사패지를 잡았다"고 한다.

심온의 묘역을 지키고 관리하는 묘막이가 있으며, 묘막이는 안효공파 후손들을 회원으로 하는 안효공종회의 도움을 받아서 심온과 부인 순흥 안씨의 기제사(忌祭祀)와 사절사(四節祀)의 제사음식을 장만하기도 한다. 안효공종회의 사무실은 현재 수원시 권선구 고등동에 있어서 안효공의 묘를 관리하고 정기적으로 지내는 모든 제사를 주관한다. 심온의 묘역을 책임지고 있는 묘막이도 안효공종회에서 지어준 묘막에 살고, 농사를 지을 수 있는 논과 밭도 역시 안효공종회로 부터 제공받고 있다. 이들은 주로 묘를 관리하는 일에서부터 제사가 있을 때는 제물을 장만하는 일까지 한다. 이전에는 문중 사람들이 장을 보아주고 묘막이는 제물을 장만하는 일을 했지만 현재는 장을 볼 때도 묘막이도 문중 사람들과 함께 본다고 한다. 그러나 제물을 장만하는 것은 묘막이만 하며, 이들은 제물을 장만할 때 목욕재계를 하고, 음식의 간을 보지 않는 등의 금기를 지킨다고 한다. 안효공 심온과 부인 순흥 안씨의 기제사와 사절사(四節祀)를 지낼 때 올리는 제물로는 소고기적과 조기, 민어, 닭고기, 대추, 밤, 사과, 배, 단감을 올린다. 이 외에도 한과, 산자, 북어포, 식혜, 물김치, 무나물, 시루떡과 3탕(무, 북어, 소고기를 넣어서 만듬)을 올린다. 또한 올리는 제물 중에서 생선은 생으로 올리며, 탕 위에 올리는 홍합과 낙지도 익히지 않는다.

이의동에 있는 안동김씨의 시제(時祭)는 10월 초하루부터 초 다섯날 까지 지낸다. 보통 4일동안 지내는데 이것은 시제를 지내야 하는 산소가 많기 때문이다. 시제(時祭)는 초 다섯날에 끝난다. 시제는 밖에 나가 있는 사람들도 많이 참석한다. 또한 추석을 전후해서 벌초를 하는데 묘막이 혹은 묘지기가 한다. 묘막이 혹은 묘지기는 안동 김씨의 땅을 해 먹고, 묘도 관리하고 제사를 준비하는 사람들이다. 이들은 안동 김씨도 있고, 타성(他姓) 사람도 있는데, 안동김씨가 아닌 사람들이 더 많다고 한다. 시제의 경우 묘지기가 음식을 장만하고 안동 김씨들은 묘에 와서 제사만 지낸다. 이것은 안동 김씨의 땅을 해 먹는 사람들(묘지기)이 그곳에서 나온 곡식으로 제사음식을 준비하기 때문에 그렇다고 한다. 시제의 음식준비와 관련해서 간혹 부족한 것이 있으면 안동 김씨 문중에서 보태어주기도 한다. 시제 때는 옛날식으로 도포를 입는데 문중에서 모두 준비한다. 안동 김씨 종중에는 종친회도 잘 조직되어 있고, 특히 대종중회는 돈도 넉넉하게 있고 해서 그것을 가지고 시제를 지낸다고 한다.

이의동에 있는 안동김씨의 시제는 주로 안골과 성죽골에 있는 안동김씨들이 주축이 되며 현감공(縣監公) 김근과 효헌공(孝獻公) 김찬의 아버지인 참의공(參議公) 김언침에게 먼저 제사를 올리고 현감공 김근 그리고 효헌공 김찬에게 차례로 제사를 올린다. 제사는 산소에서 지내는 묘제(墓祭)이며 제물은 모두 묘막이가 장만한다. 시제 때 올라가는 제물로는 대추, 밤, 배, 곶감과 소고기적, 소탕(두부탕), 닭고기 등이 있으며, 숭어는 생으로 올린다. 안동김씨의 시제는 일제시대 때와 6.25 사변 때도 지냈을 만큼 안동김씨 문중과 이의동(특히 안골과 성죽골)에서 중요한 행사였고, 친족들이 더욱더 단단한 유대를 형성하는데 중요한 역할을 해왔던 것이다. 이전에는 시제가 끝나고 묘막에서 종친회를 가졌는데 현재는 수원역 앞에 마련한 종친회 사무실에서 모이고 있다고 한다.

2.2. 노인회

이의동에는 안골 근처에 마을의 노인들이 자주 모이는 노인회관이 있다. 안골 외에도 성죽골, 쇠죽골에서도 노인들이 오지만 주로 안골의 노인들이 많이 모이는 편이다. 특히 쇠죽골의 노인들은 거리가 조금 멀어서 잘 오지 않는다고 한다. 현재 노인회의 총 인원은 63명이다. 보통 음력 정월이나 12월에 총회를 하는데 그 때는 사람들이 많이 온다고 한다. 또한 노인회에서 주관하여 여행을 가게 되는 행사가 있으면 많이 모인다. 이러한 경우 어떤 때는 버스로 한 차가 넘어서 어떤 분은 못 갈 때도 있을 정도이다. 이러한 행사는 모두 경로당비로 집행한다.

노인회는 회장, 부회장, 총무가 있는데 부회장은 둘이다. 부회장의 경우 한 분은 할아버지이고, 다른 한분은 할머니이다. 그 외에 노인회를 운영하기 위해서 세 분의 이사와 두 분의 감사를 두고 있다. 노인회 회장의 임기는 보통 3년인데 2년을 하는 경우도 있다. 회장을 새로 선출하게 되면 모든 회원들이 모여서 회장을 뽑는다. 노인회에 들기 위한 조건의 하나는 최소한 나이가 만 65세 이상 즉 66세가 되어야 한다는 것이다.

노인회 회원끼리는 서로 도와주는 편이다. 회원의 집에서 대소사가 생기면 노인회 회원들에게 청첩도 돌리고 부고도 돌린다. 이러한 경우 모든 회원들이 적극적으로 참여하게 된다. 특히 상(喪)을 당하는 것과 같이 어려운 일을 당하게 되면 상조회를 들지 않은 경우에도 서로 도움을 주고받는다.

2.3. 상포계(喪布契)와 상조회

이의동에는 어려운 일이 나면 서로 도와주는 상포계(喪布契)가 유명하다. 상여계(喪輿契)가 상여를 서로 들어주는 것이라면 상포계(喪布契)는 상(喪)과 같이 집안에 일 터지면 쌀이나 다른 물건을 태워주는 것이다. 즉 마을사람들끼리 서로 상부상조하던 전통적인 마을의 사회조직이 바로 상포계인 셈이다.

이전까지만 해도 모든 집에서 쌀을 귀중하게 여겼기 때문에 회원이 상을 당하면 회원을 도우기 위하여 쌀 한 말이면 한 말, 두 말이면 두 말과 같이 쌀을 많이 사용하였다. 모든 마을 사람들이 의무적으로 내는 것은 아니고 상포계를 가입한 사람들이 주축이 되어서 마을의 대소사에 대처하였던 것이다. 즉 상포계는 계를 가입한 회원들이 돌아가면서 서로를 정신적으로 도와주고 물질적으로도 도와주는 것이다.

마을사람이면 누구나 상포계를 들 수 있지만 보통 나이가 한 오십(50세) 이상은 되어야 한다. 또한 전적으로 남자만 가입할 수 있었다. 남자가 상포계를 들게 되면 부인도 함께 혜택을 받았다. 상포계에는 회장과 총무가 있어서 다양한 일을 수행하였다. 지금은 상포계가 없어지고 상대적으로 젊은 사람들을 주축으로 상조회가 생겨나게 되었다. 상조회는 상포계와 비슷해서 상이 나면 계를 든 사람들이 모여서 무사히 상을 치루도록 일을 도와주는 것이다. 상조회에 가입한 회원들뿐만 아니라 회원의 부모가 돌아가도 상조회의 도움을 받을 수 있다. 상포계와 마찬가지로 상조회도 남자만 가입할 수 있다.

현재 이의동 4통의 상조회 회장을 맡고 있는 안골의 장길동(53세)씨로부터 좀더 자세한 내용을 얻을 수 있었다. 장길동씨는 부친이 상포계 회장도 하고 상여 나갈 때에 선소리도 했는데 지금은 이러한 전통이 다 없어졌다고 한다. 따라서 최소한 상을 당하는 것과 같은 어려운 일에 마을의 회원들이 서로 돕기 위해서 상조회를 만든 것이라고 설명한다. 장길동씨에 의하면 지금의 상조회는 부친이 했던 상포계와는 다르다고 한다. 또한 부친이 했던 상포계는 회원들이 나이가 많아서 자연히 도태하게 되고 그러니까 마을의 좀 더 젊은 사람들이 새롭게 시작하게 된 것이 바로 상조회라는 것이다.

상조회는 지역별로 하는데 안골은 "4통상조회"이다. 이의동에서 상조회가 현재까지 남아서 상포계가 담당했던 이전의 기능을 부분적이지만 담당하고 있는 곳은 아마도 안골이 유일한 것 같다. 오늘날 상조회는 회장 1명, 총무 1명 감사 2명으로 구성되어 있고, 임기는 2년이다. 주요한 활동을 살펴보면 우선 상이 나면 상조회에서 50만원을 태워주고 10만원짜리 화환을 하나 보내준다. 회비는 특별회비가 있어서 한번 상이 터지면 3만원을 걷는다. 매년 1년에 한번씩 정기총회를 한다. 예산 100여만원을 들여서 떡 등을 해서 음력 보름 경에 총회를 한다. 총회는 보통 회장집에서 한다.

상조회는 남자만 가입한다. 마을에 거주하고 있는 사람만 가입하고 타 지역에 있는 사람은 가입할 수 없다. 즉 상조회에 가입하기 위해서는 당시 모임을 가질 때 거주하는 사람만 가능하고 또한 나이도 40세부터 60세 미만까지만 가능하다. 상조회의 범위는 이의동 전체를 따지는 것이 아니라 그 부락 즉 안골, 성죽골, 쇠죽골 등과 같은 마을을 따지기 때문에 상조회의 이름도 "4통상조회"이다.

오늘날 이의동에는 노인회, 상조회, 부녀회가 있는데 상조회가 청년회를 겸비한 것이다. 상조회의 회원은 현재 60세 넘은 사람은 아무도 없다. 따라서 청년회일 수도 있다. 따라서 이 마을에서 나이가 든 사람(60세 이상)은 상조회에 들어올 수가 없다. 상조회에서 상(喪)이 나면 서로 도와주어야 하기 때문에. 상조회는 회원의 직계의 상(喪)에 주로 관여한다. 오늘날 상조회에서는 이전에 많이 사용되었던 "쌀" 대신에 "돈"을 주로 부조한다. 즉 장길동씨의 부친 때에는 주로 쌀을 사용하기도 했는데 지금은 "돈"이 주된 것이 되었다.

장길동씨의 경우 회장이 된지 2년째이다. 지금 상조회에서는 회원들의 직계말고도 장인 장모까지도 부조를 하다보니까 전국적으로 문상(問喪)을 가게 된다고 한다. 매장(埋葬)에서 화장(火葬)으로 바뀌고 있어서 조금 간소화되고는 있지만 회장과 대표들[임원]은 장지까지 가야하기 때문에 어떤 때는 부산, 목포 등 경기도 지역 외에도 전국적으로 멀리까지 가야할 때도 있다고 한다.

3 이의동의 상장례

이의동의 경우 보통 상(喪)을 당하게 되면 지금은 3일장(葬) 혹은 5일장을 하는데, 이전에는 7일장, 9일장도 하였다. 예를 들어서 9일장을 지낼 때는 모든 마을 사람들이 마을회관에 모여서 서로 도와서 일을 처리한다. 또한 구일장을 지내려면 준비과정도 더 필요하며 시체를 좀 더 오랜 시긴 동안 모셔두어야 하기 때문에 시체를 특별하게 모셔두는 풍속이 있었다고 한다. 즉 9일 동안 두면 시체가 부패하기 때문에 염(殮)을 해가지고 뒷동산이나 어디 한가한데 모셔다가 채붕(綵棚)을 해 둔다. 매장이 아니고 짚으로 지어다 놓고 그기에 채붕(綵棚)을 하는 셈이다. 그리고는 구일이 되면 모셔다가 땅에다 장사를 지내고 매장한다. 사람이나 동물이나 지나가지 못하도록 관에 넣고 집을 지어서 채붕(綵棚)을 한다. 이의동에서 5대 이상을 살아온 안골의 김재갑(72세)과 김재홍(74세) 할아버지로부터 얻어진 자료를 중심으로 상장례의 과정을 구체적으로 기술하고자 한다.

3.1. 초종(初終)

이의동의 상장례 과정을 자세하게 살펴보면 임종에서부터 일련의 순서가 확연하게 잘 드러나 있다. 습과 염을 하기 전까지의 과정을 편의상 초종(初終)으로 묶어서 기술하고자 한다. 여기에는 임종(臨終), 초혼(招魂), 사자밥(使者飯), 수시(收屍), 호상(護喪) 및 부고(訃告) 등이 들어있다.

① 임종(臨終)

임종은 죽음이 가까우면 조용히 정침(正寢) 또는 평소에 거처하는 곳에 모시는 것을 말한다. 임종은 보통 집에서 했다. 이전만 하더라도 병원 가는 것도 몰랐던 것이다. 김재홍(74세) 할아버지의 부친이 돌아가신 것이 37년쯤 되었는데 그 때 임종을 하기 위해서 방을 하나 정했다고 한다. 또한 돌아가실 무렵이 되면 방안에 있는 세간을 모두 밖으로 내어 놓는다. 김재홍 할아버지에 의하면 임종이 가까우면 방에 있는 물건을 밖으로 치우는 것에 대한 정확한 내력은 모르지만 방이 비좁아서도 그렇게 한 것 같다. 옛날에는 큰방이 없고 전부 방이 좁았는데, 보통 당시의 방 길이가 여덟 자니까 세간을 밖으로 내어 놓을 수밖에 없었던 것 같다. 임종을 위해서 특별한 방을 정하는 것은 아니고, 김재홍 할아버지 부친의 경우 주무시던 방에서 임종하셨다고 한다. 그 방이 너무 작아서 임종하시기 전에 방에 있는 물건들을 모두 밖으로 내어 놓고, 장사(葬事) 지내고 다시 들여다 놓았다고 한다.

한편 김재갑(72세) 할아버지에 의하면 임종을 하는 방안에 짐을 놓아두면 귀신이 거기에 달라 붙는다고 해서 방을 깨끗이 청소하고 장롱과 세간을 임종을 하는 방이 아닌 다른 빈방으로 옮겼다고 한다. 빈손으로 왔다가 빈손으로 간다는 말과 같이 임종하는 방의 세간을 모두 없애고 깨끗하게 정돈하는 것은 아마도 현세에 남아있는 미련을 버리고 내세로 잘 가시라는 믿음이 내재되어 있는 것이다.

임종을 지켜보기 위해서 돌아가실 때가 되면 안방에 모셔다가 동쪽 방향으로 눕히거나 남향 쪽으로 둔다고 한다. 김재홍 할아버지에 의하면 보통은 동쪽으로 머리를 두는데 동쪽이 위(上)기 때문에 돌아가신 분을 위로 모신다고 해서 머리를 동쪽으로 모신다고 한다. 즉 동쪽에 모시는 것은 위에 모시는 것으로 제일로 잘 모신다는 의미이다.

② 초혼(招魂)

초혼이란 죽은 사람의 혼이 돌아오라고 부르는 의식(儀式)으로 다른 말로는 고복(皐復)이라고도 한다. 이의동 사람들은 보통 상(喪)을 당하면 집집마다 혼을 부른다고 하는데 이것을 초혼이라고 부른다. 그런데 초원을 할 때는 지붕에 올라가지는 않고 지붕 아래에서 한다고 한다. 세 번 "복복복" 하고 외치는데, 예를 들면 복 복 복 하면서 죽은 사람의 주소와 이름을 부른다. 다시 말해서 죽은 사람의 성(姓)하고 이름을 다 부르면서 경기도 수원시 이의동, 4통 몇 반 누구 누구 김아무개 적삼 가져가시오 라고 외치는 것이다. 죽은 사람이 남자이던 여자이던 똑같이 한다.

③ 사자밥(使者飯)

사자밥이란 죽은 자를 데리고 가는 사자(使者)들을 위한 밥이다. 이의동에서는, 사람이 운명(殞命)하고 나면 키에다가 사자밥이라고 해서 접시 세 개에다가 밥을 해서 수북하게 담아다가 돈(동전) 십원짜리를 끼워서 대문간 앞에 놓는다고 한다. 보통은 종이돈이 아니라 동전을 꽂았는데 옛날에는 엽전을 꽂았다고 한다. 밥과 돈 외에도 물도 올린다. 또한 돌아가신 분의 신발 한 켤레를 올린다. 돌아가신 분이 신었던 신발이 짚신이면 짚신, 고무신이면 고무신을 올리는 것이다.

밥은 세 그릇을 올리는데, 그것은 사자가 셋이기 때문이다. 세 명의 사자 중에서 관리가 한분 있고 나머지 두 명은 관리를 보좌하는 사자(使者)인 셈이다. 따라서 밥을 세 그릇 올린다고 한다. 한편 동전이나 엽전을 밥에다 꽂는 이유는 저승사자가 사용하기도 하고, 저승길을 가다가 필요할 때 사용하라는 의미라고 한다.

사자밥은 절대로 먹으면 안되고, 장사(葬事)날 다 갖다가 버린다. 또한 이의동에서는 사자밥을 보통 키에다 올렸다고 한다. 즉 그냥 밥만을 키위에 올리는 것이 아니라 접시에다 밥을 담고 그것을 키위에 올리는 것이다. 이전만 하더라도 모두 키에 사자밥을 차렸는데 최근에는 상(床)에다 올리기도 한다.

④ 수시(收屍)

수시(收屍)란 시체를 수습하는 것으로 "수시 거둔다"라는 표현을 많이 한다. 이의동에서는 염하기 좋게 발을 똑바로 펴고 몸을 반듯하게 해서 누이는 것을 "수새 걷는다[수시 거둔다]"라고 부르기도 한다. 보통은 짚으로 묶거나 수수깡을 짤막하게 잘라서 양쪽을 묶어서 고임을 해 놓고 수시를 거두어서 그 위에다 시체를 모신다.

⑤ 호상(護喪) 및 부고(訃告)

호상(護喪)은 초상을 치르는데 관련된 모든 일을 담당한다. 보통 호상은 마을 사람들 가운데서 경험이 많은 사람이 맡기도 하지만 대부분은 죽은 사람의 친구 중에서 맡기도 한다(장철수 : 1984 : 97). 초상이 나면 누가 얼마를 부조(扶助)했는지를 모두 기록으로 남겨 놓아야 하는데, 이의동에서는 호상(護喪)을 하나 세워서 그 사람이 누가 무엇을 가져오고 하는 것 등을 상세하게 기록해 둔다. 옛날에는 초상이 나면 팥죽이 제일 먼저 와야 했다고 한다. 왜냐하면 상주들이 밤을 지세고 곡(哭)을 하니까 기운이 없어서 입맛이 없는데, 죽(팥죽)은 밥보다 부드럽기 때문에 상주들에게 꼭 필요한 것이었기 때문이다.

한편 이의동에서도 호상(護喪)은 상주가 가장 믿을만한 사람을 시킨다고 한다. 따라서 상이 나면 우선적으로 먼저 호상을 정하는 일이 중요하게 여겨졌다고 한다. 호상은 상주들이 미처 신경을 쓸 수 없는 모든 일에 관여하는데, 따라서 상(床)을 하나 놓고 부조 들어 온 것을 모두 적고, 심지어는 팥죽 쑤어 오는 사람, 술 한통 가져오는 사람 등 자세한 사항을 상주를 위해서 모두 기록해 둔다.

호상(護喪)이 정해지면 부고장을 보내는데 부고장은 모두 인편으로 전달했다고 한다. 김재홍 할아버지에 의하면 이전에는 시골에 전화도 거의 없어서 인편으로 전달할 수밖에 없었다고 한다. 부고장은 받으면 절대로 집안으로 들이지 않았다. 보통은 문 바깥에 끼워놓으며, 부고장은 나중에 태운다. 한편 상포계의 회원들은 부고장을 받으면 쌀도 한 말 보내기도 하고, 쌀이 없으면 보리쌀도 보내기도 한다.

3.2. 습렴(襲殮) 및 입관(入棺)

습과 염은 돌아가신 분을 깨끗하게 씻기고 수의를 입히는 과정을 말한다. 이의동에서도 사람이 돌아가면 습 하고 염을 하는데 아무나 못한다고 한다. 즉 습과 염은 남을 안주고 집안사람들끼리 했으며, 집안에서도 가족끼리 염을 하는 경우가 많았다고 한다. 여자가 죽어도 남자가 염을 하는 경우도 간혹 있었지만 보통은 남자가 돌아가면 남자가 염을 하고 여자가 죽으면 여자가 염을 한다. 이러한 풍속을 잘 반영해 주듯이 이의동에서는 "여자가 담력이 있어야 상(喪) 나갈 때에 염을 한다"라는 말까지 생겼다고 한다. 다시 말해서 담력이 약한 여자는 염을 못하고 담력이 큰 여자만 염을 할 수 있었던 것이다. 담력이 약한 여자가 혹시라도 염을 하면 병이 나고 위험하다고 한다.

염을 할 때는 시체를 깨끗하게 하기 위해서 쑥이나 향나무 삶은 물을 사용하는데 손톱, 발톱을 깍아서 봉지에 넣는다. 봉지는 하나인데 손톱, 발톱, 머리카락을 함께 넣는다. 이 봉지의 이름을 자료제공자(김재갑 할아버지)가 기억하지 못하고 있었지만 아마도 조발랑(爪髮囊)으로 볼 수 있을 것 같다. 보통 다른 지역에서 조발랑은 네 개 혹은 다섯 개인 곳[35]이 많은 데 이의동에서는 하나 혹은 두 개만을 사용하는 셈이다. 즉 김재갑 할아버지는 조발랑을 하나만 사용한다고 구술(口述)한 반면에 김재홍 할아버지는 조발랑을 두 개 사용해서 시체 중간의 양 옆에 두며 머리카락을 한 주머니에 넣고, 손톱과 발톱을 또 다른 한 주머니에 넣는다고 구술하고 있다. 또한 염을 하게 되면 다 벗기고 베옷으로 새로 입히는데 옛날에 입었던 옷은 나중에 산에 가서 태운다. 한편 시체에 수의(襚衣)를 입히면 얼굴도 덮는다. 보통 조선시대 부녀자들이 쓰던 조바위와 같은 쓰개를 씌운다고 한다.

습과 염을 하는 과정 중에는 돌아가신 분이 배고프지 말라고 고인의 입에 생쌀을 넣어주는 반함(飯含)이 있다. 김재갑(72세) 할아버지에 의하면 반함(飯含)을 하게 되면 쌀을 고인의 입에 세 번 넣어주면서 각각 "천석이요, 이천석이요, 삼천석이요"라고 외친다[36]고 한다. 이것을 "돌아가신 분을 위한 양식"이라고 부르며, 나무 숟가락에 쌀을 담아서 입어 넣는다. 이때 사용하는 숟가락은 버드나무로 만들며, 쌀은 물에 담구었다가 불은 것을 사용한다. 오른쪽, 왼쪽, 중간과 같이 입에 쌀을 넣어 주는 특별한 방향과 순서는 없고 그냥 세 번을 넣어주면 된다고 한다. 나무 숟가락에 생쌀을 담아서 고인의 입에 넣으면 때때로 쌀이 많이 떨어지기도 한다. 그렇지만 요즘도 시늉삼아서라도 반드시 반함(飯含)을 해야 한다.

염을 할 때도 순서가 있는데 이의동에서는 위에서부터 시작하여 밑으로 내려간다고 한다. 염을 하고나면 시체를 단단히 묶어서 관에다 넣는다.

---

35) 이두현 (1995 : 81)과 최운식(1999 : 164) 참조.

36) 김재홍(74세) 할아버지는 사람이 돌아가면 쌀을 세 숟갈 입에 넣어주는데 이것을 "양식 드리는 것"이라고 해서 "천석이요, 만 석이요, 십만 석이요" 라고 염하는 사람이 부르면서 쌀을 입에다 떠 넣는다고 한다. 김재홍 할아버지의 부친이 돌아가셨을 때도 이것을 했다고 한다.

시체를 넣으면 관 속에 빈 공간이 생기는데 그 곳은 보통 짚으로 채운다, 이 지역에서는 이러한 용도로 짚을 넣지만 옷은 넣지 않는다고 한다. 상장례와 관련된 대부분의 절차가 그러하듯이 염을 할 때 참석하는 사람들은 대부분 친척들이다.

한편 김재홍(74세) 할아버지에 의하면 안골에서는 내일이 장사면 오늘 저녁에 염 즉 염습을 한다고 한다. 염습할 때는 안동 김씨는 대개 가족들이 하기 때문에 남의 손을 절대 빌리지 않는다. 옛날 양반들도 "염습을 할 때 절대 남의 손을 빌리면 못쓴다"라는 속신을 가지고 있었다고 한다. 따라서 안동 김씨 문중에서는 이전까지만 하더라도 여자도 염하는 것을 가르쳤다고 한다. 즉 딸들도 염하는 것을 배워야 했다. 그러니까 남의 손을 빌리지 않기 위해서 여자들도 염하는 것을 배웠던 것이다. 특히 자신들의 부모를 남한테 맡기지 않았으며 반드시 자손들이 조상들을 위하여 염을 해야 하는 것으로 여겼던 것이다. 고인을 위한 습과 염은 후손으로서 조상의 신체를 볼 수 있는 마지막 기회이다. 염을 "잡수었다"라는 표현에서 알 수 있는 바와 같이 후손들은 정성을 들여서 조상의 마지막 가는 저승길을 밝혀주게 된다.

3.3. 성복(成服)

염을 하고나면 상복을 입게 된다. 따라서 염을 마칠 때까지 여자들은 머리만 풀면 된다. 즉 상(喪)을 당한 여성들은 상(床)에 물을 떠다 놓고는 동서남북으로 절하고 곡하면서 머리만 푼다. 한편 남자들은 두루마기를 입되 한 손만 끼고 한손은 끼지 않는다. 다시 말해서 두루마기의 바른쪽은 끼고 왼쪽은 끼지 않는다. 남자든 여자든 상을 당하게 되면 그 슬픔이 너무나 크고, 정신이 없음을 나타내어 준다. 염을 하고나면 비로소 상복을 입고 굴건(屈巾)을 쓰고 행전(行纏)을 친다. 김재홍 할아버지도 부친상 때 그렇게 했다고 한다.

성복을 제대로 하기 위해서는 상장(喪杖)이라고 하여 상주들은 지팡이를 짚는다. 아버지 돌아가시면 대나무 지팡이, 어머니가 돌아가시면 버드나무 지팡이37)를 상주가 짚는다. 이의동의 안골에서는 상을 당하면 지팡이는 직접 만드는데, 돌아기시고 나면 바로 지팡이를 만든다. 보통 상이 났다고 하면 동네 사람들이 많이 모이게 되며, 그 때 상장(喪杖)을 만들어야 한다고 이야기가 나오고, 누구를 시켜서 버드나무 있는데 찾아 가서 톱을 가지고 가서 베어다 만들게 한다. 상장(喪杖)을 만들게 되면 상주에게 가져다 준다. 가끔씩은 시내에서 상포(喪布)해 올 때 함께 상장(喪杖)을 장만해 오기도 한다.

정식으로 상복을 입고나면 그 때부터 문상객(問喪客)을 받는다. 이전만 하더라도 문상객들이 오면 꼭 곡(哭)을 해야 했다. 지금은 병원 혹은 장례 식장에서 문상객을 맞이하기 때문에 곡을 하지 않고 상주들이 그냥 서있는 것 같다. 이전만 해도 외아들의 경우는 상주노릇하기가 참으로 힘이 들었다. 왜냐하면 혼자서 그 많은 문상객을 맞이하다보니 곡을 너무 많이 해서 목이 다 쉬고 했다고 한다.

3.4. 발인(發靷) 및 치장(治葬)

관(棺)을 장지(葬地)까지 옮기기 위해서는 우선 관을 방에서 상여가 있는 마당으로 옮겨야 하는데 이것이 곧 천구(遷柩)이다. 관이 나갈 때 부정을 쫓기 위해서 방에서 나올 때 방의 네 귀퉁이에다가 관을 부딪치기도 한다.

---

37) 어머니가 돌아가시면 버드나무 외에도 오동나무로 만든 지팡이를 쓰기도 한다(정종수 : 2003 : 37).

예를 들어서 관을 넷이 들었을 때 방이 옛날에는 좁아서 마음대로 못 든다. 그래서 네 귀퉁이에다가 탁 치기도 했던 것이다.

또한 관이 방에서 나가면서 바가지를 깨뜨리고 나가는 풍속이 이의동에도 남아 있다. 즉 관이 방에서 나와서 마루에 내려서게 되면 바가지를 엎어 놓고는 처음에 내려오는 사람이 그것을 밟고 나와서 상여에 모신다. 다시 말해서 관이 나갈 때는 관을 들고 가는 사람이 바가지를 깨뜨려서 나가는 것이다. 이것은 고인이 현세에 아무런 부정도 남기지 않고 깨끗이 걷어가지고 내세로 가시라는 의미이다. 그렇게 하면 돌아가신 후에도 집안에 우환이 없고 모든 나쁜 것을 깨끗하게 걷어간다고 한다.

김재홍 할아버지에 의하면 얼마 전까지도 상여를 사용했다고 한다. 보통 안동김씨의 종중에 상여가 있었는데, 묘지기가 보관도 하고, 관리도 했다고 한다. 상여를 보관해 두는 상여둑(혹은 "상여도가"라고 이 지역에서 부름)이 안동김씨의 묘막이 집 옆에 있었다고 한다. 김재홍 할아버지의 부친이 돌아가셨을 때만 해도 안동김씨 종중의 상여를 빌려다가 쓰고 다 뜯어서 잘 묶어서 상여둑에 다시 넣어서 보관해 두기도 했는데 다 태워버리고 지금은 상여가 없다고 한다. 이의동에서 상여가 완전히 없어진 것이 한 20여년 정도 된다고 한다. 즉 1985년까지는 이의동에서 상여가 사용된 셈이다.

한편 김재갑(72세) 할아버지에 의하면 지금도 쇠죽골에는 상여 두었던 곳이 남아있다고 한다. 상여도가의 위치는 쇠죽골 마을의 중간 지점에 있다. 그런데 쇠죽골에 이 상여둑은 비교적 최근에 생긴 것이라고 한다. 즉 지금으로 부터 37년 전쯤에(1968년) 김재홍 할아버지의 부친이 돌아가시고 나서 동네에서는 상조회를 다시 구성을 했으며 아마도 그래서 그 때에 상여를 다시 새로 만들었던 것 같고 지금의 쇠죽골에 상여둑을 만들어서 상여를 보관하게 된 것 같다고 한다. 그 전에는 안동 김씨의 상여를 갖다가 사용하였는데 안골, 쇠죽골, 성죽골 모두 김씨네 상여를 빌려다가 사용한 셈이다.

이전에는 상여소리 하는 사람이 마을에 있었다. 따라서 상여놀이도 했는데 문중을 비롯해서 이 동네 사람들이 모두 모이고 해서 김재홍 할아버지의 부친상 때는 집 마당에서 크게 상여놀이를 했다고 한다. 노제(路祭)도 지냈으며, 김재홍 할아버지의 아우가 마을 아래에 살았기 때문에 장지(葬地)로 가면서 작은 아우네 집에 들러서 마당에서 노제를 지내기도 했다고 한다.

상여가 나갈 때 요여(腰輿)라고 부르는 혼백과 신주를 모셔 나르는 작은 가마도 함께 나간다. 요여(腰輿)는 지역에 따라서 영여(靈輿)라고도 부른다. 이의동의 요여는 아주 가까운 친척이 들고 갔는데 보통은 고인의 맞사위가 들고 간다. 오늘날 요여는 상여가 없어지면서 함께 없어졌다. 더욱이 요즘은 사진이 있기 때문에 굳이 혼백을 만들어서 요여에 넣어서 들고 다니지 않아도 된다.

상여가 장지에 도착하면 관은 태우고 시체만 매장했다고 한다. 이의동에서는 관은 태우고 시체만을 매장하는 퇴관하는 사람도 있고 관과 함께 시체를 매장하는 입관을 하는 사람도 가끔씩 있지만 보통은 퇴관을 했다고 한다. 즉 이러한 것은 상주가 속한 집의 내력에 따라서 결정된다고 한다. 김재홍 할아버지의 집안은 주로 퇴관을 했다고 한다. 퇴관을 하는 경우 관은 구입해서 매장할 때는 시체만 묻고 태워버린다. 돌아가시기 전에 입었던 옷은 장례식 날 시체를 상여에 모시면, 뒤에서 노인 중에서 나이를 잘 잡수신 분이 방 청소를 하고 옷가지 등을 보따리에 싸서 그것을 가지고 가서 장례에서 퇴관을 하면서 시체를 땅에 모시고 관을 태울 때 한꺼번에 태워버린다.

퇴관을 하고나면 회다지(이 지역에서는 "달구방아"라고도 부름)를 하고 봉분을 만든다, 매장 하고나서 회다지 즉 달구방아(달구질)를 하는데 세 번을 다려야 한다고 한다. 처음에는 회를 흙하고 썩어 놓는다. 시체를 모셔 놓고는 제일 먼저 회 섞은 흙부터 먼저 집어넣는다. 나무뿌리 같은 것이 절대로 뻗어 들어가지 못하도록 단단히 다지는 것이다. 회를 넣은 흙을 잘 다지면 징으로 깨뜨릴 정도로 단단하게 다져진다고 한다. 따라서 광중(壙中)에 나무뿌리 같은 것이 들어갈 수 없게 되는 것이다. 북치고 소리하는 사람의 소리에 맞추어서 달구방아를 세 번을 다지는데 일하는 사람, 일가 친척들, 친구들 누구나 들어가서 달구방아를 할 수 있다.

이의동 사람들은 꼭 지관(地官)을 불러다가 묘자리를 정했다. 지관이 하라고 하는 대로 했는데 지관이 만약에 장사(葬事)날 바빠서 못 오면 새끼줄을 딱 띄워놓고, 말뚝을 박아놓고 해서 정확한 위치를 미리 정해주기도 했다. 예를 들어서 시체의 복판[가운데] 이니까 이렇게 쓰라 라고 지관이 일러주면, 지관 말대로 그대로 쓴다. 지관이 표시해 놓고 가니까 그대로 구덩이를 파는 것이다. 지관의 가르침에 따라서 구덩이를 파기도 하며, 시체 복판에다 새끼줄을 딱 가게 해서 한 치의 오차도 없이 파기도 한다. 지금도 이의동에는 이성한(67세)씨가 지관으로 활동하고 있어서 근방에서는 모두 그 분이 묘자리를 일러준다고 한다. 오늘날에는 화장(火葬)을 하는 경우가 많기는 하지만 여전히 산소를 쓰게 되면 대부분 이성한씨에게 묘자리를 부탁한다고 한다.

3.5. 반혼(返魂) 및 우제(虞祭)

장지에서 시체를 매장한 후 혼백만을 요여에 다시 모시고 오는 것이 반혼(返魂)이다. 반혼을 하면 마루에 상청(喪廳)을 차리고 그 곳에 혼백을 모신다. 상청을 모실 때는 혼백을 써서 가운데다가 붙여 놓는다. 김재홍 할아버지의 경우 부친상 때 3년상을 했는데 아침저녁으로 상식(上食)을 올리고, 3년이 지나서 비로소 탈상을 했다고 한다.

상청을 차려놓게 되면 혼백을 반드시 모셔둔다. 왜냐하면 옛날에는 사진이 없어서 혼백을 모셔두었던 것이다. 상청에 혼백을 모신지 3년이 지나면 혼백을 태워버린다. 즉 3년상이 끝나면 상청에 모셔두었던 혼백을 묘(墓)로 가지고 가서 태우고 묘 앞에 묻는다. 한편 혼백은 창호지로 쓴다. 혼백을 창호지로 쓰는 것은 죽은 영혼이 오셔서 많이 잡수십시오 라는 의미이다. 다시 말해서 시체를 매장하고 일정한 기간에 지내는 제사(초우제, 재우제, 삼우제, 졸곡제), 소상, 대상이 되면 오셔서 많이 잡수셔서 편히 가시라는 의미인 셈이다.

시체를 장지에 매장하고 신주나 혼백을 모시고 돌아와서 자내는 첫 제사가 반혼제(返魂祭) 혹은 초우제(初虞祭)라고 한다. 즉 초우제는 장일(葬日)날 집에 돌아와서 지내는 제사인 셈이다. 재우제(再虞祭)는 초우제를 지낸 뒤 처음 맞는 유일(柔日)에 지내며, 삼우제(三虞祭)는 재우제를 지낸 뒤의 첫 강일(剛日)에 지낸다.

김재갑(72세) 할아버지에 따르면 장사(葬事)를 지내고 나면 그 날 저녁에 장례의 한 과정으로 "자리거지"를 하는데 무당이 와서 했다고 한다. 자리거지는 돌아간 사람이 어디에 태어날 것인가를 알아보는 의례이다. 무당이 쌀을 항아리나 그릇에 놓고는 춤을 추고 징을 치면서 넉두리를 한다. 아주 옛날에는 키를 긁어가면서 넉두리를 했다고도 한다. 한참 무당이 넉두리를 하다가 불을 딱 끄고 나면 쌀에다 무슨 자국이 난다고 한다. 그래서 새가 되면 새발자국이 나고, 또 구렁이가 되면 구렁이 발자국이 난다는 것이다. 그래서 돌아가신 분이 새가 되었다. 구렁이가 되었다. 혹은 소가 되었다는 것을 알 수 있다는 것이다. 김재갑 할아버지가 어렸을 때만 해도 마을에 초상이 났을 때 "자리거지"는 이의동에서 자주 접할 수 있는 풍경이었다고 한다. 그러나 자리거지는 이의동에서 30-40년쯤부터 없어졌다고 한다.

　자리거지를 하게 되면 상을 당한 집안에 궂은 일이 없고 깨끗하다고 해서 사람이 돌아가면 하게 되었다고 한다. 즉 자리거지를 하면 돌아간 분의 귀신이 말썽을 부리지도 않고, 집안을 해치지도 않는다고 한다. 따라서 자리거지를 하면 죽은 영혼이 미련 없이 깨끗이 떠날 수 있기 때문에 자리거지를 해준다고 한다.

　또한 자리거지는 "뒷거지"라고도 부른다. 김재홍(74세) 할아버지에 의하면 이의동에는 장사를 지내고 와서 그날 저녁에 하는 자리거지를 "뒷거지"라고 불렀다고 한다. 김재홍 할아버지는 개인적으로 이러한 의례를 믿지는 않았지만 옆에서 하는 것을 많이 보았다고 한다. 특히 안골 마을에서는 많이 했다고 한다. 뒷거지는 돌아가신 분이 무엇이 되었는지를 알 수 있는 의례이다. 옛날에는 모두 나무를 때니까 나무를 땐 깨끗한 재를 채에다 쳐가지고 키에다 얇은 보자기로 덮어 놓으면 무당이 와서 덮어 놓은 것을 열어보면 무슨 발자국 같은 것이 나온다고 한다. 무당이 그것을 보고 이분이 돌아가셔서 무엇이 되었구나 하고 말해준다고 한다. 가령 뱀이 되었다면 뱀이 간 자국이 난다고 어렸을 때 들었다고 한다.

　한편 상을 당하게 되면 상주들을 존귀하게 여기는 풍속이 이의동에서 보이기도 한다. 예를 들어서 김재홍 할아버지가 부친상을 당했을 때 젊은 편이었는데 삼우제(三虞祭)날 상복을 입고 가는데 노인네가 일어나서 여기에 앉으시라고 했다고 한다. 김재홍 할아버지가 "저는 젊은데 왜 노인네가 일어나시느냐"고 다시 그곳에 앉으시라고 했는데, 그 노인네는 자네를 봐서 그런 것이 아니라 굴건제복(屈巾祭服) 즉 돌아가신 아버지를 봐서 그런 것이라고 앉으시라고 했다고 한다. 따라서 옛날에는 돌아가신 분을 위해서 상주가 상복을 입어니까 상주는 큰 어른으로 여겨졌던 것이다.

3.6. 탈상(脫喪)

탈상을 하기 위해서는 소상(小祥)과 대상(大祥)을 모두 끝내어야 한다. 전통적으로 초상이 나고 3개월이 지난 다음에 맞는 강일(剛日)에 졸곡제(卒哭祭)를 지낸다. 그리고 초상 1주년이 되면 소상(小祥)을 지내는 반면에 2주년이 되면 대상(大祥)을 지낸다. 보통은 대상이 끝나면 탈상을 한다. 대상 뒤 두 달 후에는 담제(禫祭)를 지내고, 대상 후 100일이 되는 정일(丁日) 혹은 해일(亥日)에 조상의 신주(神主)를 고쳐 쓰고 길제(吉祭)를 지낸다. 그러나 오늘날에는 신주를 모시지 않기 때문에 삼우제를 지내고 나면 바로 탈상을 하는 편이다.

탈상을 하면 그 때부터 제사를 지내는데 곧 이것이 기제사(忌祭祀)이다. 기제사는 4대까지 지내고, 5대부터는 시향(時享)을 지내든지 한식을 지내든지 한다고 한다. 이전만 해도 기제사는 열두시에서 한 시 사이에 지냈는데, 지금은 그렇지 않고 열시만 넘으면 지내는 편이다. 김재갑 할아버지는 기제사의 중요성을 일깨워 주는 이의동에서 전승되는 설화를 하나 들려주었다.

소금장사가 큰 재를 넘어가는데 날이 저물어서 공동묘지에서 자게 되었다. 한밤중에 어떤 소리가 들리는데 소금장수가 가만히 들어보니. "여보게. 오늘 내 제사날인데 같이 가세." "아닐 새 자네나 다녀오게." 그리고는 "한 시가 넘었는데 잘 먹고 왔나." "아들네 집에 가니까 국에는 구렁이가 들고 또 밥에는 아홉 돌이 들고 그래서 손자 놈을 물에 빠뜨리고 왔네." 라는 것이었다. 다음날 소금장수가 그 동네를 가보니까 정말로 뜨거운 물에 한 아이가 한 쪽을 많이 데었다고 해서 어제 저녁에 제사인데 탕국에 데었다고 허더라는 것이다. 그래서 소금장사가 조상에게 잘 빌고 다시 정성을 드려서 제사를 지내라고 해서 다시 잘 지내니 얼른 낳았다고 한다.

요즘은 그런 것이 많이 약해졌지만 제사음식 차리는 것도 다 격식이 있는데 홍동백서(紅東白西), 조율이시(棗栗梨柿), 반좌우갱(飯左右羹) 등이 있어서 엄격하게 지켜졌다고 한다. 집안에 따라서 홍동백서를 쓰는 사람도 있고 조율이시를 쓰는 사람도 있다고 한다. 특히 조율이시는 왼쪽으로 쓰기도 하고 오른쪽으로 쓰기도 하는데 김재갑 할아버지는 왼쪽으로 조율이시를 쓴다고 한다. 한편 반좌우갱의 경우도 할아버지의 입장에서 반좌우갱이다. 즉 죽은 분의 입장에서는 오른쪽에 밥을 놓는 셈이다. 또한 제사를 지낼 때 동쪽으로 제사를 모시는데, 이것은 동쪽이 제일 밝기 때문에 그렇게 한다고 한다.

김재홍 할아버지는 부친상을 당하고 3년상을 지냈는데, 처음 맞이하는 기제사인 소상(小祥) 때는 상청에 보통 때보다는 더 많은 음식을 올렸다고 한다. 왜냐하면 소상이다 혹은 기제사다 하면 많은 사람들이 오기 때문에 음식을 많이 장만했던 것이다. 또한 고인의 생일 때도 생신제(生辰祭)라고 해서 제사를 지낸다. 생신제 때는 산소에도 다녀오기도 하는데 3년 상이 끝나면 생신제는 생략하고 기제사만 지낸다.

또한 기제사 외에도 차례를 지내는데 차례는 추석과 정월 명절(설날) 때 지내고 한식과 단오 때는 지내지 않는다. 추석과 정월 명절 때 지내는 차례는 지방(紙榜)을 쓰지 않는다. 그리고 차례 때 올리는 잔(盞)도 명절 때는 단잔이다. 기제사 때는 세 잔을 올린다. 시제 때도 세 잔을 올린다. 반면에 추석과 정월 명절(설날) 때는 단잔이다. 김재홍 할아버지에 의하면 제사가 아니고 차례라고 해서 단잔을 올린다고 한다. 즉 가을의 추석 때는 풍농에 감사하는 뜻으로 올리기 때문에 제사가 아니라서 단잔을 올리고, 설날 같은 경우도 해가 바뀌는 시점에서 새 해를 맞이하여 그동안의 보살핌에 감사하고 새해의 복을 기원하는 인사를 드리기 때문에 단잔을 올리는 것이다.

차례 때는 종손집의 경우는 4대봉사이다. 다시 말해서 아버지, 할아버지, 증조, 고조까지 4대봉사인 셈이다. 정월 명절 때는 떡국을 고조할아버지, 증조할아버지, 할아버지, 아버지 등 네 그릇을 모두 떠다 놓는다. 반면에 기제사의 경우는 부친의 기제사 때 함께 모친도 모시고 모친의 기제사 때 부친도 함께 모신다. 즉 내외분을 같이 모신다. 기제사 때 지방(紙榜)은 김재홍 할아버지가 직접 작성하신다. 감실이 집에 없기 때문에 제사 때가 되면 지방을 직접 손으로 써서 지방을 넣는 틀이 있는데 그 속에 끼워서 앞에다 모시고 촛불을 켜 놓고 제사를 지낸다. 김재홍 할아버지는 슬하(膝下)에 4남매를 두었는데 딸이 둘, 아들이 둘이다. 제사 때는 보통 아들들만 온다고 한다.

기제사 때는 묘에 가지 않지만 정월 명절(설날)과 추석 때에 묘에 간다. 부모의 묘는 할아버지가 직접 벌초를 한다. 지난번(2005년) 추석 때도 추석이 되기 일주일 전 토요일에 모두 모여서 벌초를 하기로 아들, 조카들과 정했다고 한다. 부모의 묘는 합장(合葬)을 하였기 때문에 같이 있다. "남좌여우"(男左女右)의 원칙을 지켜서 아버지는 왼쪽, 어머니는 오른쪽에 모셔두었다. 비석에는 본관(本貫)이 꼭 들어가야 하며 한편 지방을 적을 때도 남좌여우(男左女右)의 원칙에 맞게 적는다고 한다.

4 나오기

수원시 이의동은 청송심씨(靑松沈氏), 안동김씨(安東金氏), 청주한씨(淸州韓氏), 죽산안씨(竹山安氏)의 집성촌으로 같은 문중사람들끼리 공통의 조상에게 다양한 제사(기제사, 사절사, 시제 등)를 올리면서 끈끈한 친족조직을 형성해 왔다. 이렇게 수원시 이의동에는 나름대로의 집성촌이 형성되어 오면서 친족 간의 연대가 강하게 남아있으며, 이러한 *끈끈한* 친족조직을 바탕으로 좀더 넓은 영역에서 같은 마을공동체의 단단한 연대를 지속해 왔다. 그런데 이러한 마을공동체 이면에는 상포회, 상조회, 노인회 등의 사회조직이 핵심적인 기능을 담당해 왔다.

이의동에서 볼 수 있는 이러한 독특한 친족조직과 마을공동체 조직은 자랑스러운 우리의 민속문화로 현대화와 도시화 과정 속에서도 면면히 이어져 왔던 것이다. 도시로 많은 구성원들이 유입되었지만 여전히 이의동의 전통문화는 이제까지 도도하게 지켜져왔던 것이다. 최소한 그러한 전통문화가 내재되어 있는 집성촌이 남아있고, 공통되는 조상들의 묘가 남아 있으며, 조상들을 위한 다양한 제사가 남아 있으며, 마을 구성원들 사이의 상호부조의 조직이 남아있기 때문에 가능했는지 모른다.

그러나 이제는 이의동이라는 지역이 송두리째 없어져버릴 위기에 처해 있다. 마을이 존재하지 않는데 민속문화가 존속할 수는 없다. 얼마나 오랜 시간 동안 소중하게 간직된 문화인데, 단지 도시개발이라는 단순한 논리에 의하여 우리의 전통문화를 간직한 마을이 한순간에 사라져야 하는 것이다. 앞으로 계속해서 도시화는 가속화될 것이며 이의동과 같은 마을이 다시 생겨날 것이다. 개발이 본격적으로 진행되기 전에 아직까지 남아있는 이의동의 민속문화를 체계적으로 수집하고 정리해야할 필요성이 절실히 제기된다고 하겠다.

한편 수원시 이의동의 상장례는 임종(臨終)에서부터 탈상(脫喪)까지 전통적인 상장례의 전 과정이 비교적 잘 전승되고 있는 것 같다. 마을에 상(喪)이 나게 되면 친족조직뿐만 아니라 상포계나 상조회 그리고 노인회와 같은 이의동에 형성되어 있는 사회조직을 통하여 상부상조하는 전통이 여전히 잘 남아있다. 그러나 최근 몇 년 사이에 장례식장이 점차로 보편화되고, 매장(埋葬)에 못지않게 화장(火葬)하는 경향도 많이 생겨나면서 이의동의 상장례도 이전에 비하여 간소화되고 있는 것 같다.

그럼에도 불구하고 이의동이라는 마을공동체가 유지되고 있는 한 상(喪)을 당하는 것과 같이 마을의 구성원들이 한번쯤은 모두 겪게 되는 어려운 일에 마을의 구성원들이 합심하여 마치 자기의 일과 같이 서로 부조하는 일은 계속해서 유지될 수 있다. 마을공동체와 마을의 사회조직은 상장례의 여러 과정에 관여하기 때문에 도시화와 산업화가 진행되고 있는 오늘날에도 전통적인 상장례의 풍속을 전승시켜주는 원동력을 제공해 준다. 또한 다른 방향에서 보면 다양한 과정을 통하여 비로소 삶과 죽음을 분리시켜주는 전통적인 상장례에 공동으로 참여하면서 마을의 구성원들은 더욱더 강한 결속력을 가지게 되는 셈이다.

아마도 이의동의 상장례 관련 민속문화는 단지 수원지역의 극히 부분적인 민속문화인지도 모른다. 그러나 이러한 지역의 민속문화가 모여서 수원, 경기도, 그리고 한국의 민속문화가 되는 것이다. 도시화가 빠르게 진행되면서 택지개발이라는 불가피한 상황 속에서 마을이 없어지면 마을을 근간으로 하는 이의동의 사회조직도 그리고 사회조직의 적극적인 참여에 의하여 다양한 과정으로 치르게 되는 이의동의 상장례도 점차로 그 자취를 감추게 될 것이다. 따라서 이의동과 같이 도시화가 본격적으로 진행 중인 마을에 대한 민속문화의 보존이 시급한 실정이며 종합적이고도 체계적이고 세부적인 민속조사가 절실히 요구된다고 하겠다.

제11장

탈사회주의와 도시화 그리고 민속문화의 계승

1 들어가기

중국의 조선족들이 많이 거주하고 있는 동북삼성(東北三省) 중에서 길림성의 연변시는 한민족의 전통과 혼이 살아 숨쉬는 중국 속의 작은 한민족 공동체라고 해도 과언이 아니다. 중국이라는 거대한 한족 문화권 속에서도 조선족의 독특한 문화와 민속을 소중히 전승하고 계승하고 있는 중국 조선족들의 전통문화에 대한 정열과 사랑은 연변 조선족들에게서 특히 잘 나타난다. 민족의 정체성을 유지하기 위하여 연변(延吉)의 중국 조선족들이 지속적으로 그리고 나름대로 행하고 있는 다양한 문화전통 중에서 민속예능(民俗藝能)의 전승실태를 중점적으로 살펴봄으로써 중국의 조선족들이 경험하였고 또한 경험하고 있는 전통문화의 보전과 전승에 대한 노력을 조금이라도 느껴볼 수 있는 기회로 삼고자 한다.

연변에 조선족자치주(朝鮮族自治州)가 건립된 것은 1952년이다. 그 후에 1958년에는 길림성 장백조선족자치현(長白朝鮮族自治縣)을 세웠졌으며, 이후에도 조선족이 비교적 많은 농촌에는 조선족 자치향(自治鄉)이 만들어지게 된다. 중국에 조선족자치주가 만들어진지 50년이라는 세월이 흘렀지만 여전히 조선의 전통문화가 남아서 중국의 조선족들 사이에서 면면히 전승(傳承)되고 있는 것은 한민족이 가지고 있는 자신들의 고유한 문화에 대한 애정과 열정을 잘 반영해 준다. 아마도 이러한 전통문화에 대한 집착과 애착이 있었기 때문에 중국에서 조선족들은 교육열이 높고, 문화자질이 높은 민족으로 그 이름이 널리 알려지게 되었다(정신철, 1997).

연변의 조선족들이 고유의 전통문화인 민속예능을 전승하는 것은 크게 두 가지로 나누어서 살펴 볼 수 있다. 예를 들어서 첫째는 불로송(不老松) 등과 같은 전통문화를 계승발전 시키는 노인예술단체에 의해서 이고, 두 번째는 연변에 있는 민속촌과 5년에 한번씩 열리는 민속체육행사를 통해서 이다. 전자의 경우는 주로 민속 가무(歌舞)가 중심인데 일부 영역에서는 민속놀이까지도 포함할 수 있으며, 후자의 경우도 주로 민속 가무(歌舞)와 민속놀이 중심인데 때로는 전통혼례식과 같은 전통의례를 시연해 보이기도 한다. 이러한 예는 도시 속에서 축제를 통하여 지역의 민속놀이나 전통문화가 전승되는 양식과 비슷해 보인다(박환영, 2002c). 특히 민속촌은 연변 지역을 비롯하여 동북삼성에 거주하는 조선족뿐만 아니라 중국에 거주하는 모든 조선족에게 고향의 향수와 한민족의 정서를 느낄 수 있는 장소로 유명하다.

이 글에서 앞으로 논의할 내용은 연변에서 현지조사를 하면서 얻어진 것으로 주로 민속예능을 전승하고 있는 연변 조선족들과의 면담내용을 기초로 하고 있다. 이들은 대부분 민속예능의 전승 주체로서 머나먼 이국 땅에서 한민족의 전통과 풍습을 계승 및 발전시키고자 자발적으로 노력하는 분들이다. 이분들이 들려주는 진솔하고도 생생한 지나간 이야기를 통하여 연변의 조선족들이 실제로 경험하고 겪었던 파란만장한 이국에서의 정착생활뿐만 아니라 한민족의 민속예능을 보호하고 유지 및 발전시키기 위하여 어떠한 과정을 밟아 왔는지를 더듬을 수 있다. 특히 사회주의가 약화되기 시작하는 1989년 이후 즉 탈사회주의 시기에 생겨나는 다양한 문화현상 중에서 전통문화의 계승 및 전승부분을 도시화의 진행과정과 함께 고찰하고자 한다. 이러한 측면은 향후 도시민속학에서 다루어질 도시의 공간이 단지 도시화라는 사회경제적인 측면에서 뿐만아니라 사회정치적인 입장에서도 살펴볼 수 있는 가능성을 제시해주기 때문에 중요한 논의가 될 수 있다.

2 개인 구술사를 통한 민속예능 전승형태와 계승양상

중국의 조선족들은 대체적으로 농업이민이나 항일투쟁을 위해서 중국으로 왔지만 고국과 고향에 대한 그리움은 언제나 마음 한구석에 깊이 자리잡고 있었다. 연변에 1952년 조선족자치주가 만들어진 것도 결국 중국 조선족들의 고국에 대한 이러한 열정의 결과로 볼 수 있다.

조선족자치구가 연변에 만들어지면서 연변은 중국 조선족들 사이에서 하나의 고향으로 대표되어 왔다. 다시 말해서 최근까지도 고국에 직접 갈 수 없는 수많은 중국 조선족들에게 연변은 고국의 정서를 조금이라도 느낄 수 있는 대표적인 곳이 되어왔다. 이렇게 연변이 중국 조선족에게 마음의 고향과 같은 분위기를 가져다 줄 수 있었던 것은 단지 조선족들이 많이 거주하고, 조선어를 사용하고, 조선 음식을 먹고, 한복을 즐겨 입는 것 등과 같은 눈에 보이는 요인 외에도 연변지역에서 계승 및 발전되고 있는 전통적인 민속예능의 몫도 무시할 수 없다. 즉 민요와 춤, 무용과 같은 전통적인 가무(歌舞)와 민속놀이가 연변에서는 면면히 이어져 오고 있으며, 많은 예능인들에 의하여 더욱 발전되고 있다.

연변의 예능인들에 의하여 계승되고 있는 고유의 민속예능은 조선족들이 중국에 이주해 와서 겪어야 했던 파란만장한 인생역정 속에서 잘 나타나 있다. 더욱이 민족문화를 지키고, 조선족의 정체성을 유지하기 위하여 중국의 조선족들이 보여준 전통문화에 대한 애정은 민속예능이라는 분야에서는 특히 예능인들에게는 더욱 절실하게 느껴지는 문제이기도 하다. 민속의 현장에서 채집되는 이러한 개인들의 생애사(life history)는 개인들이 들려주는 구술사(oral history) 중에서도 가장 중요하게 취급될 수 있다.

이 장(章)에서는 전통적인 민속예능을 전승 및 계승하는 데 많은 노력을 기울이고 있는 연변 노인예술단과 연변 국제무역청사 민속촌, 민속체육행사 등을 개인의 구술사(oral history)를 통하여 주로 살펴보고자 한다.

2.1. 연변 노인예술단

오늘날까지 연변 조선족들이 전통적인 민속예능을 가질 수 있는 것은 연변에 있는 노인 예술단 덕분이다. 노인예술단은 현직에서 퇴직한 노인들이 주축이 되어서 만든 집단이며, 주로 노래(주로 민요)와 춤, 무용을 공연한다. 현재 연변지역에는 모두 여섯 개의 대표적인 노인예술단이 활동하고 있는 데, 예를 들어서 불로송, 꽃노을, 민속예술단, 아리랑예술단은 개인들이 모여서 만들어진 예술단체인 반면에, 연극단에서 운영하는 예술단, 맥주회사에서 운영하는 예술단과 같이 단체 혹은 회사에서 만든 것도 있다.

조선민족이 중국 동북삼성 지역에 건너와서 정착하기 시작한 것은 약 100년 정도의 역사를 지니고 있다. 이러한 과정에서 중국의 조선족들은 조선족의 전통적인 문화 예술을 유지함으로써 이전의 전통적인 것을 계승하고 발전시켜 왔다. 이 중에서 대표적인 것은 "순수하고", "고유한" 조선족의 특색을 지닌 전통가무 이다. 특히 무용의 경우 대부분 전통 민요를 바탕으로 하고, 연변의 전통성을 계승하고 있다. 이러한 사회적인 배경 및 분위기 속에서 불로송(不老松)을 비롯한 노인예술단이 생겨나게 되었던 것이다. 불로송 노인예술단의 경우 이전에 연변가무단에서 공연하던 것을 가져와서 조선족의 고유한 전통에 맞게 창작한 것도 있고 새롭게 처음부터 창작한 것도 있다고 한다. 주로 공연하는 내용은 무용이 중심인데 말하자면 농악무, 새장구춤(장고를 메고 추는 춤), 물동이춤 등이 대표적이다.

한편 노인예술단의 회원이 되려면 최소한 1급에서 4급까지 공인된 예능인으로서의 자격을 갖추어야 한다. 가령 1급의 경우는 중앙에서 인정을 한 예능인이고, 2급은 성(省)급에서, 3급은 주(州)급에서 인정한 예능인을 말한다. 그리고 4급의 경우는 극단이나 예술단에 오랜 경륜을 가지면 주(州)에서 인정해 주는 경우이다. 즉 우리의 "무형문화재"와 비슷하다. 그러므로 1급 예능인은 중국 돈으로 매달 2,000원을, 2급 예능인은 1,700원을 죽을 때까지 지원받게 되는데, 자신들이 속해있는 성(省)에서 지급해 준다고 한다. 반면에 3급에서 4급까지 예능인은 역시 일정한 금액을 주(州)에서 지급해 준다.

연변 불로송(不老松) 예술단의 김과석(66세) 부단장에 의하면 불로송 예술단은 연변 시(市) 가무단이나 다른 도시의 가무단 등에서 퇴직한 예술단원 중에서 선발하여 조직한 예술단이라고 한다. 이러한 예술단원들의 대부분은 국가 1급, 2급, 3급등과 같은 중국의 예술 직함을 가지고 있다. 즉 대학교로 따지자면 1급은 교수급이고, 2급은 부교수급인 셈이다.

불로송 노인 예술단은 지금까지 연변지구 외에도 동북삼성 지역에서 많은 활동을 벌여왔다고 한다. 특히 심양, 하얼빈, 장춘 등지로 대표되는 즉 길림성, 요녕성, 흑룡강성 등의 지역에 조선족들이 많이 거주하기 때문에 언어가 통하고, 예술과 가무가 통하여서 다른 지역에 비하여 비교적 쉽게 이러한 지역에 나가서 공연을 많이 했다고 한다. 때로는 좀더 멀리 나가기도 했는데, 예를 들어서 산둥, 청도, 봉래, 항주 등도 불로송 노인예술단의 무대가 되기도 하였던 것이다. 이제까지 여러 지역을 합해서 모두 공연을 400창[회] 정도 했다고 한다. 즉 8년 동안 400회의 공연을 했기 때문에 매년 50회의 공연을 한 것이 된다.

김과석 부단장님에 의하면 2000년 5월에는 전민족 특히 소수민족들의 문화생활을 영도하고 지지(支持)해 주는 정부기관인 "국가민족 사무위원회"에서 불로송 예술단을 초청한 적이 있어서 북경에까지 가서 공연하기도 했다고 한다. 즉 이때 불로송 노인예술단은 북경에 있는 정부관리들, 조선족들, 전국에서 온 예술가들을 모셔 놓고 연출했는데, 성황리에 진행되고, 열렬한 환영을 받았다고 한다.

불로송 예술단의 창립 및 활동 동기는 "조선민족의 전통 가무(노래와 무용)"를 계승하고 발전시키는 것이다. 이런 점에서 연변가무단과도 조금은 다르다. 즉 연변 가무단은 현대의 것(즉 현대적인 것)도 공연하는 셈이다. 따라서 불로송 노인예술단과 연변가무단이 추구하는 예술의 세계는 피상적으로 보면 비슷해 보이지만 엄격히 말하면 분명한 차이를 가지고 있다.

김과석(66세) 부단장님은 "불로송 예술단은 현대의 시대적 변화에 따라 가지 않고, 현대극이니 하는 것에 연연해하지 않고, 순순한 조선민족의 전통예술을 계속 끌고 나가겠다는 취지"에서 결성되었다고 힘 주어 이야기하곤 했다. 특히 후대들에게 연변의 조선족들에게도 이러한 조선민족의 전통적인 민속예능이 전해지고 있다는 것을 보여주고, 대대손손 계승하자는 목적을 가지고 있다는 것이다. 아래에서 좀더 구체적으로 불로송 노인예술단에 대하여 살펴보고자 한다.

불로송 노인예술단은 1994년에 만들어졌다. 제일 처음에 시작한 것은 제 1대 단장이었던 김성민 단장에 의해서였는데, 그는 당시 연변에서 제일 원로 민가(민요)가수이면서 원로 작곡가였다고 한다. 즉 1952년에 연변자치구가 만들어질 때 주제가(경축의 노래)를 작곡하였으며, 그 후에도 많은 좋은 곡을 작곡하였던 연변지역의 대표적인 인물이다. 또한 그는 연변가무단의 부단장을 역임하기도 했으며, 연길시 조선족 민족예술단을 결성하기도 하였는데, 나이가 들어서 퇴직을 하고 나서 다시 불로송 노인예술단을 만들게 되었다고 한다. 중국의 조선족 사회가 점차로 노령화되면서 60세도 청춘이 된다는 말이 생기게 되었는데, 무대에서 활동을 열심히 하던 분들이 퇴직하게 되면서 젊어서 다 하지 못한 전통적인 민속예능을 향한 열정을 불로송과 같은 노인예술단이 수용하게 되었던 것이다. 민속예술에 대한 순수한 열정과 더불어서 정신 및 문화생활 특히 자신이 활동하던 예술에 대한 향수가 가미되면서 연변의 퇴직한 많은 조선족 예술단원들이 불로송 노인예술단에 적극적으로 동참하게 되었다.

불로송 노인예술단은 오늘날까지도 가는 곳마다 환영을 받고, 지지를 받고 있다. 불로송 노인예술단의 운영 자금에 대해서는 매년 정부로부터 조금의 지원금이 나오기도 하지만, 일부는 공연의 수익금으로, 그리고 일부는 사업가 및 기업가의 기부금 등으로 충당한다고 한다.

2003년까지 불로송 노인예술단 부단장을 맡았던 김과석(66세) 선생은 1995년에 불로송에 참가하게 되었다고 한다. 그는 한 때는 안도현 예술단에서 단장을 하다가 불로송 노인예술단으로 오게 되었다고 한다. 인구가 14만명 정도인 안도현에 단원이 70명이나 되는 안도현 예술단이 있다. 이렇게 많은 예술단원이 있는 이유는 안도현이 세계적인 명산 백두산자락에 위치해 있다보니까 그것을 알리기 위해서 예술 및 문화 활동이 다른 지역에 비하여 더욱 활성화되었기 때문이다.

재미있게도 불로송 노인예술단에서 활동하는 분들은 매달 봉급이 없다고 한다. 그러나 모두 퇴직금을 가지고 있기 때문에 그것을 바탕으로 해서 돈을 받지 않고 무상(無償) 노동을 하고 있는 셈이다. 함께 뜻을 같이할 수 있는 젊은이들을 받고도 싶지만 매달 봉급이 없기 때문에 젊은이들은 생활을 할 수 없어서 받을 수가 없다. 불로송 노인예술단의 단원들은 합창대 대장, 무용대 대장, 무용대 안무가들이 퇴직한 경우가 대부분이라서 일정한 수준 이상은 모두 자질을 다 갖추고 있다고 한다. 단원이 모두 30여 명인데 남녀 비율이 반반이다. 연령층을 보면 60대가 제일 많은데 이것은 여자들의 경우 55세가 되면 퇴직이고, 남자는 61세가 되면 퇴직이라서 60대가 많은 편이기 때문이라고 한다.

한국해외동포재단에서는 매년 10월에 세계 각지의 동포들을 초청하여 한민족축제를 개최하는데 2001년, 불로송 노인예술단에서 15명이 가서 공연을 하기도 하였는데, 2002년에는 참석하지 않았다고 한다. 한편 2002년, 불로송 노인예술단은 연변자치주 제1차 중노년 무용콩쿨에서 농악무가 특징상 받았다고 한다. 한편 농악무는 원래는 마당놀이 형태인데 연변지역에서는 일찍이 무대에 올려지게 되었다고 한다. 농악무는 북한보다는 연변에서 먼저 무대에 올리게 되었는데, 조선에서 중국으로 이주해 왔던 하태익 선생과 조덕현 선생이 선구자인 셈이다. 그 이후에도 윤청자 선생과 박윤근 선생이 문화혁명 때 없어진 전통적인 조선족의 예술을 다시 복원하게 되었는데, 따라서 지금 연변의 농악무를 전승하고 있는 분들은 제3세대들인 셈이다. 농악무와 비슷하게 물동이 춤이 무대에 오른 것은 1955년인데, 그 때 북한에서는 물동이 춤이 없었다고 한다. 지금 연변 지역에서 공연되는 물동이 춤과 북한에서 공연되는 물동이 춤은 서로 비슷하고 별 차이가 없지만 단지 춤을 출 때 가지고 있는 물동이의 모양은 다르다고 한다.

불로송 노인예술단의 단원인 강상호(63세) 선생은 원래가 길림성의 안도현 출신인데 문화혁명 때 안도현에 오게 되었다고 한다. 그에 의하면 연변지역은 남과 북한에서 이주해 온 사람들이 모여 살다 보니까 연변의 민속 음악과 무용은 독특한 맛이 있다고 한다. 즉 한국과 북한의 요소가 여기 중국에서 새롭게 만들어진 분위기를 첨가하여 연변 특유의 전통이 만들어지게 되었다는 것이다. 아마도 이러한 특징은 불로송을 비롯해서 연변

지역의 여러 노인예술단이 공통적으로 가지고 있는 특징이 아닐까 한다.

2003년까지 불로송 노인예술단의 단장을 맡았던 김청룡(61세) 선생이 중국에서 한민족의 전통문화를 보전하고 육성하기 위하여 걸어 온 길을 자세히 더듬어 보면 연변 지역에서 노인예술단의 역할이 중요하게 다루어질 수 있는 이유를 조금은 이해할 수 있다.

연변에 있는 불로송 노인예술단의 단장을 맡았던 김청룡(61세) 선생은 원래는 연변 사람이 아니고, 길림지구에서 연변으로 옮겨왔다고 한다. 김청룡 단장이 연변으로 오게 된 배경과 한민족 고유의 민속음악에 관심을 가지게 된 동기는 그가 겪었던 다채로운 인생의 구석구석에서 잘 나타나 있다. 구술사(口述史)를 바탕으로 간략하게 김청룡 단장의 일생사(一生史)를 조명해 보면 다음과 같다.

김청룡 단장의 할아버지의 존함(尊啣)은 김복률이고, 그 밑에 김성민이라는 존함을 가진 큰 큰아버지[큰 아버지]가 있었고, 그 다음에는 김성한, 그 다음에는 단장님의 아버지인 김성남이고, 그 다음에는 김영순 등 4형제가 있었다고 한다. 그러니까 단장님의 할아버지는 4형제를 데리고 중국에 와서 송가집항이라는 지주집에 있다가 해방되기 전에 교하(길림)로 들어갔다고 한다. 못 살아서 자식들에게 공부도 못 시키고 해서, 단장님의 아버지도 글을 알지 못했다고 한다. 즉 중국말과 조선말은 할 수 있었지만 공부를 못했기 때문에 조선글도 잘 쓰지 못했던 것이다.

김청룡 단장은 중국에서 태어났다. 즉 연변의 돈하시 쌍하련에서 태어났고, 길림지구에서 주로 성장하였다고 한다. 중국 공산당은 1945년과 1948년에 토지분배를 하였는데, 김청룡 단장의 아버지는 길림지구에서 토지를 분배받았던 것이다. 따라서 김청룡 단장은 농촌에서 주로 자라 온 셈이다. 김청룡 단장의 아버지 김성남 선생은 1남 1녀(단장님과 단장님의 누나)를 두었다고 한다. 그런데 항일전쟁에 승리한 후 1946년부터 중국공산당이 국민당과 싸웠던 사편보위전투에 김성남 선생이 참전하게 되었고, 불행하게도 그 전투에서 전사를 하게되는 비운을 맞이하게 된다. 즉 김청룡 단장이 한 살 때에 아버지가 전사한 셈이다. 김청룡 단장의 큰 아버지(김성한) 네가 자식을 낳지 못해서, 큰 어머니가 김청룡 단장을 데려다가 키우게 되었다고 한다. 그 때 김청룡 단장의 어머니는 20살 밖에 안되었으니까 재혼을 하게 되더라도 김청룡 단장에게 훗아버지[의붓아버지] 밥 먹일 필요가 없다고 여겼고, 그래서 큰 아버지댁에 어린 김청룡 단장을 주게 되었다. 마을 사람들도 아버지가 없으니까 이제부터는 큰 아버지라고 부르지 말고 아버지라고 부르라고 했다고 한다. 그리고는 김청룡 단장의 어머니는 구태현이라는 장춘에서 가까운 곳의 조씨네 집에 재가해서 아들 세 명과 딸 하나를 더 놓았다고 한다. 지금 어머니도 세상을 떠났다고 한다. 지금은 김청룡 단장을 키워주신 90세 되는 큰 어머니는 살아 계시고, 아버지라고 불렀던 큰 아버지도 세상을 떠났다고 한다.

김청룡 단장이 어렸을 때 큰아버지 댁으로 가서 자랐던 곳은 중국 동네이긴 하지만 조선인들이 한 20가구 살았다고 한다. 그런데 그 마을에는 조선족 학교가 없었고, 그래서 중국 동네이긴 하지만 조선인들은 아이들에게 조선어를 공부시켜야 한다고 생각해서 사람들이 연변에 가서 당시 연변에서 사범학교 다니던 강영순 선생을 모시고 왔다고 한다. 그 선생님이 사범학교를 다녔기 때문에 조선어도 알고 해서 아이들을 가르치게 되었던 것이다. 조선인들이 약 20가구 있었고, 그 당시에는 아이들을 마음대로 낳을 수 있었기 때문에 조선인들의 아이들 수도 제법 되었다고 한다. 한 교실에 1학년 10여명, 2학년 10여명 등 마을의 아이들이 한 교실에 앉아서 공부를 했다고 한다. 마을 사람들이 쌀을 팔아서 발풍금[오르간]을 하나 사다가 놓기도 했는데, 선생이 사범학교 다녔기 때문에 악보를 조금 볼 수 있었다고 한다. 즉 높은 수준은 아니지만 기초적인 노래를 가르칠 수는 있었던 것이다. 노래 외에도 체육(전통무용 혹은 춤 포함)도 가르쳐 주었다고 한다. 당시 선생님은 마을에서 약 20리쯤 떨어진 곳에서 살았기 때문에 자신의 집에서 다니면서 통근하기가 힘들었고, 그래서 마을에서 자야 하는 경우가 많았다고 한다. 한편 그 때 마을 사람들의 생활이 대부분 곤란해서 강영순 선생은 한 집에서 일주일 먹고 자고, 그리고 나서는 다른 집에서 또 일주일 돌려가면서 먹고 자게 되었다고 한다. 즉 마을 사람들 서로가 강영순 선생의 숙식을 나누어서 부담하게 되었던 것이다. 이렇게 되자 마을 사람들 모두가 그 선생과 정(情)이 들게 되었다고 한다. 그래서 강 영순 선생님에게 너무 수고를 끼쳐드려서는 안되겠다고 여기게 되었고, 마을 사람들이 의논하여 누구네 집이던 한 집에서 재우고, 밥 먹는 것은 부담이 많이 되니까 선생님이 한 마을에서 여러 집에 다니면서 먹자고 제안하게 되었다고 한다.

그러나 이러한 것도 역시 강영순 선생에게는 불편하니까 나중에는 당시 어렸던 김청룡 단장의 큰 아버지 집에서 숙식을 하게 되었다고 한다. 즉 김청룡 단장의 큰아버지 집에는 아이(김청룡 단장)가 하나 밖에 없었기 때문에 조용해서 강영순 선생이 숙식하기에 좋았다고 한다. 당시 단장님 '의 아버지[큰 아버지]는 젊고, 건강하여 20가구쯤 되는 조선인들 마을의 통장으로 일을 해 오던 참이었다. 동네사람들은 가을에 쌀을 모아서 김청룡 단장 댁에 갖다 주어서 강영순 선생의 숙식에 도움을 주었다고 한다. 강 선생은 가끔씩 집에서 빠일린[바이올린]을 켜기도 했는데, 김청룡 단장이 음악에 관심을 가지게 되는 동기를 부여하였던 것이다. 또한 학교가면 발풍금이 하나 있어서 창가(노래)도 배우고, 집에 오면 (김청룡 단장이 여섯 살 때) 선생님도 무료하고 해서 김청룡 단장에게 음악을 가르쳐 주기도 하였다고 한다. 강영순 선생은 그렇게 음악에 조예가 깊은 것이 아니라서 세계의 명곡을 연주하는 것이 아니라 동요를 주로 연주하였다고 한다. 그래서 악보도 모르지만 김청룡 단장은 자꾸 들을 수 있었다고 한다. 그 때는 전 마을에 전기라는 것이 없어서 석유에 실 꼬아서 넣어서 불을 밝히거나, 남포등이라고 해서 조금 밝은 것이 있었는데 남포등은 마을에 회의할 때만 사용하였다고 한다. 그러므로 껌껌한 데 전기가 없으니까 음악은 좋은 벗이 되었던 것이다.

더욱이 학교에 가서 강선생이 발풍금 치는데 옆에 가서 자꾸 듣다보니까 음정도 이해되었다고 한다. 강영순 선생은 가끔씩 김청룡 단장을 직접 가르쳐 주기도 주기도 하였고, 그래서 학교에서 다른 학생보다 예능 방면에서는 우수하게 되었던 것이다. 또한 김청룡 단장은 혁명열사의 자식이었다. 즉 아버지가 전사한 후 부대에서 전우들이 와서 아버지의 묘지를 마을에 해 놓았던 것이다. 그래서 마을 사람들이 모두 그 사실을 알고 있었고, 김청룡 단장 본인도 남보다 더 열심히 해야된다는 책임감을 느낄 수 있었다고 한다.

김청룡 단장은 이렇게 소학교에서 음악에 관심을 가지게 된다. 한편 소학교 4학년까지는 초등소학교인데 5학년부터는 인근에 학교가 없었다고 한다. 즉 5학년 6학년은 고등소학교라고 불렀다고 한다. 지금도 그렇게 부르는데 6학년을 마치면 중학교에 가는 셈이다. 그래서 고등소학교에 가기 위해서는 약 15리쯤 떨어진 교하시까지 가야만 했다고 한다. 그러한 여건 때문에 5학년부터 교하시에 들어와서 공부를 하니까 아이가 어린 데 시골에서 교하시까지 학교를 다녀야 하므로 힘이든다고 생각했고, 특히 큰 아버지는 남의 자식 데려다가 키우는데 공부도 잘 못 시킨다고 생각해서 김청룡 단장을 위하여 분배받는 땅과 소를 팔아서 교하시에 와서 양식을 저장하는 곳에서 일을 하게 되었다고 한다. 교하시에 와서도 김청룡 단장은 어린이 문예콩쿠르에서 두각을 나타내게 되었다. 즉 창가도 잘하고 음악도 잘한다는 소리를 듣게 되었던 것이다. 또한 교하시에 와서는 강영순 선생의 추천으로 바이올린도 구입하게 되었는데 당시에 그 가격이 27원 50 전[지금은 몇 천원에 해당]이나 되는 아주 비싼 가격이었다고 한다. 그럼에 도 불구하고 김청룡 단장의 어머니[큰 어머니]가 꼬치[고추], 달랭이 등을 팔아서 바이올린을 사주셨다고 한다.

또한 당시 길림 조선 중학교에 근무하던 바이올린을 잘 연주하던 박길 호라는 선생님에게 가서 바이올린을 직법 배우게 되었는데, 교하에서 길 림까지의 차표가 1원 20전 내지 1원 70전이나 되었다고 한다. 그 후에는 교하중학교에 근무하던 또 다른 박 선생에게도 음악을 조금 배웠는데 그 선생님은 바이올린은 잘 못했고, 취주악을 잘했다고 한다. 김청룡 단장은 나중에 시험을 쳐서 교하시 조선중학교에 입학하게 되면서부터 본격적으 로 음악의 길로 나가게 된다. 다시 말해서 교하시 조선중학교의 음악실에 는 그랜드 피아노, 바이올린, 기타 다른 악기 등이 많이 있었다고 한다. 교 하 조선중학교 박 선생은 음악실을 김청룡 단장에게 책임지고 맡기셨는데 그래서 가끔씩 피아노도 치게 하고, 또 어떤 때는 1학년 창가[동요] 시간 에 들어가서 창가를 학생들에게 가르치게 하였다고 한다. 수업 후에도 혼 자 남아서 피아노를 칠 수 있었기 때문에 배운 것을 충분히 연습할 수 있 었던 것이다.

이렇게 보내다 보니 1963년에 고등 중학교 3학년을 다니게 되었는데 처 음에는 의과대학을 가려고 했다고 한다. 그러나 결국 김청룡 단장은 연변 대학교 예술대학에 입학하여 몇 개월 동안 강영구 선생에게 첼로를 배웠 는데, 강영구 선생이 나중에 연변가무단의 수석 첼로로 가버리는 바람에 학생은 김청룡 단장 하나만 남게 되었다고 한다. 그래서 바이올린으로 전 공을 바꾸면서 박재범 선생에게 바이올린을 배우게 되어서 잘 한다는 소 리를 많이 듣게 되었지만 1964년부터 문화 대혁명의 영향으로 "민족화" 한다면서 서양 악기를 모두 학교에서 거두어 가서 연주를 못 하게 되는 불운을 맞이하게 된다. 즉 첼로, 바이올린뿐만 아니라 서양 나팔도 연주할 수 없었던 시대였다. 그래서 김청룡 단장은 다시 해금을 배우게 되었다고 한다. 이일남 선생 밑에서 해금을 배웠는데 이일남 선생은 북한의 유명한 민속음악자인(해금 전문 음악가) 유대복 선생께 배웠다고 한다. 그러므로 이때에 북한음악의 영향을 간접적으로 받게 되는 계기를 마련하였던 것이다.

한편 이일남 선생이 건강상의 문제로 학교에 나오지 못하게 되자 양금을 백정수 선생에게서 배우게 되어서 결국 졸업장에는 양금 전업[전공]으로 나오게 되었다고 한다. 1966년에 대학을 졸업한 후에 연변 가무단에 오게 되었는데 "본보기"를 하게 되었다고 한다. 즉 1966년부터는 중앙[중앙정부]으로부터 예술활동에 대한 방침이 전달되었는데 이것은 모택동이 주장한 "서양의 것은 중국을 위해서 복무해야 하고, 옛날(고전의 것) 것은 오늘을 위해서 복무해야한다"라는 사회주의 원칙에 입각한 예술활동에 대한 일종의 방향제시였던 것이다. 김청룡 단장은 먼저 바이올린을 가지고 본보기를 하였고, 이후에는 바이올린뿐만 아니라 창고 속에 놓아두었던 다른 악기들도 들고 나와서 연주를 하게 되었다고 한다. 이러한 상황에서 김청룡 단장의 가슴속에는 "우리는 우리 민족 예술을 해야지 중앙에 너무 따라가면 안된다"는 목소리가 높아졌다고 한다.

한편 연변가무단은 원래 전신은 "연변문공단"(1948년에 만들어짐)이었다고 한다. 연변문공단 안에 경극하는 것도 있고, 중국 창시하는 것, 우리 춤추는 것, 말하는 것(화극) 등을 포하는데 원래 문공단이라는 것은 부대(군대)에서 왔다고 한다. 즉 전투하면서 전진 나팔을 불고, 전투 중에 창가를 하던 "군대 삼지대"[즉 선전대] 안에 문공단이 있었다는 것이다. 즉 연변가무단의 초창기 단원들 중에는 군대의 공연대에서 활동하던 분이 많았는데 백호상, 박재범, 기진도 선생등도 모두 군대의 공연대 출신이었는데 제대한 후에도 예술하겠다고 해서 활동을 하게 된 셈이다. 이렇게 하여 만들어진 것이 연변문공단(文公團)이며, 가무가 위주가 아니라 화극도 있고, 춤도 추고, 아무 것이나 다 하니까 연변문공단이 된 것이다. 점차로 수준이 높아지자 각 분야별로 전문화되어서 갈라지게 되는데, 창극단, 화극단, 연변가무단 등으로 갈라지게 되었던 것이다. 그러던 것이 문화대혁명이 시작되면서 다시 연변문공단으로 되면서 다시 하나로 통합되기도 하였다가 문화대혁명 이후에 다시 갈라지게 되었던 것이다. 따라서 이러한 이유로 인하여 연변가무단의 창립을 1948년으로 보기도 한다. 이렇게 하여 연변가무단에서 많은 사람들이 배양되었지만 주덕해 선생은 이렇게 해서는 조선족의 전통문화를 체계적으로 유지하고 발전시킬 수 없음을 주창하게 되었다고 한다. 즉 자라나는 아이들에게 좀더 높은 교육을 시켜 미래의 음악 수준을 높여야 된다고 주장하였던 것이다. 아무리 곤란해도 아이들에게 체계적으로 음악 공부를 시켜야된다는 주덕해 선생의 줄기찬 주장의 영향으로 점차로 연변에서 음악적인 재질이 있는 많은 젊은이들이 국가에서 운영하는 제일 큰 전문적인 대학기관에 시험을 쳐서 합격을 하여 "북경 중앙 음악학원", "심양 음악학원", "상해 음악학원" 등에 가서 공부를 하게 되었던 것이다. 주덕해 선생은 이들이 공부를 한 후에 제 고향[연변]으로 돌아오게 만들기도 하였는데, 결국 그 분들이 선생질을 하고 해서 연변지역 조선족의 음악 수준이 많이 올라가게 되었다고 한다. 지금도 연변의 중심가에 있는 시민공원에는 주덕해 선생의 비석이 있어서 많은 사람들에게 존경의 대상이 되고 있다고 한다.

김청룡 단장은 서양음악과 민족 음악을 둘 다 연구하지만 서양 음악을 위주로 하는 북경의 중앙음악학원에서 2년간(1976~1977) 공부하였고, 또한 중국 음악이 위주인 중국음악대학에서 2년간(1978~1979) 모두 4년간 공부를 하였다고 한다. 특히 중앙음악학원에 다닐 때 김청룡 단장은 중국인민해방군 전가를 작곡하기도 했던 중국 조선족의 대표적인 음악가인 지금은 작고한 정율성 선생을 자주 만나서 음악에 대하여 이야기를 나눌 수 있는 좋은 기회를 가지기도 하였던 것이다.

김청룡 단장은 연변가무단에 있을 때 처음에는 바이올린과 콘트라바스(Kontrabass)를 연주하였는데 그러던 중 문화대혁명 이후에 처음으로 조선노래를 할 수 있게 되었다고 한다. 그래서 처음 나온 노래가 "연변인민모습을 노래하네" 이며, 그 다음부터 연변의 가곡들이 많이 나오게 되었다고 한다. 그 때만해도 모두 군대 옷을 입었고, 전통의상인 조선의 옷을 입지 못했다고 한다. 즉 봉건주의적인 발상이라고 해서 못 입게 했던 것이다. 그러므로 조선의 전통의상은 집에만 놓아두고 거리에 입고 나가지 못했던 것이다. 한편 문화대혁명 이후에 문화교류의 일환으로 1975년에 북한의 "함경북도 예술단"이 연변에 처음으로 왔는데 '씨 뿌리는 처녀'라는 연극에 노래가 하나 있었다고 한다. 예를 들어서 음악이 나오다가 노래가 나오고 그러면 무용을 같이 하는 형식이며 가사는 "이른 아침 이슬 차며…" 등으로 진행되는데 나중에 그 노래의 악보를 베끼고 가사를 외워서 김청룡 단장이 공연할 때 부르게 되었다고 한다. 김청룡 단장은 연변가무단에서 공연되었던 일부 가무를 창작하기도 했는데, "풍년든 농사 뺄에 장고소리 둥기나 둥둥…"라고 전통적인 가락에 노래를 부르면 그 때는 관중들이 밑에서 춤추고 야단이 났었다고 한다. 또한 "늙은 노인/늙은 양주[늙은 노인이 자식들과 일하면서 노는 내용]"이라는 무용을 창작했는데, 그 속에 나오는 노래 "타 올라라…"도 김청룡 단장이 부르게 되었다고 한다.

또한 1976년 4월 중국 광주무역회 개막식에 연변가무단 77명이 초청되어서 공연하게 되었는데, 그 때 장고무용, 늙은 양주 등의 무용을 김청룡 단장이 맡아서 하게 되었고, 북경 중앙악단의 독창가수 구성화 선생이 와서 보고는 소질이 있다고 해서 1976년에 시험을 쳐서 북경 중앙악단에 와서 성악을 배우게 되었다고 한다. 이상에서 살펴본 바와 같이 김청룡 불로송 단장은 다양한 음악의 세계를 경험하였고, 그러한 과정에서 전통적인 민족음악에 대한 열정을 가질 수 있었다는 사실을 발견할 수 있다.

김청룡 단장과 같은 민족음악에 대한 집착을 가진 연변의 여러 예술인들 덕분으로 연변에 불로송 노인예술단이 생긴지가 12년이 다되어 간다. 즉 지금으로부터 12년 전인 1994년 4월 19일날에 정식으로 불로송 노인예술단의 창단대회를 예술극장에서 가졌다고 한다. 김청룡 단장은 당시 창립할 때는 부단장이었는데 초창기 집행부를 보면 제1대 단장으로 김성민 단장이, 그리고 김연동 행정 단장, 조균숙 비서장 등이 주요한 역할을 수행하였다고 한다. 그후 김성민, 김연동 노인단장들이 세상을 떠나게 되자 제2대 단장으로 류옥철 단장이 맡았고, 제3대는 한용수 단장이, 제4대는 조균숙 단장이, 제5대가 김청룡 현 단장인 셈인데, 김청룡 단장은 2002년 1월 1일부터 맡게 되었다고 한다.

김청룡 현 단장에 의하면 1994년 불로송이 창립되기 30-40년 전에는 불로송과 같은 노인예술단이 나올 수가 없었다고 한다. 왜냐하면 대부분의 예술인들이 그 당시에는 30대 혹은 40대였기 때문이다. 그런데 그렇게 젊었던(30대 혹은 40대였던)예술인들이 30-40년 후에 60 혹은 그 이상의 나이가 되니까 정년 퇴직하는 분이 많이 생기게 되었던 것이다. 현직에서 물러나서 집에가서 1년, 2년 노니까 답답하다고 생각하는 사람들이 많았고, 그러던 때 김성민 선생이 김청룡 선생에게 제안을 하였다고 한다. 당시 김청룡 선생은 정년퇴직을 하지 않고 계속해서 현직에서 예술활동을 하고 있을 때였는데 김성민 선생은 "내 늙은 사람만 가지고는 안되니 손을 잡고 함께 하자"고 김청룡 선생에게 간곡히 부탁을 했다고 한다. 김청룡 선생의 마음을 움직인 것은 다른 것이 아니라 함께 고생을 하더라도 민족예술의 계승을 위하여 함께 고생을 하자는 제의였던 것이다. 그래서 김성민 선생이 단장으로, 김청룡 선생이 부단장으로 불로송 노인예술단을 시작하게 되었다고 한다.

불로송 노인예술단의 창립 초기에는 돈이 없어서 부대 위문공연을 많이 했다고 한다. 부대 위문 공연을 가면 차(車)가 부대에서 무상(無償)으로 그냥 나왔고, 공연하는 노인들을 위하여 잘 차려 먹였다고 한다. 대부분의 정년퇴직한 노인 예술단원들은 공자(연금)가 다 있어서 시간을 재미있고, 유익하게 보낼 수 있었고, 부대 위문공연을 자주 다니고, 또 그 결과가 좋고, 호응도 좋다 보니까 좀더 큰 무대에서 공연을 해야겠다는 필요성을 느끼게 되었다고 한다. 이렇게 조금씩 실력을 인정받게 되고, 불로송 노인예술단이 지향하는 민족예술에 대한 가치를 인정받게 되면서 오늘날 연변 지역을 대표하는 노인예술단으로 자리잡을 수 있었던 것이다.

최근에 불로송의 활동을 살펴보면 1995년 4월에 절강성 항주에서 22개 소수민족 콩쿠르가 있다는 소문을 듣고 참가하게 되었는데, 불로송 예술단이 상을 20여개나 수상하게 되었다고 한다. 또한 1996년도에는 절강성 항주의 체탄장[전단강]이라는 강(江)이 바다로 흘러 들어가면서 특히 대보름날에는 물이 몇 십여 미터나 올라오는 것을 소재로 한 "대보름절 축제"에 초청을 받아서 일주일 동안 공연을 하기도 하였고, 같은 해에 산둥성 봉래에서 있었던 소수민족 노인들 콩쿠르에 참가하여 1등 상을 받았다고 한다. 그 외에도 최근에는 동북삼성의 심양, 장춘, 목단강 등지에서 공연을 많이 다녔다고 한다.

한편 2002년 7월 28일에는 연변자치주 성립 50주년을 기념해서 연변 무용가협회에서 세 개 콩쿠르를 개최했는데, 즉 노인 무용 콩쿠르, 사교무 콩쿠르, 민속무용 콩쿠르(중국 한족, 만주족, 조선족 등) 등이 그것이다. 이 대회에서 즉 전주[연변] 중노년 무용콩쿠르에서 불로송 노인예술단이 공연한 농악무가 특등상을, 장고무, 늙은 양주 북경 유람이 1등상을, 물동이 춤, 국기송이 2등상을, 노인 디스코, 북경 찻집에서[중국 무용] 등이 3등상을 탔다고 한다. 특히 농악무와 국기송은 창작상을 물동이 춤은 복장상까지 받는 등 모두 10개의 상을 받았다고 한다.

덧붙여서 연변에는 8월 15일이 노인절인데, 전국적으로는 10월 14일이 노인절이며, 전국 노인절 행사에는 복장 콩쿠르, 무용 및 가무, 희극(연극) 등 종목이 공연된다고 한다. 그런데 2002년 중앙의 노인절 행사를 위하여 길림성에서는 연변 불로송 노인예술단의 종목 세 개를 추천하여 길림성을 대표하여 북경에 보내었는데, 즉 물동이 춤, 북경유람[늙은 양주], 김선옥 선생[1급 배우인] 독창 등이라고 한다.

오늘날 불로송 노인예술단은 부산의 항도 노인대학과 교류를 하고 있는데, 김호선 홍보부장의 도움으로 1996년에는 장고, 북, 소고, 깽쇠(꿩과리) 등을 지원 받기도 하였다고 한다. 한국이나 평양에 가면 좋은 것은 같은 언어를 사용하기 때문에 한민족의 일체감을 느낄 수 있어서 좋다는 김청룡 단장은 연변에서 사랑을 받으면 한국이나 평양에서도 사랑을 받게 된다는 음악철학을 가지고 지속적으로 민족음악을 계승하고 발전시켜나 가겠다는 포부를 밝히기도 하였다. 또한 각 지역에는 "공연시작 관리소" 가 있어서 공연의 타당성을 결정하며, 연변에도 자치주 "공연시작 관리소" 가 있기 때문에 이러한 원칙에 입각한 민족음악을 계속해서 펼쳐나가야 함을 또한 강조하기도 하였다.

2.2. 연변 국제무역청사 민속촌 및 민속체육행사

연변지역의 민속예능을 계승발전 시키는 또 다른 노력은 연변의 국제무역청사에서 운영하고 있는 민속촌이다. 연변 국제무역청사는 민속촌 외에도 전통적인 민속예능을 중국 조선족들에게 널리 알리기 위한 예술단도 함께 운영하고 있다. 2003년 연변 국제무역청사 예술단 단장이었던 강상범

(55세) 선생에 의하면 그가 전통적인 민속예능에 관심을 가지게 된 것은 조선족으로서의 자긍심을 후손들에게 알려주기 위해서라고 한다, 그는 요즘 무용창작과 공연기획을 전문으로 하는데, 그의 아버지는 예술을 하지 않았다고 한다. 형제가 모두 민족음악에 관심을 가지고 있어서 강상범 선생의 형님은 민족악기(소피리)를 분다고 한다. 강상범 선생은 처음부터 민속을 한 것이 아니라 예술을 하는 과정에서 민족음악에 대한 애착을 가지게 되었다고 한다. 강상범 선생이 민족음악에 열정을 가지게 만든 삶을 간략하게 옮겨 보면 아래와 같다.

강상범 선생은 20세부터 예술단에서 "연원질"이라고 부르는 춤을 추고 표현하는 것을 하였는데, 나이가 조금씩 들어가면서 공부를 더 해서 창작하는 쪽으로 넘어가게 되었던 것이다. 다시 말해서 전업 표현가로 있다가 나이가 들면서 창작을 배우다가, 다시 군중문화 쪽으로 이동하게 되었던 것이다. 그러던 차에 연변의 안도현 문화관과 8개 현/시의 문화관을 지도하는 단위인 연변 군중예술관 등지에서 예술관련 업무를 담당하면서 해마다 연변의 활동이 빈번하게 되었고, 특히 조선민족의 민속 활동이 점차로 중요하게되면서 그것을 관광화하게 됨으로써 민속 즉 조선족의 민속예술에 큰 관심을 가지게 되었다고 한다.

강상범 선생은 처음에는 광장무용부터 시작하였다고 한다. 즉 광장의 농악무부터 시작해서 전국(전 중국)으로 확대하게 되었다고 한다. 즉 북경도 몇 차례 방문하면서 많은 견문을 넓히고, 농악을 하게 되면서부터 그 다음에는 연변에서 많은 예술활동을 시작하게 되었다고 한다. 한편 8~9년 전부터 지금 하는 직책을 책임지고 맡게 되었는데, 이것과 아울러 무대도 민속적인 것이 되어야 하겠다는 생각에 이 기회에 연변의 "국제무역청사 민속촌"이라는 것이 만들어진 것이 한 8년쯤 된다고 한다. 정식 명칭이 "연변 국제무역청사 민속촌" 혹은 "연변 국제무역청사 민속원"이라고 한다. 이곳은 연변 국제무역청사 예술단의 주요 활동 무대인데, 지금으로부터 8~9년 전에 만들어 졌던 것이다. 즉 1997년에 연변 국제무역청사 민속촌이 만들어지게 되었다고 한다.

다음은 연변지역에서 정기적으로 행하여지고 있는 민속체육행사에 대하여 살펴보겠다. 연변 지역에서 흔히 들을 수 있는 속담 중에 "정월에 널뛰기를 하면 그 해 발바닥에 가시가 들지 않는다"(김화(편), 1993)라는 것이 있다. 그 만큼 중국의 조선족들은 세시와 관련된 민속놀이를 즐겨 행하였음을 알 수 있다. 다시 말해서 중국 속에서도 고유한 조선의 전통을 잘 유지 발전시킬 수 있었던 것은 바로 많은 사람들의 호응을 쉽게 받을 수 있었던 민속놀이가 정기적으로 행하여졌기 때문이다. 또한 중국의 조선족들은 민족의 전통과 얼을 되살리기 위하려 많은 노력을 기울였다. 특히 일제 강점기에 일제의 탄압이 극도에 달하게 되고, 전통적인 풍습과 생활방식을 말살하기 위한 정책을 펴게 되면서 중국 조선족들은 "민속체육행사"를 통하여 조선의 전통과 얼을 유지하고 발전시킬 수 있었다(김룡철, 1995). 이러한 민속체육행사에서 주로 행하여진 것은 축구와 같은 일반 스포츠 외에도 널뛰기, 씨름, 그네뛰기와 같은 민속놀이도 많이 포함되어 있었던 것이다.

연변 자치주성립 50주년을 기념하여 2002년 9월 3일 오전 8시 30분부터 12시 30분까지 9·3절 축제가 열렸다. 당시 축제는 오전행사를 마친 후 12시 30분부터는 북경에서 온 심연심(心連心) 예술단 공연이 약 2시간 정도 있었는데 북경에서 언변에 지치주 성립을 축히히기 위해서 공연한 일종의 축하공연이었고, 조선의 전통적인 것이라기보다는 중국의 대중문화를 간직한 예술단인 셈이다. 그러나 축제의 오전행사에서 행하여졌던 내용을 보면 여러 가지 종류의 중국 조선족의 전통 예술이 많이 공연되었음을 알 수 있다. 연변의 민속촌과 조선족 고유의 민속놀이에 관련된 것만을 간략하게 살펴보면 다음과 같다.

특히 9월 1일에는 이러한 축제의 일환으로 "민속혼례"라고 부르는 전통 혼례가 연변시에 있는 민속촌에서 행하여졌다. 연변 시내에 있는 녹원호 텔에서부터 행진하여 연변 시내를 경유하여 행진을 해서 민속촌에 와서 혼인식을 행하는 행사였는데, 비가 와서 시내의 행진이 일부 축소되기도 하였지만 많은 조선족들의 관심과 참여를 얻을 수 있었다. 이번에 행하여 진 민속혼례를 통하여 연변지역의 젊은 조선족들이 실제로 전통적인 예법 에 따라서 가까운 친지들이 보는 앞에서 혼인식을 올렸던 것이다.

▲ 중국 조선족의 민속결혼식 장면.

민속혼례에 보여지는 혼례음식은 한민족 고유의 전통과 연변지역의 조선족 전통이 잘 어울려져 있음을 잘 나타내 주는 것 같다. 예를 들어서 주로 노란색과 가끔씩 기타 다른 색도 일부 첨가된 "색과자", 증편, 닭(수컷), 오징어, 북어, 돼지고기, 돼지족발, 순대, 한국의 깡엿에 해당되는 "과줄", 팥, 마화(麻花)라고 부르는 타래떡 등을 비롯해서 복숭아, 사과, 수박, 포도, 케익, 기타 과자류 등 많은 음식이 혼례상에 오르는 것을 알 수 있다. 더욱이 최근에 큰 영향을 주고 있는 한국바람 때문에 한국에서 만든 과자류도 혼례상에서 많이 볼 수 있었다.

한편 9월 2일부터 9월 4일까지는 전국 조선족 운동대회의 성격을 가진 민속운동대회를 연변의 민속촌에서 개최하였는데, 널뛰기, 씨름, 그네뛰기, 민속장기 등과 같은 민속놀이 외에도 축구경기가 펼쳐졌다. 씨름판에 모인 조선족들의 드높은 함성 속에 하나 되는 민족정신이 담겨있었으며, 널뛰기와 그네뛰기에 참여한 조선족 여성들의 맵시와 율동은 보는 사람들에게 조선의 여성들이 가지고 있는 지적이고도, 동적인 자태에 감탄을 자아내기에 충분하였다.

연변 국제무역청사 민속촌에서 행하여진 체육행사가 언제부터 행하여졌는지는 의견이 분분한 편이다. 대부분의 연변 조선족들은 1980년도 전에 행하여졌던 것은 잘 모르는 것 같다. 즉 어떤 행사 즉 어떤 경기 종목을 언제부터 했는지에 대하여 정확하게 기억을 하지 못하는 경우가 많았다. 다만 1990년도부터는 잘 알고 있었는데, 왜냐하면 1990년도에 와서 더욱더 많은 조선족들이 그러한 행사를 직접 참가할 수 있었기 때문이라고 한다. 조선족들이 축구를 즐기기 때문에 대회 항목(경기 종목)에 축구는 꼭 있었고, 축구 외에도 씨름, 그네, 널뛰기, 조선족 장기 등 5종목이 주로 행하여졌는데, 이러한 종목은 대략적으로 1980년대부터는 해왔다고 한다. 일설에 의하면 민속체육행사가 시작된 것이 1960년대부터라고도 하는데 정확하게 언제부터 해 왔는지는 잘 모른다고 한다.

민속체육행사는 보통 5년마다 한번씩 개최되었는데 항상 연변 즉 연길시에서 개최되어왔다고 한다. 다시 말해서 이제까지 계속해서 연길시에서 민속체육행사를 개최 해 왔던 셈이다. 2002년에는 모두 12개팀이 참가하였는데, 원래는 모두 13개팀이었는데 천진 팀이 사정이 생겨서 대표단만 오고, 운동원이 오지 않았기 때문에 12팀이 되었다고 한다. 보통은 연변의 8개 현시(연길, 왕청, 보문, 안도, 훈춘 등)에서만 참석하는데, 이번에는 연변 조선족창립 50주년 기념행사이므로 다른 여러 지역에서도 참가하였다고 한다.

이번 민속체육행사의 정식명칭은 "장춘 삼성컵 연변 중국조선족 민속체육운동 대회"이다. 연변에서 행하여지는 민속체육행사는 한편으로는 민족의 전통놀이를 계승하고자하는 의지의 산물이라면 또 다른 한편에서 보면 다분히 연변지역의 지역경제를 활성화하고, 관광을 촉진하고자 하는 의도도 내포되어 있는 일종의 산업축제의 일환으로 볼 수도 있다. 즉 개혁 및 개방을 하게 되면서 민속절을 하면서 외국 상인, [중국] 각 지방의 상인들이 연변에 와서 많은 투자를 하도록 권장하기 위해서 이번에 이러한 행사를 열게 되었다고 보는 견해가 바로 그러한 입장을 잘 반영해 준다. 이전에는 5년에 한번씩 하는 행사였고, 원래 명칭은 "제1차 전주 운동대회"와 같이 "전주 운동대회"라는 명칭을 사용하였고 그 속에 민속항목을 덧붙여서 행사를 진행하였다고 한다.

연변 체육국 군중체육과에 근무하는 김호봉(37세) 씨에 의하면 연변 지역에서 정기적으로 개최되는 민속체육대회는 원래가 축구, 씨름, 그네뛰기, 널뛰기, 조선족 장기 등 다섯 종목이 기본이 되었고, 항상 이들 경기는 꼭 있었다고 주장한다. 좀더 구체적으로 말하자면 연변자치구가 만들어진 1952년 이후부터 줄곧 축구, 씨름, 장기는 꼭 경기 종목에 포함되었고, 널뛰기, 그네뛰기는 아마도 이후에 덧붙여진 것 같다고 한다. 지금으로부터 9년 전에는 민속체육대회에 참가하는 지역이 그리 많지 않았는데, 즉 연변의 8개 현시(연길, 왕청, 보문, 안도, 훈춘 등)에서만 참가했다고 한다.

또한 김호봉 씨에 의하면 연변지역에서 개최되었던 체육대회에 언제부터 "민속"이라는 용어가 사용되었는지는 정확하게 알 수 없다고 한다. 다만 중국 내의 다른 소수민족들과 구분되는 조선족 특유의 체육행사를 일컫는 의미로 "민속"이라는 용어가 사용되었다고 한다. 다시 말해서 중국 중앙정부에서 개최하는 소수민족들의 체육 축제에 대비하여 조선족 나름대로의 체육행사를 진행하다 보니 자연스럽게 "민속"이라는 용어가 사용될 수도 있었다는 것이다. 한편 4년에 한번씩 개최되고, 중국의 중앙정부에서 주관하는 "전국 민족전통 운동대회"가 있는데 2003년 9월에는 "은천"이라는 곳에서 열렸는데 제7차 대회라고 한다. 이 대회에는 중국 전국에서 다 참가하였으며 여러 소수 민족들도 모두 다 참가하였다고 한다. 제3차 대회 때부터 조선족의 민속놀이인 그네뛰기가 정식 종목으로 들어갔다고 하는데, 그러므로 연변에서 정기적으로 열리는 민속체육대회는 중앙에서 개최되는 소수민족들의 체육 축제에 참가하는 준비과정인 셈이다. 즉 "전국 민족전통 운동대회"를 참가하기 위하여 매년 연변에서 행하여지는 "민속체육대회"에서 그네뛰기와 같은 참가 종목의 대표팀을 선발하게 되는 것이다. 일단 참가할 팀이 선발되면 연변에 와서 집중 훈련을 해서 "전국 민족전통 운동대회"를 참가한다고 한다. 현재로 씨름은 "전국 민족전통 운동대회" 경기 종목에 들어가 있지 않으며 유일하게 들어간 항목이 그네뛰기이다. 그 이유는 전국(55개 소수 민족들 사이에)에 항목이 여섯 개밖에 없는데 조선족 항목이 두 개나 들어 갈 수는 없는 것이다. 여섯 개 항목 중에서 하나가 들어간 것도 대단한 것이라고 할 수 있다. 현재 그네뛰기는 정식항목이고, 널뛰기는 표현항목으로 들어 가 있다고 한다. 전국 민족전통 운동대회의 표현항목도 제한을 두고 있기 때문에 역시 표현항목에 조선족의 민속놀이가 들어 간 것도 대단한 일이라고 한다.

한편 "전국 민족전통 운동대회"에서 그네뛰기의 경우 조선족뿐만 아니라 몽골족, 신강 위구르족 등 각 지방의 소수민족들이 다 참가하는데 역시 그네뛰기는 조선족이 강세라고 한다. 그 외에도 "상모춤"은 지난번 북경에서 있었던 "전국 민족전통 운동대회"에서 표현 항목이었지만, 2002년 대회에서는 표현항목에서 빠졌다고 한다. 즉 표현항목은 해 마다 바뀌며, 널뛰기는 정식항목이라서 꼭 들어간다고 한다. 단지 표현항목이라는 것은 정해진 것은 아니기 때문에 어떠한 종목이 표현항목으로 들어가면 좋겠다고 신청을 하면 허가를 내어 준다고 한다. 이렇게 일단 표현항목에 들어 갔다가 호응이 좋고 운동종목이 될 수 있다고 결정되면 정식종목이 되는 것이다.

2002년 "장춘 삼성컵 연변 중국조선족 민속 체육운동 대회"를 통하여 그네뛰기에서 1등한 팀이 2003년 "전국 민족전통 운동대회"에 참가하는데, 이것은 각 성(省)의 대표로 참가한다는 의미이다. 즉 연변에서 1등한 팀은 길림성 대표로 가게 되고, 요녕성에서 제일 잘 하는 팀은 요녕성 대표로 참가하는 셈이다. 2002년 "장춘 삼성컵 연변 중국조선족 민속 체육운동 대회"에 요녕성에서 세 팀이 왔는데, 모두 조선족이라서 그네뛰기 종목은 주로 조선족들이 강세를 보이는 종목임을 알 수 있다. 그네뛰기 외에도 조선족이 어떤 다른 종목에 특출한 기량을 가지고 있으면 "전국 민족전통 운동대회"에 참가할 수도 있는 것이다. 결국 민속놀이인 그네뛰기가 중국 조선족을 상징하는 민족전통의 운동이 될 수 있었던 것은 연변 지역에서 정기적으로 개최되는 민속체육대회에 힘입은 바가 크다는 사실을 알 수 있다.

3 나오기

이상에서 살펴본 바와 같이 연변지역의 조선족들은 이전부터 자신들의 조상들이 지켜오던 전통적인 민속예능을 계승하고 더욱더 발전시키려고 많은 노력을 경주하였고, 지금도 그 열정은 대단함을 느낄 수 있다. 이러한 전통적인 민속예능에 대한 열정과 의욕은 연변자치주성립 50주년이 되는 2002년에 더욱더 가시화되어서 밖으로 표출되고 있음을 알 수 있다. 비록 민속예능에 관여하는 몇 명의 자료제공자로부터 얻은 자료이지만 그들이 들려준 자신들의 지나온 이야기 속에는 연변 조선족들의 민속예능에 대한 애착과 관심이 너무나도 지대하다는 사실을 부인할 수 없을 것 같다.

먼저 불로송(不老松)과 같은 연변지역의 노인예술단은 연변에서 남아 전해오는 전통적인 민속예능을 실제로 계승하고 있는 대표적인 전승의 주체로 볼 수 있을 것 같다. 무형문화재라는 형식에 치우치지 않고, 오직 민족에 대한 사랑과 예술에 대한 애착을 가지고 무보수(無報酬)로 전통적인 민속예능을 전승하고 있다는 사실이 참으로 대단하다. 연변의 민속예능은 한국과 북한에 남아 전해오는 전통적인 민속예능과 비교해서 한편으로는 유사해 보이기도 하지만 다른 한편으로는 조금 다르기도 하다. 이러한 연변 특유의 민속예능은 연변의 노인예술단과 같은 예능기능자들에 의한 자발적인 노력과 대다수 연변 조선족들의 동참으로 말미암아 끈끈한 한국의 정(情)과 같이 드러나지 않으면서도 포근하게 연변 조선족의 가슴속에 영원히 남아서 전승되고 있는 것이다.

연변의 불로송 노인예술단에서 부르는 것은 대부분은 연변의 가요, 특히 연변 사람들(조선족들)이 창작한 가요를 많이 부른다고 한다. 이것은 연변 사람들은 연변에서 일상적인 생활을 하고 있으므로, 그 속에서 나온 민요가 연변 사람들의 정서를 더 잘 반영해 준다고 믿고 있기 때문이라고 한다. 즉 연변에서 태어나서 생활하고, 농사를 짓고 하다 보니까 그 생활에 좀더 익숙해진 것도 사실이라서, 그러한 연변 사람들이 자신의 "음정", "품격", "음색"을 가지고 창작하고 부르는 노래가 연변 사람들의 생활을 잘 반영해 준다고 생각하는 것이다. 이러한 입장을 불로송 노인예술단의 한 단원은 "자식도 제 자식이면 불구자나 소아마비라도 부모가 귀엽고, 사랑스럽게 여기는 것과 같은 이치"라고 표현하기도 하였다. 그러므로 앞으로 불로송 노인예술단이 나아가야 할 방향도 남(즉 한국이나 북한의 민요)의 것도 간혹 부르는 것도 좋고, 한국의 전통 민요도 반드시 연구해야 하지만, 정식 무대에 올리는 것은 연변 사람들이 창작한 노래[민요]가 연변 사람들의 삶과 생활이 반영된 것이라서 더 좋다고 생각하는 단원들이 많다고 한다.

또한 민속예능을 쉽고 흥미있게 대중 속으로 전달하는 것도 주요한 요소로 작용하고 있는 것 같다. 예를 들어서 공연되는 작품 속에는 내용도 중요하지만 오락성도 중요한 것으로 인식되고 있는 것인데, 불로송 노인예술단에서 공연하는 "국기송[국기에 대한 노래]"과 "노인디스코" 등에서 잘 엿보인다. 즉 국기를 함부로 다루는 것을 제재(制裁)할 수도 있지만 중국인들 자신들이 좋아서 국기를 소중하게 다루는 것은 부인할 수 없어서 그것을 소재로 창작을 생각하게 되었다는 것이다. 사실은 국기송의 경우 정치성이 농후한 것이지만 공연할 때면 관중들 특히 중국 인민들로부터 많은 호응을 받게 되는데, 이것은 오성(五星) 붉은기, 홍콩, 마카오의 기(旗)가 있고, 그리고 2008년 북경 올림픽기가 있기 때문이라고 한다. 또한 노인디스코의 경우는 "신나게 춤을 추면 젊어진다"라는 믿음을 가지고 전통적인 조선의 민요와 무용 춤동작에 디스코를 접목시켜서 신선한 충격을 주고 있는 것이다.

덧붙여서 연변지역의 민속촌과 민속체육행사는 연변지역의 조선족들뿐만 아니라 중국의 모든 조선족들에게 민족의 혼(魂)을 느낄 수 있는 기회를 제공해 준다. 특히 민속촌에서 정기적으로 공연되는 민속혼례와 같은 전통의식은 살아있는 교육의 장(場)을 마련해 주고 있으며, 매년 정기적으로 연변에서 개최되는 민속체육행사도 전통적인 민속놀이를 관람하고, 직접 참여할 수 있는 한민족이 하나 되는 자리인 것이다.

따라서 중국이라는 이질적인 문화권 속에서 면면히 한민족의 전통문화 특히 민속예능을 지속할 수 있었던 연변지역 중국 조선족의 저력 뒤에는 불로송과 같은 연변지역의 노인예술단과 민속촌 그리고 정기적인 민속체육행사를 간과할 수 없다. 특히 불로송과 같은 연변의 노인예술단은 해외의 도시공간 속에서 꿋꿋하게 우리의 얼과 민족정신을 계승하고 있는데, 이것은 연변 지역에 거주하고 있는 노인 세대들이 가지고 있는 전통문화에 대한 열정을 잘 반영해 준다. 다시 말해서 노인 세대들은 조국에 대한 향수가 다른 세대들(청·장년 층)에 비하여 많이 남아 있는 세대들로 그 만큼 조선의 고유한 전통문화를 전승하고 계승하는 데 주도적인 역할을 하고 있는 셈이다.

제12장

영국 도시민속학의 최근 경향

1 들어가기

도시민속학은 민속학의 한 분야로 오늘날 중요한 연구 분야가 되고 있으며, 한국민속학에서도 최근에는 도시민속학에 대한 관심이 점차로 고조되고 있는 것 같다.[38] 그렇다고 해서 도시민속학에 대한 한국민속학계의 관심이 전무 했던 것은 아니다. 가령 박계홍(1983)은 민속학 개론서에서 본격적으로 도시민속학을 다루기도 하였으며, 김태곤(1984)은 "문화민속학"이라는 용어를 사용하여 민속학에서 다룰 수 있는 연구영역의 하나로 현대의 도시주변과 같이 변모해 가는 민속의 문제를 통하여 도시를 민속학의 연구영역으로 설정하기도 하였다.

향후 좀더 다각적이고 체계적인 도시민속학을 논의하기 위해서는 세계 여러 지역에서 연구되고 있는 도시민속학의 경향을 살펴보는 것이 우선 필요하다. 아마도 영국 민속학계[39]에서 보여지는 도시민속학의 경향도 이러한 맥락에서 본다면 중요하게 취급될 수 있을 것 같다.

---

38) 박환영, 「도시와 민속의 현장 : 경기지역의 축제를 중심으로」, 『한국문화연구』6(경희대 민속학연구소, 2002c), 박흥주, 「도시마을굿의 축제성 전승방안」, 『한국문화연구』6(경희대 민속학연구소, 2002), 이기태, 「현대사회와 민속」, 『한국문화연구』6(경희대 민속학연구소, 2002) 등.

39) 영국민속학에서 "영국"은 영어로 England가 아니라 United Kingdom 혹은 Great Britain 이다. 다시 말해서 영국민속학에서 주로 다루어지는 지역은 잉글랜드(England), 스코틀랜드(Scotland), 웨일즈(Wales), 북아일랜드(Northern Ireland) 등이 모두 포함되어 있다. 따라서 이 글에서 다루는 영국민속학이라는 용어도 English Folklore보다는 British Folklore 라는 용어가 더욱더 적절할 것 같다.

　이 글에서는 영국의 도시민속학의 주요한 경향을 살펴보기 위하여 대략적으로 세 가지 측면에서 고찰하고자 한다. 첫째는 도시민속학의 개념 및 영국민속학에서 도시민속학이 대두된 배경이고, 둘째는 영국 도시민속학의 주요한 경향을 몇 가지 들어서 분석해 보는 것이며, 셋째는 영국 도시민속학의 과제를 살펴보는 것이다.

2 도시민속학의 개념 및 영국민속학에서 도시민속학이 대두된 배경

　도시민속학은 1950년대와 1960년대 독일과 미국에서 대두되기 시작하여 영국을 비롯한 다른 유럽과 일본 등지로 파급된다. 우선 간략하게나마 도시민속학의 개념을 먼저 살펴보기 위하여 도시민속학의 개념을 논의한 스미드첸(Smidchens, 1997)의 의견을 일부 인용하면 다음과 같다.

　　도시에 대한 그리고 도시 속에서의 민속으로 최근 학자들 사이에서 논의되는 것은 민속이 현대의 도시 경험에 의해서 그리고 대해서 만들어진다는 것이다. 비록 가장 산업화, 도시화, 오염된, 그리고 범죄로 가득 찬 도시에서도 셀 수도 없을 정도로 많은 전통적인 민속이 만들어지고 있는 것이다. 때때로 대중매체와 정치적 혹은 상업적인 이익에 의하여 강화되기도 하는 민속은 도시 속에서 더욱더 번영하기도 한다. 도시 민속에 대한 연구는 여러 가지 형태의 민속이 발견되는 하나의 장소라는 의미의 도시와 민속에 의하여 투영되는 하나의 연구 목적 그 자체인 도시 사이에서 주로 논의된다. 바바라 컬센브라트-김브레트(Barbara Kirshenblatt-Gimblett)에 의하면 이제 도시 민속의 관심이 "장소라는 도시"에서 "관심의 초점이 되는 도시"로 바뀌고 있다. 도시 민속의 수집은 초창기의 구술 및 문헌 자료에 의하여 시작된다. 여러 세기

▲ 도시의 중심에는 민속이 살아있다. 영국 케임브리지(Cambridge)의 민속박물관.

동안 여행자들과 연대기의 기록들은 도시에 대한 전설과 역사를 상술하고 있다. 과거의 민속에 열중해 있는 사람들은 또한 일상적인 생활 속에서 볼 수 있는 독특한 도시의 전통들을 자료로 보여주고 있는데, 여기에는 불러지는 민간전승의 담시(譚詩)나 저렴하게 복사되어서 팔리는 민요, 거리의 행상인들, 하층민들의 민속적인 언행 그리고 거리의 연행 등이 있다. 또한 도시 어린이들의 민속에 대한 탁월한 수집들이 19세기 중반에 등장하기도 한다 (Smidchens : 1997 : 817).

이상의 내용을 통하여 부분적이지만 도시민속학의 개념을 일부 도출해보면 "현대"의 "도시"와 "도시 속에서의 생활"을 주된 연구 대상으로 하여 그 속에서 발견되어지는 다양한 형태의 민속을 다룬다는 사실을 우선 알 수 있다. 한편 산업화, 도시화, 오염된 그리고 범죄로 얼룩진 도시는 수많은 종류의 전통적인 민속의 창조력을 가지고 있다. 한편 대중매체와 정치적 혹은 상업적인 이익에 의하여 민속은 더욱더 강화되기도 하며, 도시라는 배경 속에서 민속이 번성하기도 한다. 또한 이전에 도시를 여행했던 사람들이나 역사적인 문헌에 남겨져있는 도시와 관련된 역사나 전설 등도 도시민속학의 중요한 자료가 된다. 더욱이 19세기 중반 도시 어린이들의 민속관련 자료도 현대 도시민속학에서 중요하게 다루어질 수 있음을 알 수 있다.

다음으로 살펴볼 것은 영국민속학계에서 언제부터 도시민속학의 문제가 조금씩 제기되기 시작했는지에 대한 문제이다. 영국에서 도시민속학의 시작과 관련해서 우선 논의할 수 있는 것은 영국민속학에서 가장 중요한 역할을 수행하고 있는 1878년에 만들어진 "민속학회 (Folklore Society)"이다. 민속학 분야에서 세계 최초의 학회에 걸맞게 창립 당시에는 톰스(W. J. Thoms ; 1803-1885)와 곰(G. L. Gomme ; 1853-1916)을 비롯한 회원이 107명이었고, 1891년에는 국제민속학회를 개최하기도 한다. 이렇게 활발한 활동을 담당하던 영국의 민속학회는 제1차 세계대전으로 많은 학자를 잃게 되고, 더욱이

1918년 이후부터는 당시 신흥 학문분야였고, 대학에서 쉽게 기반을 잡을 수 있었던 인류학과 사회학 분야로 민속학자들이 많이 가담하면서 영국의 민속학은 상대적으로 약화되기 시작한다. 그런데 이러한 침체기 속에서 새로운 활력을 가져다주는 것은 1950년대와 1970년대에 있었던 새로운 영국민속학의 동향이었다. 기존의 연구동향과 확연히 구별되는 이러한 연구동향은 오늘날 활발히 진행되고 있는 도시민속학의 시작을 알리는 하나의 계기가 된 셈이다.

이러한 연구동향 중에서 가장 대표적인 것은 1950년대에 오피에와 오피에(Opie and Opie, 1959)가 시도하기 시작한 새로운 민속학의 연구영역인데 이것은 민속학의 관심대상을 "젊은이"와 "현재"의 민속현상으로 바꾼 것이다. 한편 이러한 영국민속학회의 새로운 방향모색은 캐서린 브릭(Katharine Briggs ; 1898- 1980)이 영국민속학회의 회장이 되는 1967년부터 더욱더 탄력을 받기 시작한다. 이러한 새로운 분위기의 연장선상에서 1970년대 이후부터는 "현대의 전설(contemporary legend)"과 같은 살아있는 영국의 전통과 현대적인 형태의 민속에 많은 관심을 갖기 시작한다(Simpson and Round : 2000 : 128-129).

영국의 도시민속학을 논의하면서 민속학회(Folklore Society) 다음으로 중요하게 다루어질 수 있는 것은 쉐필드(Sheffield) 대학교[40)]에 있는 영국문화전통국가연구소(National Centre for English Cultural Tradition)[41)]에서 1982년에 시작

---

40) 오늘날 잉글랜드에서 유일하게 쉐필드대학교(Sheffield University)에는 민속학 석사(M.Phil) 과정과 박사(Ph.D)이 개설되어 있다. 한편 웨일즈에서는 웨일즈 대학교 University of Wales at Cardiff, Department of Welsh)에서 민속학과 민속생활 분야 (Study of Folklore and Folklife)의 석사과정이 개설되어 있다. 또한 스코틀랜드에서는 에딘버러 대학교 (Edinburgh University, Department of Scottish Folklore)에 민속학 학부와 대학원 과정이 개설되어 있다.

41) 영국 쉐필드대학교에 있는 영국문화전통국가연구소(National Centre for English Cultural Tradition)의 모태는 같은 대학교에 1964년에 설치된 The Sheffield Survey of Language

된 국제현대전설연구학회(The International Society for Contemporary Legend Research)
이다. 영국과 유럽 그리고 미국의 민속학자들이 중심이 되어서 운영되고
있는 이 학회는 영국 쉐필드 대학교의 폴 스미스(Paul Smith)교수가 중심이
되어 1982년 제1회 쉐필드(Sheffield) 국제학술대회를 시작으로 매년 "도시
(urban)"와 "현대(contemporary)"의 "전설(legend)"을 주제로 국제학술대회를 개
최하고 있으며, 2004년 7월에는 영국에서 제22회 국제학술대회를 개최한
바 있다.42) 영국의 민속학자들을 중심으로 1982년에 결성된 국제현대전설
연구학회(The International Society for Contemporary Legend Research)의 눈부신 연
구 활동은 1980년대부터 영국의 민속학계의 주요한 동향 중의 하나로 자
리잡아 가고 있는 도시민속학을 잘 반영해 주고 있다. 특히 국제현대전설
연구학회의 발족은 현대사회에서 자주 접하게 되는 의사소통의 다양한 네
트워크와 현대 대중매체를 통하여 널리 유포되는 전설, 소문, 믿음 등에
대한 민속학의 관심이 고조된 결과인 것이다.

영국민속학에서 1982년대부터 생겨나기 시작한 현대전설(contemporary legend)
이라는 용어는 오늘날 urban legend라는 용어와 함께 혼용되고 있다. 한편
contemporary legend라는 용어는 1982년부터 1989년까지 쉐필드 대학교의
폴 스미스(Paul Smith)와 질리안 베네트(Gillain Bennett)가 매년 현대전설(contemporary
legend)과 관련된 리포트를 발간하면서부터 영국민속학자들을 중심으로 새

---

and Folklore였다. 이것이 1975년부터는 쉐필드 대학교의 Department of English 내의
Centre for English Cultural Tradition and Language(CECTAL)로 통합되면서 영국 리즈
(Leeds) 대학교의 Institute of Dialect and Folklife Studies와 공동으로 영국민속학에 대한
대학의 학부과정 이상 수준의 다양한 학위과정을 제공하기에 이른다. 그리고 1984년부
터는 쉐필드대학교 단독으로 영국민속학 과정을 지속하게 되고, 1997년에는 연구소의
이름을 영국문화전통국가연구소(National Centre for English Cultural Tradition)로 바꾸
게 된다.
42) 제22회 국제학술대회는 2004년 7월 21일부터 24일까지 영국의 University of Wales, Aberyst-
wyth에서 열렸으며 34편의 민속학 관련 연구논문이 발표되었다.

롭게 만들어진 민속학적인 용어인 셈이다.

3 영국 도시민속학의 주요한 몇 가지 경향

최근에 진행되었던 새로운 연구영역에 대한 영국 민속학자들의 관심을 반영하듯이 오늘날 영국민속학의 연구영역은 기존의 전통적인 연구영역은 물론이고 도시민속학을 포함한 다양한 영역을 다루고 있다. 예를 들어서 1996년에 발행된 영국민속학회의 학술지인 『Folklore』[43]에 보면 최근에 영국민속학에서 정의하고 있는 "민속(folklore)"의 의미 및 다루어지고 있는 연구영역을 간략하게 요약하고 있다.

> "민간전승의 담시(譚詩), 전설 그리고 시골의 가난한 사람들의 관습을 나타내는 용어로 "민속"이라는 용어는 1848년에 만들어 졌다. 비록 민속학회가 설립되었을 당시부터 "민속"이라는 용어를 재검토하기는 하였지만 그 이후에 계속해서 확대되었고 연구되어 왔다. 오늘날 "민속"은 일상적인 문화와 모든 사회 계층의 문화적인 전통을 다루는데, 여기에는 나이든 사람들뿐만 아니라 젊은이들, 시골뿐만 아니라 도시, 다른 사람들의 문화뿐만 아니라 우리들의 문화까지도 모두 포함되어 있다."

이상의 내용에서 볼 수 있는 바와 같이 오늘날 영국의 민속학은 나이든 사람들뿐만 아니라 "젊은이들" 그리고 시골뿐만 아니라 "도시" 지역의 모든 사회집단에서 전승되고 있는 일상적인 문화와 문화전통을 주요한 연구

---

43) 특히 1996년에 발행된 『Folklore』 중에서 107권(volume) 참조.

대상으로 하고 있음을 알 수 있다. 그렇다면 오늘날 영국민속학에서 새로운 연구 분야가 되고 있는 도시민속학의 주요한 몇 가지 경향에 대하여 살펴보기 위하여 1980년대부터 오늘날에 이르기까지 영국도시민속학의 주요한 몇 가지 연구사례를 살펴보기로 하겠다.

첫째로 1980년대 영국민속학의 경향은 10가지 정도로 요약할 수 있는데 그 중에서 하나가 현대 및 도시민속학이다.[44] 현대 및 도시민속학 외에도 다른 아홉 가지의 영역 속에도 부분적이지만 도시민속학의 내용이 들어있기도 하다. 가령 예를 들어서 전설 및 민담의 영역 중에서 "도시전설"과 연관된 내용은 도시민속학에서 다루어질 수도 있는 것이다. 또한 어린이들의 민속도 역시 상대적으로 "현대"라는 시간적인 틀 속에서 "학교"라는 공간을 바탕으로 아이들이 만들어 내고 있는 다양한 민속을 기술하고 있는 셈이다.

현대의 도시전설과 관련해서 베네트와 스미스(Bennett and Smith, 1989)는 현대 도시의 전설이 가지는 특징으로 다양한 종류의 매스 커뮤니케이션에 힘입어서 쉽게 외부로 유포되는 경향이 있으며 따라서 개인의 전설이 순식간에 지역의 전설처럼 여겨지기도 한다고 주장한다. 또한 브로너(Bronner, 1989)는 어린이들의 민속은 어른들의 민속을 잘 반영해 준다는 점에서 어린이들의 민속이 없으면 어른들의 민속도 없다고 주장한다. 한편 윌슨(Wilson, 1997)은 영국과 아일랜드 전역에서 10대 아이들이 구연하는 도시전설을 수집한 바 있다.

그런데 이러한 어린이들의 민속이 현대 사회에서 학교운동장이라는 새로운 공간 속에서 만들어지고 전승된다는 사실이 오스틴(Austin, 1989)에 의해서 제기된 바 있다. 가령 오스틴은 영국 북아일랜드 지역의 학교운동장

---

44) 1980년대 영국민속학의 주요한 경향 10가지는 박환영, 「1980년대 영국민속학의 동향에 관한 연구」, 『강원민속학』18(강원도민속학회, 2004b) 참조.

에서 보여 지는 어린이들의 민속을 체계적으로 수집하고 연구하였다.[45] 한편 도시민속학 속에서 어린이들의 민속과 관련해서 영국의 많은 지역에서 어린이들이 가지고 있는 버스 혹은 전차(tram)의 티켓에 적혀있는 숫자를 가지고 그 숫자에 내포된 믿음과 관련된 민속을 찾는 연구도 눈에 띈다. 예를 들어서 오피에와 타탬(Opie and Tatem : 1989 : 50)에 보면 영국의 어린이들이 티켓에 인쇄된 연속적인 숫자를 해석하면서 그것을 통하여 행운과 불행 그리고 심지어는 미래에 대한 예지 등을 알 수 있는 민속을 소개하고 있다. 가장 흔한 것으로 티켓에 있는 모는 숫자를 더한 것이 21이 되면 좋기 때문에 그 티켓은 버리지 않고 소중하게 간직한다고 한다.

덧붙여서 영국의 어디에서든지 볼 수 있는 일요일에 열리는 시장이며, 중고시장인 카붙세일(Car Boot Sales)에 대한 몬거(Monger, 1991)의 연구도 현대 도시민속학에서 많이 다루어지는 "지역의 야외시장 혹은 보도(步道)에서 행하는 판매"(local outdoor markets (or sidewalk sales))[46]의 한 형태로 볼 수 있다. 특히 카붙세일은 도시화와 산업화 속에서도 지역 주민들의 유대를 강화하고, 물건을 파는 사람이 직접 자신이 사용하던 물건을 팔기 때문에 물건과 관련된 다양한 이야기도 수집할 수 있는 좋은 기회가 된다. 더욱이 남녀노소를 불문하고 가족, 친족, 이웃들이 함께 카붙세일에 참여하는 경우가 많아서 삭막한 도시생활 속에서 풋풋한 가족, 친족 그리고 더 나

---

45) 영국 어린이들의 민속에 대한 더 많은 참고자료는 L. Opie and P. Opie, The Lore and Language of Schoolchildren(Oxford : Oxford University Press, 1959)와 L. Opie and P. Opie, Children's Games in Street and Playground(Oxford : Oxford University Press, 1969) 그리고 박환영(2004b).

46) G. Smidchens, 'Urban Folklore' in T. A. Green(ed.) Folklore : An Encyclopedia of Beliefs, Customs, Tales, Music, and Art, vol. II(Oxford : ABC-Clio, 1997)에서는 도시민속학을 설명하면서 도시 속에서 지역의 유대감 및 공동체 의식이 생겨나는 몇 가지 예를 다음과 같이 들고 있다. "In the city, events such as block parties, neighborhood picnics, or concerts and local outdoor markets (or sidewalk sales) are a few of the traditionalized occasions in which a sense of local community is constructed."

아가서는 지역 주민들 사이에서 끈끈한 유대감을 형성해 주기도 한다.

둘째로는 이러한 도시민속학의 경향 중에서 가장 두드러진 연구영역인 현대도시전설의 최근 경향을 좀더 구체적으로 살펴보기 위하여 2004년 영국 웨일즈에서 국제현대전설연구학회(The International Society for Contemporary Legend Research) 주최로 열렸던 제22회 국제학술대회에서 발표되었던 민속학 관련 논문과 학술발표대회에서 논의되었던 내용을 중점적으로 분석해 보기로 하겠다.

우선 영국의 도시민속학에서 아주 최근까지도 보통 현대의 도시전설이라고 하면 듣는 사람으로 하여금 웃음을 자아내게 하는 종류가 대부분이었다. 가령 예를 들어서 이러한 종류의 몇 가지 대표적인 도시전설의 주된 내용을 요약해서 살펴보면 다음과 같다.

영국령인 남미의 포클랜드(Falkland) 섬에서 비행기 조종사들이 이착륙을 할 때마다 펭귄이 넘어져서 조종사들은 넘어진 펭귄을 다시 세워주어야 했다.

독일 파드본 (Paderborn)의 동물원에 있는 수컷 코끼리가 변비에 걸렸다. 코끼리를 돌보는 사람이 코끼리에게 설사약을 주었다. 그런데 너무 많이 주어서 코끼리가 한꺼번에 엄청난 양의 똥을 배설하는 바람에 코끼리의 뒤에 서있던 코끼리를 돌보는 사람(동물원의 가축 사육사)이 죽었다.

영국의 한 비즈니스맨은 그의 여비서로부터 그녀의 집에 초청을 받는다. 사실 여비서가 비즈니스맨을 그녀의 집으로 초청한 실제적인 의도는 그 비즈니스맨을 존경하는 의미에서 그를 위한 깜짝 생일파티를 계획한 것이었다. 비즈니스맨이 여비서의 집에 갔을 때 여비서가 어두운 방으로 그를 데리고 가서 그곳에서 잠시 기다리게 하

자 이것을 오해하게 된 비지니스맨은 흥분한 상태에서 그의 옷을
모두 벗어버린다. 전등을 켰을 때 그 비즈니스맨의 벌거벗은 모습
이 그곳에 그의 생일을 축하하기 위하여 모여 있던 그의 가족, 친
구들, 그리고 직장 동료들에게 드러나게 된다.

　이상의 도시전설은 영국인들이 즐겨 사용하는 이야기(narrative) 형식의
농담(jokes)이다. 그런데 이러한 이야기가 어떤 때는 구연하는 사람들에 의
해서 완전히 믿게 만들어지기도 한다. 가령 예를 들어서 "이 이야기는 아
주 웃기는데, 하지만 이것은 진짜 있었던 이야기이지. 즉 이이야기는 내
숙모가 아주 잘 아는 이웃 사람이…"(Bennett : 1988 : 13-14)라고 시작하게
되면 이러한 이야기가 정말로 사실이라고 믿게 된다.47)

　한편 도시전설 속에는 한 사회의 가치관과 시대상 그리고 정치 및 경제
적인 문제에 이르기까지 다양한 요소가 숨어있다. 이것은 마치 전통적인
전설이 대중들의 일상적인 삶과 생활방식을 반영하고 대중들에게 삶의 교
훈과 가르침을 주었듯이 현대의 도시전설 속에도 사회 구성원들이 공감하
고 은연중에 느끼고 있는 사회의 제반문제가 내포되어 있는 것이다. 예를
들어서 영국령 포클랜드(Falkland) 섬의 경우 영국과 아르헨티나 사이에서
1982년 벌어진 포클랜드 전쟁으로 한 때 영국인에게 지대한 관심을 일으
켰던 곳으로 지금도 영국군이 주둔해 있는 지역이며, 독일의 파드본
(Paderborn)도 영국군의 기지가 있는 곳이다. 따라서 영국인들에게 이러한
지역을 설정한다는 것은 그 지역이 가지고 있는 정치적인 중요성 및 지역
사회와의 갈등관계를 넌지시 암시하고 그것을 유머로 묘사하고 있는 것이

---

47) 도시전설이 가지는 이러한 특징은 국제현대전설연구학회(The International Society for
　　Contemporary Legend Research)에서 1988년부터 간행하고 있는 학회소식지인 "Foaftale
　　News"에서도 잘 나타난다. 즉 Foaftale의 Foat는 a "friend of a friend"의 머리글자를 딴
　　것으로 "친구로부터 들은 이야기"라는 도시전설의 특징을 잘 반영해 주고 있다.

다. 또한 영국 비즈니스맨이 어떻게 여러 사람들 앞에서 나체가 되었는지에 대한 이야기는 도덕적으로 용납이 되지 않는 혼외정사에 대한 사회문제를 경계하는 내용의 유머로 볼 수 있다.

다음으로 살펴볼 것은 도시전설이 다양한 대중매체에 의하여 현대 사회의 여러 분야에서 중요한 기능을 수행하는 경우에 관한 내용이다. 특히 익명성을 가진 인터넷이 널리 보급되면서 도시전설의 유형도 조금씩 변하고 있다.[48) 가령 이전에 만연했던 영국의 도시전설은 펍(pub)에서 맥주를 마시면서 주로 이야기가 진행되었다면 지금은 마우스를 간단히 클릭(click)하기만 하면 되는 신속성을 가진다. 따라서 1980년대만 하더라도 도시전설이 구연될 때에는 구연하는 사람이 청자들의 관심과 흥미를 끌기 위해서 이야기를 재미있게 진행하도록 노력했던 것이 사실이다. 왜냐하면 이야기가 흥미가 없으면 청자들이 잘 들어 주지 않기 때문이다. 이에 반해서 최근의 도시전설은 비록 재미가 없는 내용이라도 한번 클릭을 하게 되면 대중들에게 널리 유포될 수 있는 특징을 가지는 셈이다. 특히 인터넷을 통하여 유포되는 도시전설의 경우 좀더 실감나고 생동감을 느낄 수 있도록 사진을 합성하기도 하고, 사진을 조작하기도 한다.

또한 익명이기 때문에 거짓된 내용을 올릴 수도 있다. 이러한 상황에서 현대의 도시인들은 마치 중세 사람들이 전통적인 전설을 믿었던 것과 마찬가지로 도시전설을 마치 진실로 믿는 경우가 많다. 다시 말해서 중세 사람들이 믿었던 전설은 자연에 대한 외경심과 두려움 그리고 초자연적인 힘의 위대함 등 인간이 접근할 수 없는 어떠한 세계에 대한 동경이 필요했다면 현대인들은 과학과 기술의 튼튼한 기반 위에서 모든 것이 가능하

---

48) 일부 도시전설의 경우 인터넷이 널리 보급되고 세계 어느 곳에서나 인터넷으로 연결이 가능해 지면서 오늘날 영국의 도시전설은 국경을 넘어서 유럽의 여러 지역과 미국에서도 유사한 내용이 나타나기도 한다.

다고 믿게 되면서 도시전설 속에 기술되고 묘사되는 내용이 모두 진실이라고 믿게 되는 것이다. 이러한 사회적인 분위기 속에서 가장 최근에 보여지는 몇 가지 종류의 도시전설은 일부 대기업에 부정적인 영향을 주기도 한다. 이러한 도시전설의 대표적인 예는 다음과 같다. 가령 "콜라 한잔에 녹이 슬어있는 못을 하루 종일 넣어 두면 못이 반짝반짝 해 진다"는 내용과 "집에 사서 가지고 가는(takeaway) 닭고기의 일부분은 쥐 고기이다"는 내용 등이다. 이러한 도시전설이 만연되면서 사실 그대로 믿어지게 되면 콜라와 닭고기의 판매에 큰 영향을 줄 수 있기 때문에 일부 대기업은 특정한 주제를 가진 도시전설에 대하여 많은 관심을 가지게 되었다.

한편 도시전설이 일부 대기업에 긍정적인 역할을 수행하는 경우도 있다. 이러한 도시전설은 특정한 대기업에게 유리한 광고효과를 가져다주기도 한다. 가장 대표적인 예는 아마도 영국 박하(peppermint) 회사 제품의 알토이드(Altoids) 라는 캔디와 관련된 도시전설이다.[49) 이 박하 캔디와 관련된 도시전설은 모니카 러윈스키(Monica Lewinsky)와 빌 크린턴(Bill Clinton) 전 미국 대통령 사이의 부도덕한 애정행위를 주요한 요소로 하고 있다. 다시 말해서 1997년부터 알토이드는 성적인 욕구 특히 입으로 하는 성적 행위(oral sex)에 좋은데, 모니카 러윈스키가 빌 크린턴 전 미국대통령과 애정행위를 진행할 때에 사용했다는 내용의 도시전설이 생겨나게 되었다. 이러한 내용을 담고 있는 일부 도시전설은 1997년 11월 13일 한 공적인 장소에서 모니카 러윈스키가 빌 크린턴 당시 미국 대통령에게 귓속말로 알토이드를 먹으면서 성적행위(특히 oral sex)를 하면 좋다는 이야기를 했는데, 빌 크린턴은 그 때 멕시코 대통령을 만나게 되어 있어서 "아니요 괜찮아요(No

---

49) 알토이드(Altoids) 박하 캔디와 관련된 도시전설은 영국 웨일즈에서 2004년에 열린 제 22회 국제도시전설연구학회의 국제학술대회에서 민속학자인 로버트 메그레골(Robert Mac-Gregor)에 의해서 "Altoids : The Curiously Strong Peppermint : The Commercial Appropriation of Urban Legend"라는 제목으로 발표되었다.

Thanks)"라고 말했다는 구체적인 내용이 포함되어 있기도 하다. 이러한 도시전설이 유행하면서 최근 몇 년 사이에 알토이드 박하 캔디의 매상이 눈에 띄게 증가했으며, 특히 미국에서의 매출은 50%나 증가했다고 한다.

4 영국 도시민속학의 과제

영국의 도시민속학은 현대라는 시간적인 틀 속에서 도시라는 지역적인 공간을 결합시켜서 구성원들의 일상적인 생활문화를 주로 다룬다. 도시 및 도시와 관련된 주변의 생활문화는 단지 몇 가지 주제를 가지고 다룰 수가 없기 때문에 오늘날 주로 다루어지고 있는 몇 가지 주요한 주제에서 탈피하여 좀더 다양한 측면에서 도시민속학을 접근해야 할 것 같다. 한편 기존에 다루어졌던 영국 도시민속학의 주요한 경향 중의 하나인 도시의 학교와 운동장을 배경으로 한 어린이들의 민속의 경우도 현지의 자료가 어떻게 수집되었고, 자료제공자(informant), 전승방법 등에 대하여 좀더 명확한 내용이 필요하다. 같은 맥락에서 영국 도시전설의 경우 구술된 것(oral form)과 신문, 잡지, 인터넷상 등에서 문자화된 것(written form)을 구분해서 수집해야 하며 또한 수집한 장소와 사람 등 도시전설의 출처를 밝혀둔다면 좀 더 나은 연구가 될 수 있다는 지적이 이미 나온바 있다(Bennett, 1985). 다시 말해서 도시민속학이라는 하나의 새로운 학문영역에서 도시전설을 다루면서 단지 흥미 위주로 떠돌아다니는 도시의 이야기를 수집하거나 내용을 유형별로 분류하는데 그치지 않고, 좀더 심층적으로 도시전설 속에 반영되어 있는 도시민의 민속을 연구하기 위해서는 현지조사(fieldwork)를 통하여 도시전설을 구연하는 사람에 대한 자세한 배경도 아울러서 수집해야 하는 것이다.

역시 중요한 것은 현대와 도시 속에서 창출되는 도시민속은 전통적인 민속 즉 과거의 생활문화를 이해한 다음에 비로소 효과적으로 연구될 수 있는 특징을 가지고 있다. 전통적으로 다루어졌던 초자연적인 능력에 관한 사회구성원들의 믿음은 과학과 기술이 발달하면서 조금은 약화된 것과 같이 보이지만 결코 완전히 없어지지 않았다. 다시 말해서 현대의 도시 속에서 보여지는 일상적인 생활도 마치 초자연적인 능력 앞의 나약한 인간의 모습과 같이 비추어 질 수도 있는 것이다. 예를 들어서 현대의 도시인들이 흔히 느끼는 외로움, 일상적인 생활에 대한 무료함과 불확실성, 무기력, 경제적인 어려움, 정치적인 위기상황 등 도처에 언제 터질지 모르는 장애요소들이 널려있다. 따라서 도시 속의 민속은 이러한 사회분위기를 반영하고 있으며, 과거로부터의 단절된 현상이 아니라 하나의 연장선상에서 다루어질 수 있는 문제인 것이다.

하나의 예로 도시전설의 경우 현대 도시의 전설은 전통적인 전설과 비교해 보면 내용은 조금씩 다르지만 대부분의 유형은 유사한 것이 많다. 따라서 이전의 전설을 현대 도시의 전설과 함께 비교분석 해 보면 어떠한 부분이 어떻게 달라졌는지를 알 수 있고, 그러한 변화의 이면에 담겨있는 한 사회의 다양한 민중들의 생활문화인 민속을 얻을 수 있는 것이다. 또한 현대 도시전설을 통하여 현대 도시인들이 느끼는 생각, 느낌, 두려움, 걱정 등을 파악할 수 있을 뿐만 아니라 어떤 경우에는 외국과 외국인에 대해서 어떻게 인식하는지도 알 수 있다. 따라서 현대 도시전설은 한 사회의 경제, 정치, 사회적인 상황을 나타내는 척도가 될 수 있는 것이다.

영국의 민속학자 라몬트-브라운(Lamont-Brown)은 영국 도시민속학이 가질 수 있는 이러한 과제를 잘 설명해 주고 있다. 라몬트-브라운의 주장을 요약해 보면 다음과 같다. 즉 민속은 시골뿐만 아니라 도시에서도 항상 느낄 수 있는데, 다시 말해서 민속은 사회와 공동체집단이 성립된 곳이면 어디서나 발견되는 것이다. 하물며 현대에 있어서도 민속은 민중들이 일상적인 생활 속에서 무엇을 믿고, 이러한 믿음 때문에 어떻게 행동하는가 하는 것에 여전히 남아있다. 오늘날 현대인들의 행위는 대부분 교회의 가르침과 정치적 편견에 대한 믿음에 의하여 통제되기도 하며, 또한 법과 과학 그리고 예술에 대한 지식을 이해하거나 도덕성을 인식하는 것에서도 규제되기도 한다. 그러나 현대인들의 행동 중에서 많은 부분은 역시 우리의 부모, 조부모 그리고 이전에 살았던 다른 세대의 구성원들로부터 선택되어졌거나 혹은 그들에 의하여 가르쳐진 것에 의하여 통제되기도 한다. 더욱이 새로운 관습, 믿음 그리고 미신은 현재의 상황에서 존재하게 된다. 이러한 것 중에서 일부는 살아남아서 민속이 되고 내일의 민간신앙에 기초가 되기도 한다(Lamont-Brown : 1996 : 37).

덧붙여서 라몬트-브라운(Lamont-Brown, 1996)은 몇 가지 주제의 도시민속학에 한정하지 않고 오늘날 현대민속학에서 다루어질 수 있는 하나의 영역으로 상업과 산업의 민속을 비롯하여 물질문명과 관련된 민속 등 다양한 민속학의 연구영역을 제기하고 있다. 예를 들어서 다른 사람들을 위하여 도구를 만들었기 때문에 전통적으로 최초의 상인이었던 대장장이들은 풍부한 민속을 가지고 있으며, 광부들과 뱃사람들도 또한 민속을 가지고 있다. 상업의 현장에서도 민속이 있는데, 예를 들어서 도제(견습공)를 수료하는 의식이라든지 새로운 건물에 초석을 놓거나 새로운 건물의 낙성식 등에서 민속이 여전히 들어있다. 이러한 모든 것은 영국 스코틀랜드의 원시적인 부족들이 옛 신들을 위로하거나 신들에게 간청하기 위하여 행하였던 의례적인 행위에 바탕을 두고 있다. 또한 레이저에서 컴퓨터까지 오늘날 우리가 사용하는 과학기술은 현대의 민속이라는 구조의 한 부분이 될 수 있는 것이다.

▲도시공간 속의 자전거와 자동차. 세월이 지나면 이러한 것도 민속박물관의 주요한 전시물이 될것이다.

5 나오기

오늘날 영국의 도시민속학은 여러 분야에서 상당히 많은 연구가 진전되고 있지만 역시 가장 많은 연구가 진행되고 있는 연구영역은 어린이들의 민속과 현대의 도시전설 분야인 것 같다. 어린이들의 민속은 도시 속에서 인공적인 학교와 운동장을 배경으로 형성된 친구집단 내지 또래집단 사이에서 전승되는 민속으로 중요한 가치를 가진다. 어린이들의 민속이 없으면 어른들의 민속이 없다(Bronner, 1989)는 것과 마찬가지로 도시 속에서 발견되어지는 어린이들의 민속은 부분적으로는 어른들의 민속을 또한 반영해주기도 하는 것이다.

도시전설의 경우는 오늘날 영국의 도시민속학에서 가장 활발하게 연구되고 있는 영역 중의 하나인 것은 분명하다. 사회가 도시화되고 산업화되면서 전통적인 전설은 조금씩 없어지기도 하며 다루어지는 소재가 다르기도 하지만, 기본적인 내용은 유사한 경우가 많다. 다시 말해서 도시전설의 주제와 모티프(motif)는 전통적인 전설과 대부분 연계되어 있는 경우가 많다. 따라서 도시전설은 한 사회의 구성원들 속에서 형태는 조금씩 바뀌지만 핵심적인 내용은 여전히 현대 도시인들의 생활 속에 남아있으며, 아마도 이러한 도시전설은 앞으로도 계속해서 미래 민속학의 중요한 연구영역이 될 것이다.

오늘날 영국에서 대두되고 있는 도시민속학을 미리 짐작이나 한 것 같이 1911년 영국민속학회의 회장 연설에서 차로테 번(Charlotte Burne ; 1850-1923)은 연설을 통하여 그동안 영국 민속학에서 어떠한 것이 민속을 약화시키는지에 대한 연구는 많은 진전이 있었음을 확인하면서 그럼에도 불구하고 여기에서 한 걸음 더 나아가서 어떠한 요인이 민속을 살아남게 하는지를 탐구해야 하며, 또한 이전의 전통적인 패턴이 반복해서 새로운 형태로 바뀌거나 새로운 민속을 만들어 내는 것에도 관심을 가질 것을 당부하였다 (Davidson : 1978 : x). 거의 90년 전에 이미 차로테 번(Charlotte Burne)이 지적한 대로 오늘날 영국 민속학에서도 도시민속학의 연구방향은 이전의 민속과 비교하여 어떠한 요소가 작용하여 민속이 약화되었고 혹은 다른 새로운 형태로 변화되었는지에 대한 분석을 중심으로, 비록 그것이 현대 도시의 전혀 새로운 민속현상일지라도 그러한 도시민속을 만들게 한 전통적인 민속현상을 연계하여 체계적으로 탐구하려는 경향이 돋보인다.

참고문헌

강련숙(편), 『중국 조선족 100년 문학예술』, 연변교육출판사, 2001.

강순화, 「민족문화 의식에서 본 중국 조선족의 몇 가지 우열성」, 김동화(외), 『중국 조선족 우열성 연구』, 집문당, 1995.

경기도박물관(편), 『경기민속지』, 1, 개관편, 1998.

고양시, 고양문화원(편), 『고양시 민속대관』 경기도 고양문화원, 2002.

기전문화연구원. 고려문화재연구소. 경기지방공사(편), 『수원 이의지구 택지개발사업부지 문화유적지표조사 보고서』, 2005.

김광억(외 공저), 『중국 길림성 한인동포의 생활문화』, 국립민속박물관, 1996.

김광억(외 공저), 『중국 요녕성 한인동포의 생활문화』, 국립민속박물관, 1997.

김광억(외 공저), 『중국 흑룡강성 한인동포의 생활문화』, 국립민속박물관, 1998.

김덕균, 「해방전 조선족 음악」, 김택, 김인철(편), 『길림 조선족』, 연변인민출판사, 1995.

김 락, 「조선족 민족의식의 장점과 단점」, 김동화, 김승철(편), 『당대 중국 조선족 연구』, 집문당, 1995.

김룡철, 「해방전 연변 조선민족 체육」, 김택, 김인철(편), 『길림 조선족』, 연변인민출판사, 1995.

김명자, 「무당과 '신부리'」, 『한국무속학』, 5집, 2002.

______, 「도시생활과 세시풍속」, 『한국민속학』 41호, 한국민속학회, 2005.

김부식, 이병도(역주), 『삼국사기』, 을유문화사, 1983.

김선풍, 「한국축제의 본질」, 『국제아세아민속학』, 제2집, 국제아세아민속학회, 1998.

김선풍(외 공저), 『한국축제의 이론과 현장』, 월인, 2000.

김선풍(외 공저), 『재중교포의 민속 : 경기 출신 집단마을 조사 보고서』, 국립문화재연구소, 2002a.

______, (외 공저), 『우리 민속학의 이해』, 월인, 2002b.

김선풍(외 공저), 『재중교포의 중요무형문화재 : 연변 조선자치주 조사보고서』, 국립문화재연구소, 2003.

김양주, 「도시축제」, 한국일본학회(저) 『일본 민속학의 이해』, 시사일본사, 1997.

김영진, 「세시풍속 : 가을」, 고대 민족문화연구원(편)『한국민속의 세계』, 5권, 고
　　　대 민족문화연구원, 2001.

김영훈, 「한국 샤머니즘과 경계의 의미」,『샤머니즘 연구』, 3집, 2001.

김은정,『한국의 무복』, 민속원, 2004.

김종대, 「개의 민속과 상징」, 김선풍(외)『민속학적으로 본 열두 띠 이야기』, 집문
　　　당, 1995.

김지욱, 「경기도 지역축제의 현황과 특징」,『한국의 지역축제』, 문화체육부, 1996.

김철수(외 편),『중국 조선족 역사 상식』, 연변인민출판사, 1998.

김태갑, 「조선족의 저명한 무용가 : 최선옥」,『문학과 예술』, 제 4호, 1993.

김태곤(편저),『한국민속학원론』, 시인사, 1984.

김태곤,『무속과 영의 세계』, 한울, 1993.

김택(외),『길림조선족』, 연변인민출판사, 1995.

김택규,『한국 농경세시의 연구』, 영남대출판부, 1985.

＿＿＿, 「민속학의 성격과 과제」, 김택규, 성병희 (공저)『한국민속학연구논문선』
　　　Ⅰ, 일조각, 1997.

김화(편저),『조선말 성구속담 편람』, 연변인민출판사, 1993.

김현자(공저),『문화재가 보여요』, 오늘의문학사, 2001.

김홍우,『한국의 놀이와 축제』, 집문당, 2002.

김희태(외 공저),『문화재학 : 이론과 실제』, 향지사, 1997.

나경수(역), 리처드 도슨(편저)『민속조사방법론』, 전남대출판부, 1995.

리덕수, 「연변무용에 대한 단상」,『문학과 예술』, 제11호, 1989.

리천록, 「새마을 농악무」, 김택, 김인철(편),『길림 조선족』, 연변인민출판사, 1995.

리홍순, 「조선민족 전통문화의 우열성에 대하여」, 김동화(외),『중국 조선족 우열
　　　성 연구』, 집문당, 1995.

림선옥, 「민요의 의성의태어에 대하여」,『문학과 예술』, 제2호, 1993.

박계홍,『한국민속학개론』, 형설출판사, 1983.

＿＿＿,『우리 민속의 맥락과 현실인식』, 민속원, 1998.

박영광·윤철애, 「인생을 위한 무용과 조득현」,『문학과 예술』, 제4호, 1993.

박영광, 「원천과 흐름 및 방향 : 조선족 무용문화에 대하여」,『문학과 예술』, 제2

호, 1993.

박진태,『민속학 자료의 세 가지 문제』, 역락, 2000.

박청산, 김철수,『이야기 중국조선족력사』, 연변인민출판사, 2000.

박환영, 「민속조사와 인터뷰」,『화법연구』2호, 한국화법학회, 2000a.

______, 「경기지역의 축제」, 김선풍(외 공저)『한국축제의 이론과 현장』, 월인, 2000b.

______, 「현대 부탄의 불교축제에 대하여」, 김선풍, 박환영(외)『아시아인의 축제
　　　　와 삶』, 민속원, 2001a.

______, 「민속조사와 인터뷰」,『화법연구』, 제 2호, 한국화법학회, 2001b.

______,『부탄의 문화민속 엿보기』, 민속원, 2001c.

______, 「사회공동체를 통한 민속보기」, 김선풍(외) 공저『우리 민속학의 이해』,
　　　　월인, 2002a.

______, 「민속학은 현지조사로부터」, 김선풍(외)『우리 민속학의 이해』, 월인,
　　　　2002b.

______, 「도시와 민속의 현장 : 경기지역의 축제를 중심으로」,『한국문화연구』, 제
　　　　6집, 경희대 민속학연구소, 2002c.

______, 「민속학과 민속의 현장」, 실천민속학회(편),『민속문화의 자료와 현장』,
　　　　집문당, 2003a.

______, 「속담과 수수께끼 속에 보이는 가족과 친족의 민속학적 연구」,『강원민속
　　　　학』17집, 강원도민속학회, 2003b.

______, 「전통문화와 대중문화」,『인문학연구』37호, 중앙대 인문과학연구소, 2004a.

______, 「1980년대 영국민속학의 동향에 관한 연구」,『강원민속학』18집, 강원도
　　　　민속학회, 2004b.

______, 「영국 도시민속학의 최근 경향」,『한국민속학』, 41집, 2005a.

______,『몽골의 유목문화와 민속읽기』, 민속원, 2005b.

______, 「도시 속의 세시풍속」,『중앙민속학』11호, 중앙대 한국문화유산연구소,
　　　　2006.

박흥주, 「도시마을굿의 축제성 전승방안」,『한국문화연구』, 6호, 경희대 민속학연
　　　　구소, 2002.

성시정,『UFO학 인류학과의 조우』, 살림, 2003.

서정범, 『한국문학과 문화의 고향을 찾아서』, 문학사상사, 2001.

손인수, 『한국인의 교육 세시풍속』, 문음사, 1991.

송재선(엮음), 『농어속담사전』, 동문선, 1995.

_____, 『음식속담사전』, 동문선, 1998.

_____, 『동물속담사전』, 동문선, 1997.

수원시(편), 『수원시 이의동지』, 2003.

신찬균, 「향토축제의 현재와 미래」, 『향토축제의 가능성과 미래』, 방일영문화재단,
        1994.

양종승, 「무당의 신병과 신들림」, 『한국무속학』, 2집, 2000.

왕보림, 「중국조선민족 전통민요 분류에 대한 사고」, 『문학과 예술』, 제3호, 1992.

유네스코한국위원회(편), 『무형문화재 보존을 위한 제 방법론』, 유네스코한국위원
        회 및 문화재관리국, 1996.

유만공(저), 임기중(역주), 『우리 세시풍속의 노래』, 집문당, 1993.

유영대(외), 「지역축제의 현황분석」, 『한국의 지역축제』, 문화체육부, 1996.

윤동환, 「동해안 무당의 대중가요 수용」, 실천민속학회(편)『민속문화가 외래문화
        를 만나다』, 집문당, 2003.

이광규, 『한국인의 일생』, 형설출판사, 1985.

이기문, 『개정판 속담사전』, 일조각, 1980.

이기태, 「현대사회와 민속」, 『한국문화연구』, 6호, 경희대 민속학연구소, 2002.

이두현, 「영미의 민속학」, 성병희, 임재해(편저)『한국민속학의 과제와 방법』, 정
        음사, 1986.

이두현(외 공저), 『한국민속학개설』, 일조각, 1995.

이상일, 『놀이문화와 축제』, 성균관대학교 출판사, 1996.

李石來(校註), 『風俗歌詞集 : 漢陽歌·農家月令歌』, 新丘文化社, 1974.

_____, 『축제의 정신』, 성균관대학교 출판사, 1998.

이송미, 『한국의 축제』, 성하출판, 1999.

이인규, 「자연환경」, 『경기도민속지(개관편)』, 경기도박물관, 1999.

이정재, 「한국축제의 어제와 오늘」, 『한국문화연구』, 경희대 민속학연구소, 1998a.

이정재, 「민속과 민속학」, 최운식(외 공저)『한국민속학개론』, 민속원, 1998b.

이중환, 허경진(옮김), 『택리지』, 한양, 1996.

이종승, 『영화와 샤머니즘 : 한국적 환상과 리얼리티를 찾아서』, 살림, 2005.

일연, 최호(역해), 『삼국유사』, 홍신문화사, 1991.

임기중(역주 및 해설), 유만공(원저), 『우리 세시풍속의 노래』, 집문당, 1993.

임동권, 『한국 세시풍속』, 서문문고, 1973.

______, 『한국세시풍속연구』, 집문당, 1985.

임동권(외 공저), 『세시풍속』, 한국문화재보호재단, 2000.

임재해, 『민속문화론』, 문학과 지성사, 1986.

______, 「새시풍속」, 『한국민속학』 23호, 한국민속학회, 1990.

______, 『한국 민속과 오늘의 문화』, 지식산업사, 1994.

______, 「민속학과 도시민속학」, 김선풍(외 공저)『한국민속학의 새로운 인식과
        과제』, 집문당, 1996b.

______, 「민속문화와 외래문화가 만나는 다양한 실상과 그 포착」, 실천민속학회
        (편)『민속문화가 외래문화를 만나다』, 집문당, 2003.

______, 「마을민속 왜 어떻게 전승할 것인가」, 『민속연구』 13집, 안동대 민속학연
        구소, 2004.

임재해 · 한양명(엮음), 『한국민속사입문』, 지식산업사, 1996a.

장의원, 「중국 조선족의 언어생활에 대한 고찰」, 김동화(외), 『중국 조선족 우열성
        연구』, 집문당, 1995.

장정룡, 「한국 지역축제 개관」, 『한국의 지역축제』, 문화체육부, 1996.

장주근, 『한국의 세시풍속』, 형설출판사, 1984.

장철수, 『한국전통사회의관혼상제』, 한국정신문화연구원, 1984.

______, 『한국의 관혼상제』, 집문당, 1995.

장철수, 「대보름」, 한국문화재보호재단(편)『세시풍속』, 한국문화재보호재단, 2000.

전경수, 『문화의 이해』, 일지사, 1994.

______, 『문화시대의 문화학』, 일지사, 2000.

전경수(외 공저), 『까자흐스딴 한인동포의 생활문화』, 국립민속박물관, 2000.

전경수(외 공저), 『러시아 사할린 · 연해주 한인동포의 생활문화』, 국립민속박물관,
        2001.

전경욱, 『북청사자놀이 연구』, 태학사, 1997.

전성호, 「조선족과 한족의 생활문화 비교」, 김동화(외), 『중국 조선족 우열성 연구』, 집문당, 1995.

정병호, 『한국의 춤』, 열화당, 1985.

정신철, 「중국 조선족 사회의 변천과 발전전망」, 『조선학』, 중앙민족대학 조선학 연구소, 1997.

정종수, 「지역문화 축제의 현황과 문제점」, 『역사민속학』, 제 7호, 1998.

_____, 「한국의 상장례」, 『동아시아의 祖上』, 국립민속박물관, 2003.

조흥윤, 『한국의 샤머니즘』, 서울대출판부, 1999.

주재헌, 「중국 조선족 언어문자의 발전과 번영 문제에 대하여」, 김동화, 김승철 (편), 『당대 중국 조선족 연구』, 집문당, 1995.

중앙대 한국문화유산연구소 및 경기지방공사, 『광교 테크노밸리 개발사업 민속유 적조사 보고서』, 2006.

차옥숭, 『무교』, 서광사, 1997.

천진기, 「놀이」, 『경기민속지－개관편』, 경기도박물관, 1998.

_____, 『한국동물민속론』, 민속원, 2003.

최봉석, 「연변 무용의 실태와 전망」, 『문학과 예술』, 제1호, 연변사회과학원, 문학 예술연구소, 1993.

최삼룡, 「조선민족의 전통문화와 중국 조선족의 삶의 현장」, 김동화(외), 『중국 조 선족 우열성 연구』, 집문당, 1995.

최상수, 『산대·성황신제 가면극의 연구』, 성문각, 1985.

최운식(외 공저), 『민속학개론』, 민속원, 1999.

퇴계원산대놀이보존회, 『퇴계원산대놀이』, 월인, 1999.

한경구·김성례(공역), 줄리아 크레인·마이클 앙그로시노(공저) 『문화인류학 현 지조사 방법』, 일조각, 1996.

한국향토사연구전국협의회, 『한국향토축제』, 1990.

한양명, 「축제전통의 수용과 변용」, 실천민속학회(편) 『민속문화의 수용과 변용』, 집문당, 1999.

허명철, 「중국 조선문화에 대한 반성과 재건」, 김동화, 김승철(편), 『당대 중국 조선족 연구』, 집문당, 1995a.

______, 「조선족 전통문화의 우렬성에 대한 몇가지 사색」, 김동화(외), 『중국 조선
    족 우렬성 연구』, 집문당, 1995b.

황필호, 「샤머니즘은 종교인가」, 『샤머니즘 연구』, 3집, 2001.

허재영, 『생활 속의 금기어 이야기』, 역락, 2000.

上野和男 (外), 『民俗調査』, 吉川弘文館, 1987.

Abrahams, R. D, *Deep down in the Jungle : Negro Narrative of Folklore from the Streets
    of Philadelphia*, Chicago : Aldine Pub. co, 1970.

Alford, V, *Introduction to English Folklore*, London : G. Bell and Sons, 1952.

Austin, R, 'Playground Culture in Northern Ireland', *Ulster Folklife*, vol. 35, 1989.

Ben-Amos, D and Goldstein, K(ebs), *Folklore : Performance and Communication*, The
    Hague : Mouton, 1975.

Bennett, G and Smith, P, 'Introduction to Contemporary Legend : Notes and Select
    Bibliography', *Reading Folklore*, vol. 3, 1989.

Bernard, H. R, *Research Methods in Anthropology : Qualitative and Quantitative Approaches*,
    Altamira Press, 2002.

Bronner, S, 'Children's Folklore as an Adaptation to Aging', *Talking Folklore*, vol. 5,
    1989.

Coleman, S and Watson, H, *An Introduction to Anthropology*, Apple Press, 1990.

Davidson, H. E, *Patterns of Folklore*, Ipswich : D. S. Brewer, 1978

Dore, R. P, *City life in Japan*, Routledge & K. Paul, 1958.

Dundes, A (ed), *International Folkloristics*, Rowman & Littlefield Publishers, 1999.

Fish, L. M, *The Folklore of the Coal miners of the northeast of England*, Norwood, Pa :
    Norwood Editions, 1975.

Geertz, C, *The Interpretation of Cultures*, New York : Basic Books, 1973.

Georges, R. A and Jones, M. O, *Folkloristics : An Introduction*, Indiana University Press,
    1995.

Green, T (ed.), *Folklore : An Encyclopedia of Beliefs, Customs, Tales, Music, and Art*, vol. I &
    II, Oxford : ABC-Clio, 1997.

Harding, Nick, *Urban Legends*, Pocket Essentials, 2005.

Lamont-Brown, R, *Scottish Folklore*, Edinburgh : Birlinn, 1996.

Leach, E, *Culture and Communication*, Cambridge : Cambridge University Press, 1991.

Marcus, G. E, *Ethnography through Thick & Thin*, Princeton University Press, 1998.

Marshall, S, *English Folk Tales*, London : Phoenix Giant, 1996.

Mellors, D, *Folklore and Traditions of the railway Industry : with Special reference to Doncaster*, Leeds, 1967.

Miller, F. J, *Folklore, for Stalin : Russian Folklore and Pseudofolklore of Stalin era*, Armonk, N・Y : M. E. Sharpe, 1990.

Monger, G, 'Car Boot Sales', *Folk Life*, vol. 29, 1991.

Opie, L and Opie, P, *The Lore and language of Schoolchildren*, Oxford : Oxford University Press, 1959.

______, *Children's Games in Street and Playground*, Oxford : Oxford University Press, 1969.

______, *Children's Games with Things*, Oxford : Oxford University Press, 1997.

Opie, I and Tatem, M, *A Dictionary of Superstitions*, Oxford : Oxford University Press, 1989.

Palmer, R, *Folklore of Glouchestershire*, Stroud : Tempus, 2001.

Pelto, P, *Anthropological Research : the Structure of Inquiry*, Cambridge University Press, 1978.

Pettit, T, 'Drama, Folk', in Thomas A. Green (ed.) *Folklore : An encyclopedia of beliefs, customs, tales, music, and art*, Vol. I, 1997.

Pickering, D, *The Cassell Dictionary of Folklore*, London : Cassell, 1999.

Porter, R (ed.), *Myths of the English*, Cambridge : Polity Press, 1992.

Ross, A, *Folklore of Scottish Highland*, Stroud : Tempus, 2000.

______, *Folklore of Wales*, Stroud : Tempus, 2001.

Sanjek, R(ed.), *Fieldnotes : The Makings of Anthropology*, Cornell University Press, 1990.

Simpson, J and S. Round, *Oxford Dictionary of English Folklore*, Oxford : Oxford University Press, 2000.

Smidchens, G, 'Urban Folklore', in Thomas A. Green (ed.) *Folklore : An encyclopedia of beliefs, customs, tales, music, and art*, Vol. II, Oxford : ABC-Clio, 1997.

Smith, P, *The Book of Nasty Legends*, London : Routledge & Kegan Paul, 1983.

______, *Perspectives on Contemporary Legend (1)*, Sheffield : CECTAL, 1984.

______, *More Nasty Legends*, London : Routledge & Kegan Paul, 1986.

Van Gennep, A, 'Rites of Passage' in Alan Dundes(ed.) *International Folkloristics*, Oxford : Rowman & Littlefield Publishers, 1999.

Westwood, J, *Albion : A Guide to Legendary Britain*, London : Granada Publishing, 1985.

Wilson, M, *Performance and Practice : Oral Narrative Traditions Among Teenagers in Britain and Ireland*, Aldershot : Ashgate Publishing, 1997.

Yocom, M. R, 'Woman to Woman : Fieldwork and the Private Sphere', in Rosan A. Jordan and Susan J. Kalcik(eds.), *Women's Folklore, Women's Culture*, University of Pennsylvania, 1985.

찾아보기